2023 年版全国一级建造师执业资格考试专项突破

建设工程经济重点难点
专 项 突 破

全国一级建造师执业资格考试专项突破编写委员会 编写

中国建筑工业出版社

图书在版编目（CIP）数据

建设工程经济重点难点专项突破/全国一级建造师
执业资格考试专项突破编写委员会编写.—北京：中国
建筑工业出版社，2023.5
2023年版全国一级建造师执业资格考试专项突破
ISBN 978-7-112-28671-3

Ⅰ.①建…　Ⅱ.①全…　Ⅲ.①建筑经济－资格考试－
自学参考资料　Ⅳ.①F407.9

中国国家版本馆CIP数据核字（2023）第073451号

本书按知识点进行划分，根据2009—2022年考试命题形式进行分析总结。本书的形式打破传统思维，采用归纳总结的方式进行题干与选项的优化设置，将考核要点的关联性充分地体现在"同一道题目"当中，该类题型的设置有利于考生对比区分记忆，这种方式大大压缩了考生的复习时间和精力。对部分知识点采用图表方式进行总结，易于理解，降低了考生的学习难度，并配有经典试题，用例题展现考查角度，巩固记忆知识点。

本书既能使考生全面、系统、彻底地解决在学习中存在的问题，又能让考生准确地把握考试的方向。本书的作者旨在将多年积累的应试辅导经验传授给考生，对辅导教材中的每一部分都做了详尽的讲解，辅导教材中的问题都能在书中解决。

本书可作为一级建造师执业资格考试的复习指导书，也可供广大建筑施工行业管理人员参考使用。

责任编辑：蔡文胜
责任校对：姜小莲

2023年版全国一级建造师执业资格考试专项突破
建设工程经济重点难点专项突破
全国一级建造师执业资格考试专项突破编写委员会　编写
*
中国建筑工业出版社出版、发行（北京海淀三里河路9号）
各地新华书店、建筑书店经销
北京建筑工业印刷厂制版
廊坊市海涛印刷有限公司印刷
*
开本：787毫米×1092毫米　1/16　印张：13½　字数：325千字
2023年5月第一版　　2023年5月第一次印刷
定价：40.00元
ISBN 978-7-112-28671-3
（40964）

前　　言

　　为了帮助广大考生在短时间内掌握考试重点和难点，迅速提高应试能力和答题技巧，更好地适应考试，我们组织了一批一级建造师考试培训领域的权威专家，根据考试大纲要求，以历年考试命题规律及所涉及的重要考点为主线，精心编写了这套《2023年版全国一级建造师执业资格考试专项突破》系列丛书。

　　本套丛书共分8册，涵盖了一级建造师执业资格考试的3个公共科目和5个专业科目，分别是：《建设工程经济重点难点专项突破》《建设工程项目管理重点难点专项突破》《建设工程法规及相关知识重点难点专项突破》《建筑工程管理与实务案例分析专项突破》《机电工程管理与实务案例分析专项突破》《市政公用工程管理与实务案例分析专项突破》《公路工程管理与实务案例分析专项突破》和《水利水电工程管理与实务案例分析专项突破》。

　　3个公共科目丛书具有以下优势：

　　一题敌多题——采用专项突破形式将重点难点知识点进行归纳总结，将考核要点的关联性充分地体现在"同一道题目"当中，该类题型的设置有利于考生对比区分记忆，该方式大大压缩了考生的复习时间和精力。众多易混选项的加入，有助于考生更全面地、多角度地精准记忆，从而提高考生的复习效率。以往考生学习后未必全部掌握考试用书考点，造成在考场上答题时觉得见过，但不会解答的情况，本书一个题目可以代替其他辅导书中的3～8个题目，可以有效地解决这个问题。

　　真题全标记——将2009—2022年度一级建造师执业资格考试考核知识点全部标记，为考生总结命题规律提供依据，帮助考生在有限的时间里快速地掌握考核的侧重点，明确复习方向。

　　图表精总结——对知识点采用图表方式进行总结，易于理解，降低了考生的学习难度，并配有经典试题，用例题展现考查角度，巩固记忆知识点。

　　5个专业科目丛书具有以下优势：

　　要点突出——对每一章的要点进行归纳总结，帮助考生快速抓住重点，节约学习时间，更加有效地掌握基础知识。

　　布局清晰——分别从施工技术、进度、质量、安全、成本、合同、现场、实操等方面，将历年真题进行合理划分，并配以典型习题。有助于考生抓住考核重点，各个击破。

　　真题全面——收录了2013—2022年度一级建造师执业资格考试案例分析真题，便于考生掌握考试的命题规律和趋势，做到运筹帷幄。

　　一击即破——针对历年案例分析题中的各个难点，进行细致的讲解，从而有效地帮助考生突破固定思维，启发解题思路。

　　触类旁通——以历年真题为基础编排的典型习题，着力加强"能力型、开放型、应用型和综合型"试题的开发与研究，注重关联知识点、题型、方法的再巩固与再提高，加强考生对知识点的进一步巩固，做到融会贯通、触类旁通。

由于编写时间仓促，书中难免存在疏漏之处，望广大读者不吝赐教。

读者如果对图书中的内容有疑问或问题，可关注微信公众号【建造师应试与执业】，与图书编辑团队直接交流。

建造师应试与执业

目　　录

全国一级建造师执业资格考试答题方法及评分说明

全国一级建造师执业资格考试设《建设工程经济》《建设工程项目管理》《建设工程法规及相关知识》三个公共必考科目和《专业工程管理与实务》十个专业选考科目（专业科目包括建筑工程、公路工程、铁路工程、民航机场工程、港口与航道工程、水利水电工程、矿业工程、机电工程、市政公用工程和通信与广电工程）。

《建设工程经济》《建设工程项目管理》《建设工程法规及相关知识》三个科目的考试试题为客观题。《专业工程管理与实务》科目的考试试题包括客观题和主观题。

一、客观题答题方法及评分说明

1. 客观题答题方法

客观题题型包括单项选择题和多项选择题。对于单项选择题来说，备选项有4个，选对得分，选错不得分也不扣分，建议考生宁可错选，不可不选。对于多项选择题来说，备选项有5个，在没有把握的情况下，建议考生宁可少选，不可多选。

在答题时，可采取下列方法：

（1）直接法。这是解常规的客观题所采用的方法，就是考生选择认为一定正确的选项。

（2）排除法。如果正确选项不能直接选出，应首先排除明显不全面、不完整或不正确的选项，正确的选项几乎是直接来自于考试教材或者法律法规，其余的干扰选项要靠命题者自己去设计，考生要尽可能多排除一些干扰选项，这样就可以提高选择出正确答案的概率。

（3）比较法。直接把各备选项加以比较，并分析它们之间的不同点，集中考虑正确答案和错误答案关键所在。仔细考虑各个备选项之间的关系。不要盲目选择那些看起来、读起来很有吸引力的错误选项，要去误求正、去伪存真。

（4）推测法。利用上下文推测词义。有些试题要从句子中的结构及语法知识推测入手，配合考生自己平时积累的常识来判断其义，推测出逻辑的条件和结论，以期将正确的选项准确地选出。

2. 客观题评分说明

客观题部分采用机读评卷，必须使用2B铅笔在答题卡上作答，考生在答题时要严格按照要求，在有效区域内作答，超出区域作答无效。每个单项选择题只有1个最符合题意，就是4选1。每个多项选择题有2个或2个以上符合题意，至少有1个错项，就是5选2~4，并且错选本题不得分，少选，所选的每个选项得0.5分。考生在涂卡时应注意答题卡上的选项是横排还是竖排，不要涂错位置。涂卡应清晰、厚实、完整，保持答题卡干净整洁，涂卡时应完整覆盖且不超出涂卡区域。修改答案时要先用橡皮擦将原涂卡处擦干净，再涂新答案，避免在机读评卷时产生干扰。

二、主观题答题方法及评分说明

1. 主观题答题方法

主观题题型是实务操作和案例分析题。实务操作和案例分析题是通过背景资料阐述一个项目在实施过程中所开展的相应工作，根据这些具体的工作下提出若干小问题。

实务操作和案例分析题的提问方式及作答方法如下：

（1）补充内容型。一般应按照教材将背景资料中未给出的内容都回答出来。

（2）判断改错型。首先应在背景资料中找出问题并判断是否正确，然后结合教材、相关规范进行改正。需要注意的是，考生在答题时，有时不能按照工作中的实际做法来回答问题，因为根据实际做法作为答题依据得出的答案和标准答案之间存在很大差距，即使答了很多，得分也很低。

（3）判断分析型。这类型题不仅要求考生答出分析的结果，还需要通过分析背景资料来找出问题的突破口。需要注意的是，考生在答题时要针对问题作答。

（4）图表表达型。结合工程图及相关资料表回答图中构造名称、资料表中缺项内容。需要注意的是，关键词表述要准确，避免画蛇添足。

（5）分析计算型。充分利用相关公式、图表和考点的内容，计算题目要求的数据或结果。最好能写出关键的计算步骤，并注意计算结果是否有保留小数点的要求。

（6）简单论答型。这类型题主要考查考生记忆能力，一般情节简单、内容覆盖面较小。考生在回答这类型题时要直截了当，有什么答什么，不必展开论述。

（7）综合分析型。这类型题比较复杂，内容往往涉及不同的知识点，要求回答的问题较多，难度很大，也是考生容易失分的地方。要求考生具有一定的理论水平和实际经验，对教材知识点要熟练掌握。

2. 主观题评分说明

主观题部分评分是采取网上评分的方法来进行，为了防止出现评卷人的评分宽严度差异对不同考生产生影响，每个评卷人员只评一道题的分数。每份试卷的每道题均由2位评卷人员分别独立评分，如果2人的评分结果相同或很相近（这种情况比例很大）就按2人的平均分为准。如果2人的评分差异较大超过4～5分（出现这种情况的概率很小），就由评分专家再独立评分一次，然后用专家所评的分数和与专家评分接近的那个分数的平均分数为准。

主观题部分评分标准一般以准确性、完整性、分析步骤、计算过程、关键问题的判别方法、概念原理的运用等为判别核心。标准一般按要点给分，只要答出要点基本含义一般就会给分，不恰当的错误语句和文字一般不扣分，要点分值最小一般为0.5分。

主观题部分作答时必须使用黑色墨水笔书写作答，不得使用其他颜色的钢笔、铅笔、签字笔和圆珠笔。作答时字迹要工整、版面要清晰。因此书写不能离密封线太近，密封后评卷人不容易看到；书写的字不能太粗、太密、太乱，最好买支极细笔，字体稍微书写大点、工整点，这样看起来工整、清晰，评卷人也愿意多给分。

主观题部分作答应避免答非所问，因此考生在考试时要答对得分点，答出一个得分点就给分，说的不完全一致，也会给分，多答不会给分的，只会按点给分。不明确用到什么规范的情况就用"强制性条文"或者"有关法规"代替，在回答问题时，只要有可能，就在答题的内容前加上这样一句话：根据有关法规或根据强制性条文，通常这些是得分点之一。

主观题部分作答应言简意赅，并多使用背景资料中给出的专业术语。考生在考试时应相信第一感觉，往往很多考生在涂改答案过程中，"把原来对的改成错的"这种情形有很多。在确定完全答对时，就不要展开论述，也不要写多余的话，能用尽量少的文字表达出正确的意思就好，这样评卷人看得舒服，考生自己也能省时间。如果答题时发现错误，不得使用涂改液等修改，应用笔画个框圈起来，打个"×"即可，然后再找一块干净的地方重新书写。

1Z101000 工 程 经 济

1Z101010 资金时间价值的计算及应用

专项突破1 资金时间价值的概念

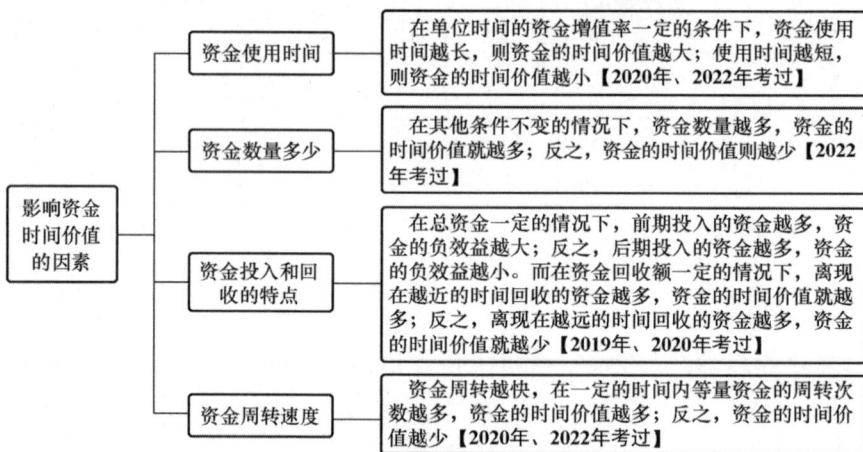

```
                        ┌─────────────────────────────────────────┐
           资金使用时间 ─┤在单位时间的资金增值率一定的条件下，资金使用│
                        │时间越长，则资金的时间价值越大；使用时间越短，│
                        │则资金的时间价值越小【2020年、2022年考过】 │
                        └─────────────────────────────────────────┘
                        ┌─────────────────────────────────────────┐
           资金数量多少 ─┤在其他条件不变的情况下，资金数量越多，资金的│
                        │时间价值就越多；反之，资金的时间价值则越少【2022│
                        │年考过】                                  │
                        └─────────────────────────────────────────┘
  影响资金                ┌─────────────────────────────────────────┐
  时间价值               │在总资金一定的情况下，前期投入的资金越多，资│
  的因素   资金投入和    │金的负效益越大；反之，后期投入的资金越多，资金│
           回收的特点 ──┤的负效益越小。而在资金回收额一定的情况下，离现│
                        │在越近的时间回收的资金越多，资金的时间价值就越│
                        │多；反之，离现在越远的时间回收的资金越多，资金│
                        │的时间价值就越少【2019年、2020年考过】     │
                        └─────────────────────────────────────────┘
                        ┌─────────────────────────────────────────┐
           资金周转速度 ─┤资金周转越快，在一定的时间内等量资金的周转次│
                        │数越多，资金的时间价值越多；反之，资金的时间价│
                        │值越少【2020年、2022年考过】              │
                        └─────────────────────────────────────────┘
```

重点难点专项突破

1. 资金有时间价值，即使金额相同，发生在不同时间，其价值就不相同。影响资金时间价值的因素可以这样记忆：

（1）使用时间：时间越长，时间价值越大——正比。

（2）数量多少：数量越多，时间价值越大——正比。

（3）投入和回收的特点：前期投入越多，负效益越大，后期投入越多，负效益越小——晚支出、早回收。

（4）周转的速度：次数越多，时间价值越大——正比。

2. 本考点有三种命题形式：

第一种：对资金时间价值影响因素的表述题目，比如2020年、2022年考试题目。

第二种：多项选择题考核影响资金时间价值的因素。一般会这样命题：

影响资金时间价值的因素包括（　　　　）。

A. 资金的使用时间　　　　　　　　B. 资金数量的多少

C. 资金周转的速度　　　　　　　　D. 资金投入和回收的特点

E. 资金的用途

【答案】A、B、C、D

第三种：综合分析题，比如2019年这道考试题目。

某施工单位拟投资一项目，在投资总额和年收益不变的情况下，四个备选方案各年投资比例如下表（投资时点均相同），则对该单位较为有利的方案是（   ）。【2019年真题】

四个备选方案各年投资比例表

备选方案	第一年	第二年	第三年	合计
方案一	50%	40%	10%	100%
方案二	40%	40%	20%	100%
方案三	30%	40%	30%	100%
方案四	10%	40%	50%	100%

A. 方案一   B. 方案二
C. 方案三   D. 方案四

【答案】D

【解析】前期投入的资金越多，资金的负效益越大；后期投入的资金越多，资金的负效益越小。通过备选方案投资比例表可知，方案四第一年投入资金最少，第三年投入的资金最多，故选项D正确。

重要提示：

根据本书标记的历年真题的采分点，在考试用书上做出标记，就可找到命题的规律，至少可以减少三分之一的学习内容。

专项突破2 利息与利率的概念

项目	内容	作用
利息	通常用利息额的多少作为衡量资金时间价值的绝对尺度。 在工程经济分析中，利息常常是指占用资金所付的代价或者是放弃使用资金所得的补偿	（1）利息和利率是以信用方式动员和筹集资金的动力。以信用方式筹集资金有一个特点就是自愿性。【2015年考过】 （2）利息促进投资者加强经济核算，节约使用资金。 （3）利息和利率是宏观经济管理的重要杠杆。 （4）利息与利率是金融企业经营发展的重要条件
利率	利率就是在单位时间内所得利息额与原借贷金额之比，体现借贷资金增值的程度，通常用百分数表示。利率作为衡量资金时间价值的相对尺度【2022年考过】。利率的高低由以下因素决定： （1）首先取决于社会平均利润率的高低，并随之变动。在通常情况下，社会平均利润率是利率的最高界限。【2015年考过】 （2）在社会平均利润率不变的情况下，利率高低取决于金融市场上借贷资本的供求情况。借贷资本供过于求，利率便下降；反之，求过于供，利率便上升。 （3）借出资本要承担一定的风险，风险越大，利率也就越高。【2015年考过】 （4）通货膨胀对利息的波动有直接影响，资金贬值往往会使利息无形中成为负值。 （5）借出资本的期限长短。贷款期限长，不可预见因素多，风险大，利率就高；反之利率就低。【2015年考过】 （6）利率与经济周期的波动有密切的关联，在经济周期的扩张期上升，而在经济衰退期下降	

专项突破3 利息的计算

例题：某企业年初从银行借款1000万元，期限3年，年利率为5%，银行要求每年末支付当年利息，则第3年末需偿还的本息和是（ ）万元。【2020年真题】

A. 1050.00 B. 1100.00

C. 1150.00 D. 1157.63

【答案】A

率。半年实际利率＝4%/2＝2%。3年后复本利和＝100×（1+2%）$^{2×3}$＝112.616万元；到期后企业应支付给银行的利息＝112.616－100＝12.616万元。这是按周期实际利率来计算的方法。还有一种方法是按年实际利率来计算：年实际利率＝（1+4%/2）^{2}－1＝4.04%。3年后复本利和＝100×（1+4.04%）^{3}＝112.616万元；到期后企业应支付给银行的利息＝112.616－100＝12.616万元。

4. 考试时主要考查单利法，在计算利息时，还应该注意一个细节，借款是在年初借入还是在年内均衡借入，年初借入按整年来算，年内均衡借入按年中借入（即半年）来算。题中如无特别指出，我们认为是年初借入。下面做几道题目来巩固一下：

（1）某公司年初借入资金1000万元，期限3年，按年复利计息，年利率10%，到期一次还本付息。则第3年末应偿还的本利和为（   ）万元。**【2021年真题】**

A. 1210　　　　　　　　　　　　B. 1300

C. 1331　　　　　　　　　　　　D. 1464

【答案】C

【解析】$F＝P（1+i）^n＝1000×（1+10\%）^3＝1331$万元。

（2）某施工企业年初从银行借款200万元，按季度计息并支付利息，季度利率为1.5%，则该企业一年支付的利息总计为（   ）万元。

A. 6.00　　　　　　　　　　　　B. 6.05

C. 12.00　　　　　　　　　　　　D. 12.27

【答案】C

【解析】按季度计息并支付利息，则该企业一年支付的利息＝200×1.5%×4＝12.00万元。

（3）某企业借款1000万元，期限2年，年利率8%，按年复利计息，到期一次性还本付息，则第2年应计的利息为（   ）万元。

A. 40.0　　　　　　　　　　　　B. 80.0

C. 83.2　　　　　　　　　　　　D. 86.4

【答案】D

【解析】年有效利率是8%，计算第2年应计的利息时，第1年的利息在第2年已成为本金，还应该计算利息，即（1000+1000×8%）×8%＝86.4万元。本题如果按单利来算，计算结果就是B选项。

专项突破4　现金流量图的绘制

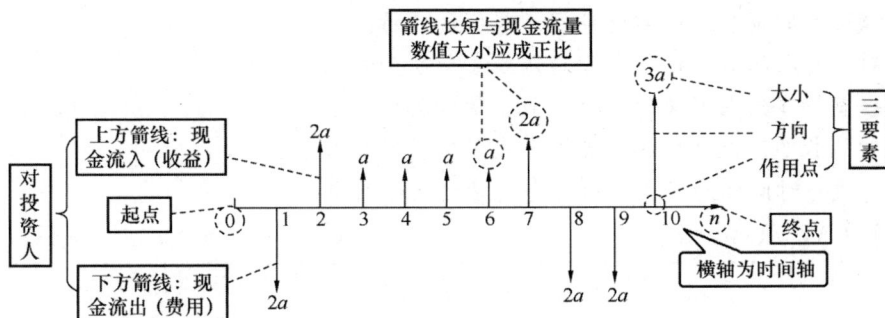

重点难点专项突破

1. 首先要掌握上图中现金流量图各要素的表示。

2. 从历年考试情况来看，现金流量图的绘制，主要有两种命题形式：

（1）绘制现金流量图的三要素，这会是一道多项选择题，比如：

绘制现金流量图需要把握的现金流量的要素有（   ）。【2010年真题】

A. 现金流量的大小   B. 绘制比例

C. 时间单位   D. 现金流入或流出

E. 发生的时点

【答案】A、D、E

（2）关于现金流量图绘制规则表述的题目。具体会考查到以下知识点：

① 以横轴为时间轴，向右延伸表示时间的延续。【2011年、2013年、2017年考过】

② 轴上每一刻度表示一个时间单位，可取年、半年、季或月。

③ 时间轴上的点称为时点，通常表示的是该时间单位末的时点。【2012年、2013年考过】

④ 0表示时间序列的起点；n表示时间序列的终点，也是技术方案的计算期。

⑤ 相对于时间坐标的垂直箭线代表不同时点的现金流量情况。【2011年、2017年考过】

⑥ 现金流量的性质（流入或流出）是对特定的人而言的。【2013年考过】

⑦ 对投资人而言，在横轴上方的箭线表示现金流入，表示收益。【2011年、2012年、2017年考过】

⑧ 对投资人而言，在横轴下方的箭线表示现金流出，表示费用。

⑨ 在现金流量图中，箭线长短与现金流量数值大小本应成比例。【2012年考过】

⑩ 箭线长短只要能适当体现各时点现金流量数值的差异，并在各箭线上方（或下方）注明其现金流量的数值即可。【2011年、2013年考过】

⑪ 箭线与时间轴的交点即为现金流量发生的时点。【2011年、2012年、2017年考过】

⑫ 绘制现金流量图需要把握现金流量的大小（资金数额）、方向（资金流入或流出）和作用点（资金流入或流出的时间点）。【2010年考过】

3. 本考点可能会这样命题：

关于现金流量图绘制规则的说法，正确的有（   ）。【2017年真题】

A. 横轴为时间轴，向右延伸表示时间的延续

B. 对投资人而言，横轴上方的箭线表示现金流出

C. 垂直箭线代表不同时点的现金流量情况

D. 箭线长短应能体现各时点现金流量数值的差异

E. 箭线与时间轴的交点即为现金流量发生的时点

【答案】A、C、D、E

专项突破5 终值和现值的计算

例题：甲、乙、丙和丁四个公司投资相同项目，收益方案如下表（单位：万元），若社会平均收益率为10%，根据资金时间价值原理，其投资收益最大的是（　　）。【2021年真题】

公司	第1年	第2年	第3年	合计
甲公司	200	500	300	1000
乙公司	200	400	400	1000
丙公司	300	500	200	1000
丁公司	300	400	300	1000

A. 甲公司
B. 乙公司
C. 丙公司
D. 丁公司

【答案】C

重点难点专项突破

1. 本考点在2010年、2012年、2013年、2014年、2015年、2016年、2018年、2021年均以单项选择题形式进行了考查。首先来学习终值和现值的计算，见下表：

类别	问题	系数表达式	计算公式
一次支付终值（已知P求F）	现在投入的一笔资金，在n年末一次收回（本利和）多少	$F=P(F/P,i,n)$	$F=P(1+i)^n$
一次支付现值（已知F求P）	希望n年末有一笔资金，n年初需要一次投入多少	$P=F(P/F,i,n)$	$P=F(1+i)^{-n}$
等额支付系列终值（已知A求F）	从现在起每年末投入的一笔等额资金，在n年末一次收回（本利和）是多少	$F=A(F/A,i,n)$	$F=A[(1+i)^n-1]/i$
等额支付系列现值（已知A求P）	希望n年内每年末收回等额资金，开始需要投资多少	$P=A(P/A,i,n)$	$P=\dfrac{A[(1+i)^n-1]}{i(1+i)^n}$

对上述公式的理解：

由于一次支付终值与一次支付现值的计算互为逆运算，因此只记住其一就可以。在P一定、n相同时，i越高，F越大；在i相同时，n越长，F越大。在F一定，n相同时，i越高，P越小；在i相同时，n越长，P越小【2022年考过】。如果在考试时对这两个公式中的n次方或$-n$次方混淆时，你可以这样来理解：由于资金是随着时间的推移而增值的，因此终值会大于现值，就很容易知道求终值时采用的是n次方，而求现值时采用的是$-n$次方。

2. 学习了上面的内容，再来看下上述例题如何解答，投资收益最大的收益方案可以通过比较各收益方案终值的大小来确定。

甲公司：$F = 200 \times (1 + 10\%)^2 + 500 \times (1 + 10\%) + 300 = 1092$ 万元

乙公司：$F = 200 \times (1 + 10\%)^2 + 400 \times (1 + 10\%) + 400 = 1082$ 万元

丙公司：$F = 300 \times (1 + 10\%)^2 + 500 \times (1 + 10\%) + 200 = 1113$ 万元

丁公司：$F = 300 \times (1 + 10\%)^2 + 400 \times (1 + 10\%) + 300 = 1103$ 万元

所以投资收益最大的是丙公司。

3. 下面再做两道题目来巩固练习：

（1）某施工企业每年末存入银行100万元，用于3年后的技术改造。已知银行存款年利率为5%，按年复利计息，则到第3年末可用于技术改造的资金总额为（   ）万元。【2018年真题】

  A. 331.01   B. 330.75

  C. 315.25   D. 315.00

【答案】C

【解析】求到第3年末可用于技术改造的资金总额，也就是已知年金，求终值，应选取等额支付系列现金流量的终值计算公式，那么，到第3年末可用于技术改造的资金总额 $= 100 \times \dfrac{(1 + 5\%)^3 - 1}{5\%} = 315.25$ 万元。

（2）某施工企业拟从银行借款500万元，期限5年，年利率8%，按复利计息，则企业支付本利和最多的还款方式是（   ）。【2016年真题】

  A. 每年年末偿还当期利息，第5年末一次还清本金

  B. 第5年末一次还本付息

  C. 每年末等额本金还款，另付当期利息

  D. 每年末等额本息还款

【答案】B

【解析】解答本题的关键是对题目进行定性分析，而非定量计算。本利和最多的方式，是过程中没有偿还过本金或者利息的方案，因为一旦本金或者利息被偿还，则使得下一期年初计算利息的基数（本金）变小，这样最终的本利和肯定是减小了，本题中B选项的还款方式是过程中未偿还本金或利息，所以需要付的本利和最多。

（3）施工单位从银行贷款2000万元，月利率为0.8%，按月复利计息，两月后应一次性归还银行本息共计（   ）万元。

  A. 2008.00   B. 2016.00

  C. 2016.09   D. 2032.13

【答案】D

【解析】$F = 2000 \times (1 + 0.8\%)^2 = 2032.13$ 万元

专项突破6 实际利率和名义利率

例题： 某企业面对金融机构提出的四种存款条件，相关数据如下表，最有利的选择是

（　　）。【2019年真题】

A. 条件一　　　　　　　　　　　B. 条件二

C. 条件三　　　　　　　　　　　D. 条件四

存款条件	年计息次数	年名义利率
条件一	1	5%
条件二	2	4%
条件三	4	3%
条件四	12	2%

【答案】A

重点难点专项突破

1. 2009—2022年每年都对本考点进行考查，由此可见其重要性。

2. 名义利率与实际利率的换算见下表。

年名义利率	计息期	年计息次数（m）	年有效利率	半年有效利率	季有效利率	月有效利率
r	年	1	r	$(1+r)^{\frac{1}{2}}-1$	$(1+r)^{\frac{1}{4}}-1$	$(1+r)^{\frac{1}{12}}-1$
	半年	2	$\left(1+\dfrac{r}{2}\right)^{2}-1$	$\dfrac{r}{2}$	$\left(1+\dfrac{r}{2}\right)^{\frac{1}{2}}-1$	$\left(1+\dfrac{r}{2}\right)^{\frac{1}{6}}-1$
	季	4	$\left(1+\dfrac{r}{4}\right)^{4}-1$	$\left(1+\dfrac{r}{4}\right)^{2}-1$	$\dfrac{r}{4}$	$\left(1+\dfrac{r}{4}\right)^{\frac{1}{3}}-1$
	月	12	$\left(1+\dfrac{r}{12}\right)^{12}-1$	$\left(1+\dfrac{r}{12}\right)^{6}-1$	$\left(1+\dfrac{r}{12}\right)^{3}-1$	$\dfrac{r}{12}$

对公式的理解：

（1）公式中的"$\dfrac{r}{m}$"的m＝计息的次数。

（2）指数中的m＝所求有效利率的时间单位÷计息周期的时间单位。

3. 上述例题题目看似复杂，其实难度不大，只需要存款条件的计息方式换算为实际利率进行比较取最大。2020年考核的也是类似题目。上述例题的计算过程如下：

条件一：$i_{\text{eff}}=5\%$

条件二：$i_{\text{eff}}=(1+4\%/2)^{2}-1=4.04\%$

条件三：$i_{\text{eff}}=(1+3\%/4)^{4}-1=3.03\%$

条件四：$i_{\text{eff}}=(1+2\%/12)^{12}-1=2.02\%$

存款选择有效利率较大者，故此选A选项。

4. 本考点可能会这样命题：

（1）企业年初借入一笔资金，年名义利率为6%，按季度复利计算，年末本利和为3184.09万元，则年初借款金额是（　　　）万元。【2022年真题】

A. 3003.86　　　　　　　　　　　B. 3000.00

C. 3018.03　　　　　　　　　　　D. 3185.03

【答案】B

【解析】年实际利率为（1＋6%/4）^{4}－1＝6.136%，P＝3184.09/（1＋6.136%）＝3000.00万元。

（2）某公司同一笔资金有如下四种借款方案，均在年末支付利息，则优选的借款方案是（　　　）。【2021年真题】

A. 年名义利率3.6%，按月计息

B. 年名义利率4.4%，按季度计息

C. 年名义利率5.0%，半年计息一次

D. 年名义利率5.5%，一年计息一次

【答案】A

【解析】各选项年实际利率计算如下：

A选项：（1＋3.6%/12）^{12}－1＝3.66%

B选项：（1＋4.4%/4）^{4}－1＝4.47%

C选项：（1＋5%/2）^{2}－1＝5.06%

D选项：5.5%

故应选择年实际利率最低的A选项。

（3）某企业拟存款200万元。下列存款利率和计息方式中，在第5年末存款本息和最多的是（　　　）。【2020年真题】

A. 年利率6%，按单利计算　　　　B. 年利率5.5%，每年复利一次

C. 年利率4%，每季度复利一次　　D. 年利率5%，每半年复利一次

【答案】B

【解析】本题的计算过程如下：

选项A：5年末存款本息和＝200×6%×5＋200＝260万元

选项B：5年末存款本息和＝200×（1＋5.5%）^{5}＝261.39万元；

选项C：5年末存款本息和＝200×（1＋4%/4）$^{4×5}$＝244.04万元

选项D：5年末存款本息和＝200×（1＋5%/2）$^{2×5}$＝256.02万元

5. 实际利率与名义利率还有可能会考核判断正确与错误说法的表述题目。需要掌握以下几个采分点：

（1）年有效利率和名义利率的关系实质上与复利和单利的关系一样。

（2）每年计息周期数越多，则年有效利率和名义利率的差异越大。

（3）计息周期与利率周期相同时，周期名义利率与有效利率相等。

（4）单利计息时，名义利率和有效利率没有差异。

1Z101020　技术方案经济效果评价

专项突破1　经济效果评价的内容

例题：经济效果评价是采用科学的分析方法，对技术方案的财务可行性和经济合理性进行分析论证，为选择技术方案提供科学的决策依据。对于非经营性方案，经济效果评价应主要分析拟定技术方案的（　　）。【2012年考过】

A. 盈利能力
B. 偿债能力
C. 财务生存能力
D. 抗风险能力

【答案】C

重点难点专项突破

1. 本考点还可以考核的题目有：

（1）经济效果评价的基本内容包括（A、B、C）。

（2）对于经营性方案，经济效果评价是从拟定技术方案的角度出发，分析拟定技术方案的（A、B、C）。【2022年考过】

> 选项D是易出现的干扰选项。

2. 本考点中还需要掌握以下采分点：

（1）定量分析方法按其是否考虑时间因素可分为静态分析和动态分析【2011年考过】。应坚持动态分析与静态分析相结合，以动态分析为主的原则【2022年考过】。动态分析能较全面地反映技术方案整个计算期的经济效果。【2022年考过】

（2）按评价是否考虑融资可分为融资前分析和融资后分析，融资前分析应以动态分析为主，静态分析为辅。【2022年考过】

（3）技术方案实施前经济效果评价分析有一定的不确定性和风险性。【2022年考过】

（4）经济效果评价中动态分析的期限：建设期和运营期，运营期分为投产期和达产期。【2016年考过】

专项突破2　经济效果评价指标体系

例题：下列经济效果评价指标中，属于偿债能力分析指标的是（　　）。【2013年、2017年、2020年考过】

A. 总投资收益率【2014年、2020年考过】
B. 资本金净利润率【2014年、2021年考过】
C. 静态投资回收期
D. 财务内部收益率【2011年、2014年、2017年考过】
E. 财务净现值【2013年、2018年、2020年、2021年考过】

F. 利息备付率【2013年考过】

G. 偿债备付率

H. 借款偿还期【2011年、2013年、2017年考过】

I. 资产负债率【2011年、2018年考过】

J. 流动比率【2011年、2013年、2017年、2018年、2021年考过】

K. 速动比率【2014年、2020年考过】

【答案】F、G、H、I、J、K

重点难点专项突破

1. 本考点还可以考核的题目有：

（1）下列经济效果评价指标中，属于盈利能力静态评价的指标有（A、B、C）。

（2）下列经济效果评价指标中，属于盈利能力动态评价的指标有（D、E）。【2021年考过】

（3）下列经济效果评价指标中，属于盈利能力评价指标的是（A、B、C、D、E）。

（4）下列经济效果评价指标中，属于投资收益率的指标有（A、B）。

（5）下列经济效果评价指标中，表示技术方案总投资盈利水平的指标是（A）。

（6）下列经济效果评价指标中，衡量技术方案资本金获利能力的指标是（B）。

（7）下列经济效果评价指标中，使方案在计算期内各年净现金流量的现值累计等于零时的折现率是（D）。

2. 本考点在2009年、2010年、2011年、2013年、2014年、2017年、2018年、2020年均有考查，上述备选项在考试时相互作为干扰选项出现，考查题型也就是例题题型、单项选择题、多项选择题都会考查。

3. 盈利能力分析与偿债能力分析都属于确定性分析，不确定性分析包括盈亏平衡分析和敏感性分析。

4. 静态分析的特点及应用需要熟悉，2009年考核一道多项选择题。它是不考虑时间因素的，在进行粗略评价，在对短期投资方案或逐年收益大致相等的方案进行评价时采用。

5. 最后还需要掌握这几个评价指标的概念，可能会考查概念题目。

（1）投资收益率是指技术方案建成投产达到设计生产能力后一个正常生产年份的年净收益总额与技术方案投资的比率。【2009年考过】

（2）静态投资回收期是在不考虑资金时间价值的条件下，以技术方案的净收益回收其总投资所需要的时间。静态投资回收期宜从技术方案建设开始年算起，若从技术方案投产开始算起，应予以特别注明。

（3）财务净现值（绝对指标）是指用一个预定的基准收益率（或设定的折现率）i_c，分别把整个计算期内各年所发生的净现金流量都折现到技术方案开始实施时的现值之和。【2010年考过】

6. 最后再来总结有关盈利、偿债指标的记忆方法，如下图所示：

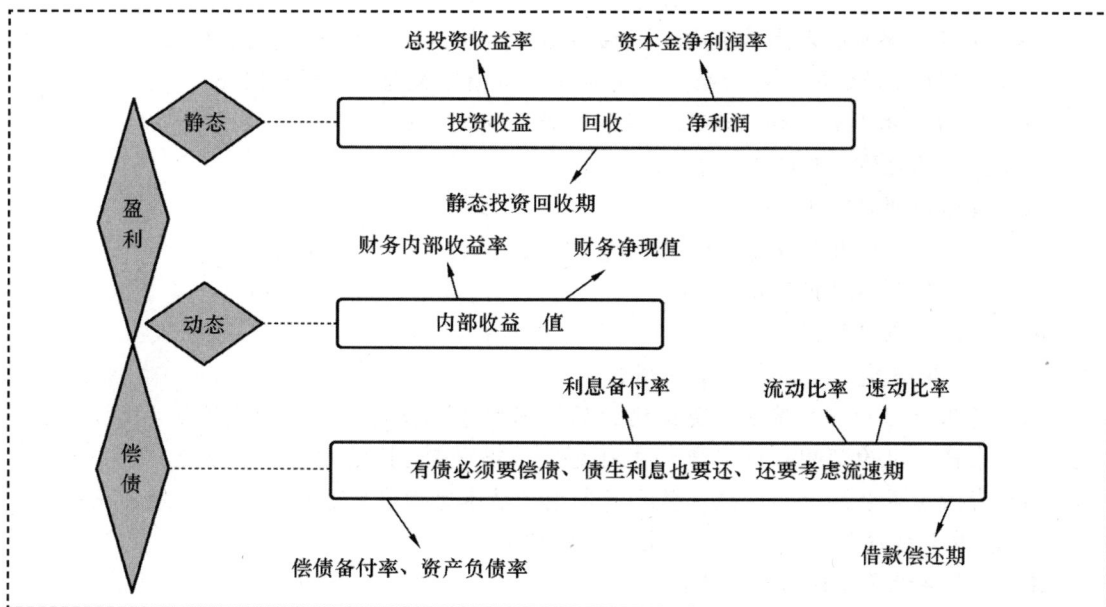

专项突破3　盈利能力分析指标的优缺点

例题：采用投资收益率指标评价技术方案经济效果的缺点有（　　）。

A．正常生产年份的选择比较困难，因而使指标计算的主观随意性较大

B．没有考虑投资收益的时间因素，忽视了资金具有时间价值的重要性【**2019年考过**】

C．作为主要的决策依据不太可靠【**2019年考过**】

D．没有考虑资金时间价值，只考虑回收之前各年净现金流量的直接加减，以致无法准确判断技术方案的优劣

E．只间接考虑投资回收之前的效果，不能反映投资回收之后的情况【**2011年考过**】

F．必须首先确定一个符合经济现实的基准收益率，基准收益率的确定往往是比较困难的

G．不能反映技术方案投资中单位投资的使用效率

H．不能直接说明在技术方案运营期各年的经营成果

I．如果互斥方案寿命不等，必须构造一个相同的分析期限，才能进行方案比选【**2014年考过**】

J．计算需要大量的与投资项目有关的数据，比较麻烦

K．对于具有非常规现金流量的技术方案来讲，结果往往不是唯一的，甚至不存在

【**答案**】A、B、C

重点难点专项突破

1．本考点还可以考核的题目有：

（1）利用静态投资回收期指标评价技术方案经济效果的不足有（D、E）。

（2）采用净现值指标评价技术方案经济效果的缺点有（F、G、H、I）。

（3）采用财务内部收益率指标评价技术方案经济效果的缺点有（J、K）。

2．上述题目列举各指标的缺点，优点通过下面这道题目来对比记忆：

采用投资收益率指标评价技术方案经济效果的优点有（   ）。

A．指标的经济意义明确、直观

B．指标的计算简便

C．在一定程度上反映了投资效果的优劣

D．可适用于各种投资规模

E．指标容易理解

F．在一定程度上显示了资本的周转速度

G．适用于对于那些技术上更新迅速的技术方案，或资金相当短缺的技术方案或未来情况很难预测而投资者又特别关心资金补偿的技术方案进行分析

H．考虑了资金的时间价值，并全面考虑了技术方案在整个计算期内的经济状况

I．能够直接以金额表示技术方案的盈利水平

J．能反映投资过程的收益程度

K．不需要事先确定一个基准收益率，而只需要知道基准收益率的大致范围即可

【答案】A、B、C、D

> 就各个指标的优点还可能考核以下题目：
> （1）利用投资回收期指标评价技术方案经济效果的优点（B、E、F、G）。
> （2）采用净现值指标评价技术方案经济效果的优点是（A、H、I）。
> （3）采用内部收益率法评价技术方案经济效果的优点是（H、J、K）。
> （4）采用净现值和内部收益率指标评价技术方案经济效果的共同特点是（H）。

3．方案经济评价主要指标的优缺点考试还会以判断正确与错误说法的题目考查，比如：关于财务内部收益率的说法，正确的是（   ）。【2021年真题题干】

4．为了方便记忆，还是通过列表方式来总结盈利能力分析指标的优缺点（见下表）。

指标	优点	缺点
投资收益率	（1）意义明确、直观，计算简便。 （2）反映投资效果优劣	（1）没有考虑时间因素。 （2）正常生产年份的选择比较困难
静态投资回收期	（1）容易理解，计算简便。 （2）显示周转速度	（1）不反映回收后的情况。 （2）无法准确衡量整个计算期内的经济效果。 （3）无法准确判断技术方案的优劣
财务净现值	（1）考虑时间价值、经济状况。 （2）意义明确、直观，金额表示盈利水平。 （3）判断直观	（1）必须首先确定基准收益率。 （2）互斥方案寿命不等，必须构造一个相同的分析期限。 （3）不能反映使用效率，不能说明经营成果
财务内部收益率	（1）考虑时间价值、经济状况。 （2）反映投资过程的收益程度。 （3）不需要事先确定一个基准收益率	（1）计算麻烦。 （2）值不存在或多解

专项突破 4　投资收益率分析

例题：某技术方案建设投资为 9700 万元（其中：建设期贷款利息 700 万元），全部流动资金为 900 万元，技术方案投产后正常年份的年息税前利润为 950 万元，则该技术方案的总投资收益率为（　　）。【2018 年真题】

A. 10.56%

B. 9.79%

C. 9.60%

D. 8.96%

【答案】D

重点难点专项突破

1. 投资收益率指标分为总投资收益率和资本金净利润率，考核以计算题为主，还可能根据计算结果判断技术方案是否可行。应能区分公式中字母的含义。2010 年、2015 年、2016 年、2017 年、2018 年都考核了总投资收益率的计算，2012 年、2014 年考核了资本金净利润率的计算。下面来学习这两个指标：

	总投资收益率	资本金净利润率
计算式	息税前利润 总投资　收益　率　$ROI = \dfrac{EBIT}{TI} \times 100\%$ 包括建设投资、贷款利息、流动资金	技术方案资本金　净利润　率　$ROE = \dfrac{NC}{EC} \times 100\%$
说明	息税前利润＝净利润＋利息＋所得税 "息税前"是指付息前、缴税前，所以应包括利息和所得税。 总投资收益率越高，从技术方案所获得的收益就越多。【2019 年考过】 资本金净利润率越高，所获得利润就越多	

> 理解与记忆：
> 与总投资相对应的一定是 *EBIT*；与技术方案资本金相对应的一定是净利润。

2. 上述例题中，总投资收益率＝950/（9700＋900）＝8.96%。

3. 关于总投资收益率的计算要注意一点，技术方案总投资包括建设投资、建设期贷款利息和全部流动资金。

某技术方案建设投资为 2000 万元（含建设期贷款利息为 50 万元），其中技术方案资本金为 1450 万元，全部流动资金为 500 万元；运营期年平均税前利润为 230 万元，年平均借款利息为 20 万元。则技术方案的总投资收益率为（　　）。

A. 9.2%

B. 10.0%

C. 11.5%

D. 12.5%

【答案】B

【解析】技术方案的总投资收益率＝（230＋20）/（2000＋500）×100%＝10.0%。

4. 下面再来学习资本金净利润率的计算题目：

（1）某技术方案建设投资1000万元，流动资金100万元，全部为自有资金（资本金）。运营期正常年份的年利润总额为140万元，年所得税为35万元，则该方案的资本金净利润率是（　　）。【2021年真题】

A. 10.50%　　　　　　　　　　　B. 12.73%

C. 14.00%　　　　　　　　　　　D. 9.55%

【答案】D

【解析】净利润＝利润总额－所得税＝140－35＝105万元

资本金净利润率＝净利润/资本金＝105/（1000＋100）＝9.55%

（2）某技术方案总投资1500万元，其中资本金1000万元，运营期年平均利息18万元，年平均所得税40.5万元。若技术方案总投资收益率为12%，则技术方案资本金净利润率为（　　）【2014年真题】

A. 16.20%　　　　　　　　　　　B. 13.95%

C. 12.15%　　　　　　　　　　　D. 12.00%

【答案】C

【解析】项目资本金净利润率＝（1500×12%－40.5－18）/1000×100%＝12.15%。

专项突破5　静态投资回收期分析

例题：某技术方案的现金流量如下表，设基准收益率（折现率）为8%，则静态投资回收期为（　　）年。【2019年真题】

计算期（年）	0	1	2	3	4	5	6	7
现金流入（万元）	—	—	—	800	1200	1200	1200	1200
现金流出（万元）	—	600	900	500	700	700	700	700

A. 2.25　　　　　　　　　　　B. 3.58

C. 5.40　　　　　　　　　　　D. 6.60

【答案】C

重点难点专项突破

1. 本考点在2009年、2010年、2012年、2013年、2015年、2016年、2017年、2018年、2019年、2020年均有考查，考试时主要考查计算题目。静态投资回收期的计算又分为两种情况，一是各年净收益（净现金流量）均相同时；二是各年的净收益不同时。2019年的这道题目考查的是第二种情况，首先通过2019年这道题目学习这类型题目的解答。

技术方案净现金流量及累计净现金流量的计算见下表：

计算期（年）	0	1	2	3	4	5	6	7
现金流入（万元）	—	—	—	800	1200	1200	1200	1200
现金流出（万元）	—	600	900	500	700	700	700	700
净现金流量		−600	−900	300	500	500	500	500
累计净现金流量		−600	−1500	−1200	−700	−200	300	800

$$静态投资回收期 P_t =（累计净现金流量首次为正或零的年份数-1）+ \frac{上一年累计净现金流量的绝对值}{首次为正或零年数的净现金流量}$$

上述例题中，静态投资回收期 $=（6-1）+ \dfrac{|-200|}{500} = 5.4$ 年。

2. 接下来通过一道例题来学习，技术方案实施后各年净收益均相同的情况下，静态投资回收期的计算。

某技术方案估计建设投资为1000万元，全部流动资金为200万元，建设当年即投产并达到设计生产能力，各年净收益均为270万元。则该技术方案的静态投资回收期为（　　）年。【2018年真题】

A. 2.13
B. 3.70
C. 3.93
D. 4.44

【答案】D

【解析】各年净收益均为相同，那么就可运用"$P_t =$ 总投资 I /每年的净收益 A"这个计算公式。该技术方案的静态投资回收期 $=（1000+200）/270 = 4.44$ 年。

3. 静态投资回收期还会考核一种题型，就是根据题干条件对静态投资回收期进行分析判断，题目难度较大，通过2017年、2020年考试题目进行学习。

（1）某技术方案的静态投资回收期为5.5年，行业基准值为6年。关于该方案经济效果评价的说法，正确的是（　　）。【2020年真题】

A. 该方案静态投资回收期短于行业基准值，表明资本周转的速度慢
B. 从静态投资回收期可以判断该方案前5年各年均不盈利
C. 静态投资回收期短于行业基准值，不代表该方案内部收益率大于行业基准收益率
D. 静态投资回收期短，表明该方案净现值一定大于零

【答案】C

【解析】选项A错误，静态投资回收期指标容易理解，计算也比较简便，在一定程度上显示了资本的周转速度。显然，资本周转速度愈快，静态投资回收期愈短，风险愈小，技术方案抗风险能力强。选项B错误，5年内有盈利，否则无法弥补投资，也无法计算静态投资回收期。选项D错误，静态投资回收期与财务净现值和财务内部收益率并无直接关系。

（2）现有甲和乙两个技术方案，静态投资回收期分别为4年和6年，该行业的基准投资回收期为5年，关于这两个项目的静态投资回收期的说法，正确的是（　　）。

【2017年真题】

A. 甲技术方案的静态投资回收期只考虑了前4年的投资效果

B. 乙技术方案考虑全寿命周期各年的投资效果确定静态投资回收期为6年

C. 甲技术方案投资回收期小于基准投资回收期，据此可以准确判断甲项目可行

D. 乙技术方案的资本周转速度比甲项目更快

【答案】A

【解析】静态投资回收期没有全面地考虑技术方案整个计算期内现金流量，即只考虑回收之前的效果，不能反映投资回收之后的情况，故无法准确衡量技术方案在整个计算期内的经济效果。故选项B错误。静态投资回收期作为技术方案选择和技术方案排队的评价准则是不可靠的，它只能作为辅助评价指标，或与其他评价指标结合应用。故选项C错误。选项D错误，乙项目的资本周转速度比甲项目更慢。

专项突破6 财务净现值分析

例题： 某技术方案现金流量如下表，若基准收益率为8%，则该方案财务净现值为（　　）万元。【2021年真题】

现金流量（万元）	第0年	第1年	第2年	第3年	第4年
现金流入	—	1000	6000	3000	6000
现金流出	3700	4000	2000	3000	2000

A. −1300.00　　　　　　　　　　B. −100.40

C. −108.30　　　　　　　　　　D. 126.91

【答案】C

重点难点专项突破

1. 本考点在2009年、2011年、2012年、2013年、2017年、2018年、2019年、2020年、2021年均以单项选择题考查，而且以计算题为主。

2. 财务净现值的计算，运用资金时间价值系数（$P/F, i, n$），还会根据计算结果判断技术方案的可行性。当$FNPV \geq 0$时，在财务上是可行的；当$FNPV < 0$时，在财务上不可行。

上述例题中技术方案的净现金流量见下表：

现金流量（万元）	第0年	第1年	第2年	第3年	第4年
现金流入	—	1000	6000	3000	6000
现金流出	3700	4000	2000	3000	2000
净现金流量	−3700	−3000	4000	0	4000

则 $FNPV = -3700 - 3000 \times (1 + 8\%)^{-1} + 4000 \times (1 + 8\%)^{-2} + 4000 \times (1 + 8\%)^{-4} = -108.30$ 万元

3. 财务净现值的另外一种命题形式是，判断财务净现值的范围，比如：

某技术方案的净现金流量见下表，若基准收益率大于0，则该方案的财务净现值可能的范围是（　　　）。【2017年真题】

计算期（年）	0	1	2	3	4	5
净现金流量（万元）	—	-300	-200	200	600	600

A. 等于1400万元　　　　　　　　B. 大于900万元，小于1400万元

C. 等于900万元　　　　　　　　D. 小于900万元

【答案】D

【解析】基准收益率起到对净现金流的折减作用，随着折现率的增加，则净现值逐步的变小。所以基准收益率大于0的净现值，一定小于基准收益率等于0的净现值。基准收益率等于0时，净现值为900万元，所以基准收益率大于0，净现值一定小于900万元。故选项D正确。

专项突破7　财务内部收益分析

例题：某常规技术方案当折现率为10%时，财务净现值为-360万元；当折现率为8%时，财务净现值为30万元。则关于该方案经济效果评价的说法，正确的有（　　　）。【2018年真题】

A. 内部收益率在8%~9%

B. 当折现率为9%时，财务净现值一定大于0

C. 当行业基准收益率为8%时，方案可行

D. 当行业基准收益率为9%时，方案不可行

E. 当行业基准收益率为10%时，内部收益率小于行业基准收益率

【答案】A、C、D、E

重点难点专项突破

1. 本考点在2011年、2012年、2013年、2015年、2016年、2018年、2019年均有考查，主要考查净现值与内部收益率的关系及其财务内部收益率$FIRR$的近似值。首先来学习财务净现值与财务内部收益率的关系，见下表：

财务净现值	$FNPV = \sum_{t=0}^{n}(CI-CO)_t(1+i_c)^{-t}$		i增大，净现值减小，i增大到净现值=0时，i值就是财务内部收益率。
财务内部收益率	$FNPV(FIRR) = \sum_{t=0}^{n}(CI-CO)_t(1+FIRR)^{-t} = 0$		基准收益率越大，财务净现值越小【2012年、2013年考过】
对于独立常规方案，$FNPV \geqslant 0$，必有$FIRR \geqslant i_c$，反之亦然。两个指标评价结论一致			

2. 上述例题可以通过试算法计算内部收益率：内部收益率$=8\%+\dfrac{30}{30+|-360|}\times$（$10\%-8\%$）$=8.08\%$，在$8\%\sim9\%$之间。内部收益率大于基准收益率时，方案可行，小于基准收益率时，方案不可行。A选项经常会在考试时单独考核，比如2011年、2016年、2019年考试题目。

对某常规技术方案进行现金流量分析，当折现率为10%时，财务净现值为900万元；当折现率为12%时，财务净现值为16万元。则该方案财务内部收益率可能的范围是（　　）。【2019年真题】

A. 小于10% 　　　　　　　　B. 大于10%，小于11%

C. 大于11%，小于12% 　　　D. 大于12%

【答案】D

【解析】随着折现率的逐渐增大，财务净现值由大变小，由正变负，则财务内部收益率应大于12%，故选项D正确。

3. 还有一种题型是根据技术方案的净现值函数判断财务内部收益率，比如2015年这个题目：

某常规技术方案的净现值函数曲线如下图所示，则该方案的内部收益率为（　　）。【2015年真题】

A. i_1 　　　　　　　　　　B. i_2

C. i_3 　　　　　　　　　　D. i_4

【答案】B

4. 还有一种题型是对经济效果评价指标的综合考查，比如2021年真题：

某技术方案的净现金流量和财务净现值见下表(单位：万元)，根据表中数据，关于该方案评价的说法，正确的是（　　）。

年份	1	2	3	4	5	6	7
净现金流量	−420	−470	200	250	250	250	250
财务净现值（折现率8%）	24.276						

A. 累计净现金流量小于零   B. 财务内部收益率可能小于8%
C. 静态投资回收期大于6年   D. 项目在经济上可行

【答案】D

【解析】

累计净现金流量＝－420－470＋200＋250×4＝310万元，所以选项A错误。

当折现率为8%时，财务净现值为24.276万元，则财务内部收益率肯定大于8%，所以选项B错误。

静态投资回收期＝（6－1）＋（190/250）＝5.76年，所以选项C错误。

当 $FNPV>0$ 时，说明该技术方案除了满足基准收益率要求的盈利之外，还能得到超额收益的现值，换句话说，技术方案现金流入的现值和大于现金流出的现值和，该技术方案有超额收益的现值，故该技术方案财务上可行。本题财务净现值为24.276万元，大于0，故技术方案在经济上可行。

专项突破8　基准收益率的确定

例题： 基准收益率是企业、行业或投资者以动态的观点所确定的、可接受的方案最低标准的收益水平。投资者自行测定技术方案的最低可接受财务收益率时，应考虑的因素有（　　）。【2011年考过】

A. 行业财务基准收益率

B. 行业特点

C. 行业资本构成情况

D. 自身发展战略和经营策略【2011年考过】

E. 技术方案的特点与风险【2011年考过】

F. 资金成本【2011年、2022年考过】

G. 机会成本【2011年、2022年考过】

H. 投资风险【2022年考过】

I. 通货膨胀【2022年考过】

【答案】A、B、C、D、E、F、G、H、I

重点难点专项突破

1. 本考点还可以考核的题目有：

（1）对于完全由企业自有资金投资的技术方案，自主测定其基准收益率的基础主要是（G）。【2010年、2014年考过】

（2）基准收益率最低限度不应小于（F）。【2020年考过】

（3）用来确定基准收益率的基础因素有（F、G）。

（4）确定基准收益率必须考虑的影响因素（H、I）。

2. 注意例题题干中基准收益率的概念，会以"最低标准的收益率"作为采分点考查单项选择题。

专项突破9　偿债能力分析

例题：根据国家财税制度，企业可用于偿还建设投资借款的资金来源有（　　　）。【2013年、2015年、2016年、2019年、2021年考过】

A．归还借款的利润
B．固定资产折旧费
C．无形资产摊销费
D．其他资产摊销费
E．减免的营业税金

【答案】A、B、C、D、E

重点难点专项突破

1. 偿债能力分析的重点是分析判断企业的偿债能力，在历年考试中偿债资金来源包括五项，要特别注意E选项，没有依据时暂不考虑。

2. 偿债能力分析指标的公式及判别应熟悉，具体见下表：

指标	公式	相关规定	判别准则
借款偿还期	$P_d=$（借款偿还开始出现盈余年份－1）+ $\dfrac{\text{盈余当年应偿还借款额}}{\text{盈余当年可用于还款的余额}}$	可以作为偿还贷款的收益来偿还技术方案投资借款本金和利息所需要的时间	满足贷款机构的要求期限时，是有借款偿债能力的
利息备付率	利息备付率（ICR）$=\dfrac{\text{息税前利润}}{\text{计入总成本费用的应付利息}}$	从付息资金来源的充裕性角度反映企业偿付债务利息的能力。 在借款偿还期内分年计算	正常情况下利息备付率应当大于1【2012年考过】
偿债备付率	偿债备付率（$DSCR$）$=\dfrac{\text{息税前利润＋折旧＋摊销－所得税}}{\text{应还本付息的金额}}$ 【2022年考过】	从偿债资金来源的充裕性角度反映偿付债务本息的能力。【2022年考过】 在借款偿还期内分年计算	正常情况偿债备付率应当大于1，并结合债权人的要求确定；小于1时，表示企业当年资金来源不足偿付当期债务【2022年考过】

1Z101030　技术方案不确定性分析

专项突破1　总成本与固定成本、可变成本

项目	内容
固定成本	包括：工资及福利费（计件工资除外）、折旧费、修理费、无形资产及其他资产摊销费、其他费用等
可变成本	包括：原材料、燃料、动力费、包装费和计件工资等
半可变（半固定）成本	包括：与生产批量有关的某些消耗性材料费用、工模具费及运输费等

专项突破2　盈亏平衡分析

例题：某技术方案年设计生产能力为10万台，年固定成本为1200万元，满负荷生产时，产品年销售收入为9000万元，单台产品可变成本为560元，以上均为不含税价格，单台产品税金及附加为12元，则该方案以生产能力利用率表示的盈亏平衡点是（　　　）。
【2020年真题】

A. 13.33%　　　　　　　　　　B. 14.24%

C. 35.29%　　　　　　　　　　D. 36.59%

【答案】D

在项目盈亏平衡分析中，若其他条件不变，降低盈亏平衡点产量的途径有降低固定成本、提高产品售价、降低营业税金及附加、降低单位产品变动成本。【2013年、2014年考过】

再来结合盈亏平衡分析图会更容易理解。

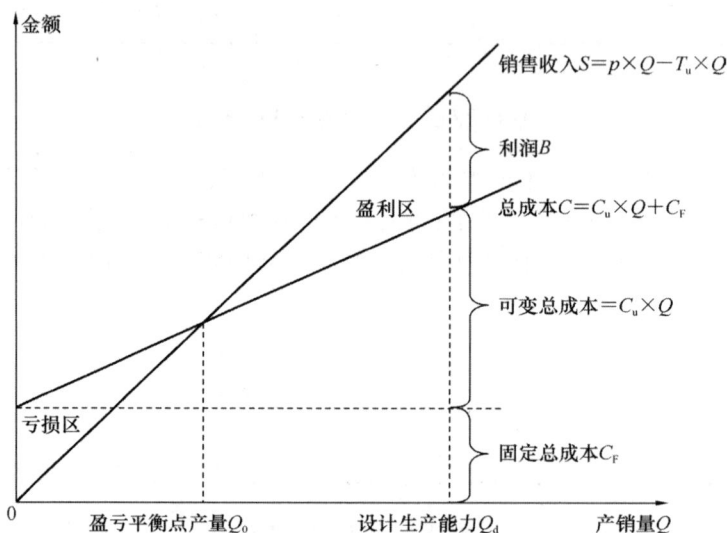

2. 上述例题考核的是生产能力利用率盈亏平衡分析的方法。

（1）求产品单价：9000/10＝900元/台。

（2）假设产量盈亏平衡点是 Q 万元，则：$900Q-1200-(560+12)Q=0$，求得 $Q=3.659$ 万台。

（3）生产能力利用率＝3.659/10×100%＝36.59%。

3. 本考点可能会这样命题：

（1）某技术方案年设计生产能力为3万t，产销量一致，销售价格和成本费用均不含增值税，单位产品售价为300元/t，单位产品可变成本为150元/t，单位产品税金及附加为3元/t，年固定成本为280万元。用生产能力利用率表示的盈亏平衡点为（ ）。【2022年真题】

A. 31.11%   B. 63.49%

C. 31.42%　　　　　　　　　　　　D. 62.22%

【答案】B

【解析】利润＝单位产品售价×产销量－单位产品税金及附加×产销量－固定成本－单位产品可变成本×产销量。根据题意，则 $0＝300×$ 产销量－$3×$ 产销量－$280－150×$ 产销量，解得：产销量＝1.9万t，则用生产能力利用率表示的盈亏平衡点为 $1.9/3＝63.49\%$。

（2）某技术方案设计年产量为12万t，已知单位产品的销售价格为700元（含税价格），单位产品税金为165元，单位可变成本为250元，年固定成本为1500万元，则以价格（含税价格）表示的盈亏平衡点是（　　　）元/t。【2018年真题】

A. 540　　　　　　　　　　　　　　B. 510

C. 375　　　　　　　　　　　　　　D. 290

【答案】A

【解析】盈亏平衡点即技术方案在此产销量下总收入与总成本相等，既没有利润也不发生亏损。则：$0＝p×12－（165＋250）×12－1500$，解得：$p＝540$元/t。

（3）某公司生产单一产品，设计年生产能力为3万件，单位产品的售价为380元/件，单位产品可变成本为120元/件，单位产品税金及附加为70元/件，年固定成本为285万元。该公司盈亏平衡点的产销量为（　　　）件。【2017年真题】

A. 20000　　　　　　　　　　　　　B. 19000

C. 15000　　　　　　　　　　　　　D. 7500

【答案】C

【解析】该公司盈亏平衡点的产销量＝$285×10000/（380－120－70）＝15000$件。

（4）工程项目盈亏平衡分析的特点是（　　　）。

A. 能够预测项目风险发生的概率，但不能确定项目风险的影响程度

B. 能够确定项目风险的影响范围，但不能量化项目风险的影响效果

C. 能够分析产生项目风险的根源，但不能提出对应项目风险的策略

D. 能够度量项目风险的大小，但不能揭示产生项目风险的根源

【答案】D

（5）以产量表示的项目盈亏平衡点与技术方案效果的关系是（　　　）。

A. 盈亏平衡点越低，项目盈利能力越低

B. 盈亏平衡点越低，项目抗风险能力越强

C. 盈亏平衡点越高，项目风险越小

D. 盈亏平衡点越高，项目产品单位成本越高

【答案】B

专项突破3　敏感性分析

例题：某方案单因素敏感性分析示意图如下。根据该图，可以得出的结论有（　　　）。【2020年真题】

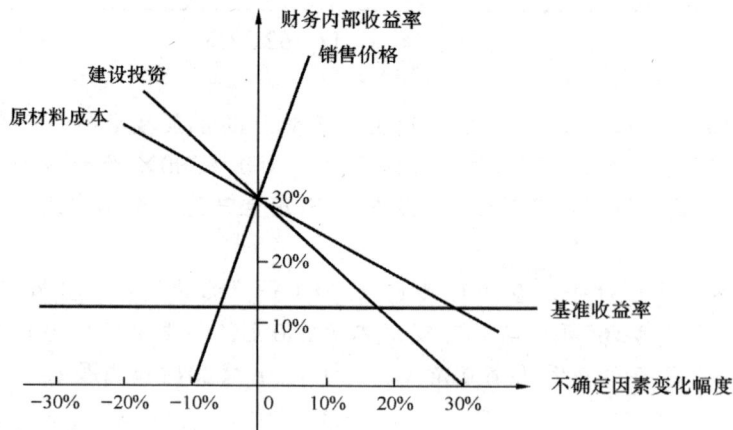

A. 销售价格的临界点小于10%　　　　B. 原材料成本比建设投资更敏感

C. 建设投资的临界点大于10%　　　　D. 销售价格是最敏感的因素

E. 建设投资比销售价格更敏感

【答案】A、C、D

重点难点专项突破

1. 本考点在2010—2022年均有考查，是每年的必考考点，应全面掌握以下内容。

2. 单因素敏感性分析的步骤。

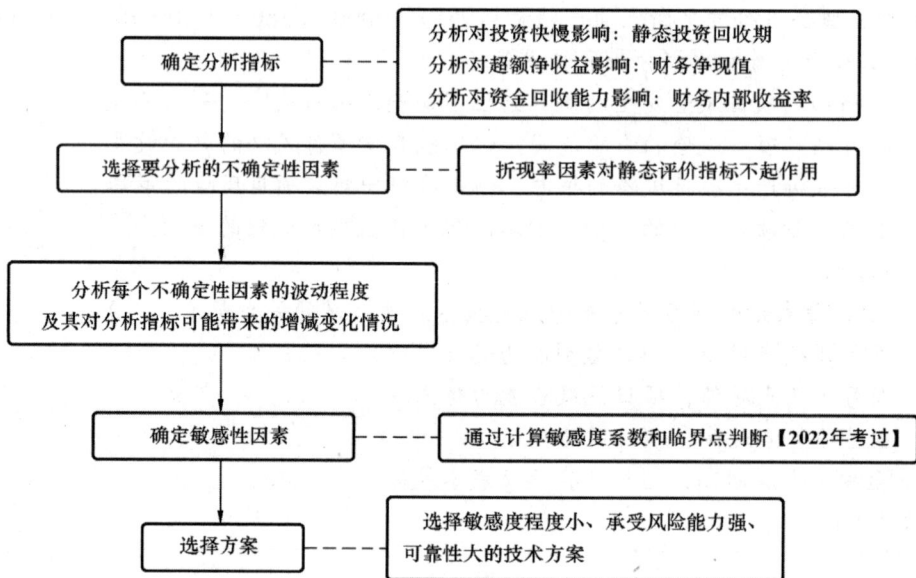

命题规律总结：

第一种题型：题干中给出单因素敏感性的各项工作，判断正确的程序。【2011年考过】

第二种题型：敏感性分析不确定因素的选择。【2012年考过】

3. 敏感度系数和临界点的确定和运用考查非常多，难度较大，重点掌握下表内容：

	敏感度系数（相对测定法）	临界点（绝对测定法）
图中表示	直线的斜率	直线与基准线相交点
确定方法	$S_{AF}=\dfrac{\Delta A/A}{\Delta F/F}$ $S_{AF}>0$，表示评价指标与不确定因素同方向变化。【2015年、2019年、2022年考过】 $S_{AF}<0$，表示评价指标与不确定因素反方向变化。 $\|S_{AF}\|$越大，表明评价指标A对于不确定因素F越敏感；反之，则不敏感。【2012年、2015年、2019年、2021年、2022年考过】 计算敏感度系数可以得到各个因素的敏感性程度排序。【2019年考过】 敏感度系数不能直接显示变化后评价指标的值	临界点是指技术方案允许不确定因素向不利方向变化的极限值。超过极限，技术方案的经济效果指标将不可行。 每条直线与判断基准线的相交点所对应的横坐标上不确定因素变化率即为该因素的临界点。【2020年考过】 临界点的高低与设定的指标判断标准有关。 同一个技术方案，随着设定基准收益率的提高，临界点会变低。【2020年考过】 在一定指标判断标准下，临界点低，说明该因素对技术方案经济效果指标影响越大，技术方案对该因素就越敏感。【2022年考过】 把临界点与未来实际可能发生的变化幅度相比较，就可大致分析该技术方案的风险情况【2020年考过】

> 记忆方法：
> 平衡点低能力强、敏感度大能力弱（低强、大弱）；斜率越大越敏感；过临界点不可行。

4. 学习了敏感性分析的内容，再来看上述例题题目。B、D、E三项根据直线的斜率来判定，斜率最大的销售价格，它是最敏感的因素，次之是建设投资，最后是原材料成本。临界点是不允许不确定因素向不利方向变化的极限值，本题中的极限值是−10%~0之间的这段距离。

5. 2018年考核的也是根据敏感性因素分析图，判断最敏感的因素，还有另外一种命题方式是根据敏感性分析结果或分析表判断敏感性程度，比如2013年、2021年的考试题目：

（1）已知某投资方案财务内部收益率（FIRR）为10%，现选择4个影响因素分别进行单因素敏感性分析，计算结果如下：当产品价格上涨10%时，FIRR＝11.0%；当原材料价格上涨10%时，FIRR＝9.5%；当建设投资上涨10%时，FIRR＝9.0%；当人民币汇率上涨10%时，FIRR＝8.8%。根据上述条件判断，最敏感的因素是（　　）。【2021年真题】

A. 建设投资   B. 原材料价格

C. 人民币汇率   D. 产品价格

【答案】C

【解析】本题的计算过程为：

$S_{产品价格}=[（11\%-10\%）/10\%]10\%=1$

$S_{原材料价格}=[（9.5\%-10\%）/10\%]/10\%=-0.5$

$$S_{建设投资}=[(9\%-10\%)/10\%]/10\%=-1$$

$$S_{人民币汇率}=[(8.8\%-10\%)/10\%]/10\%=-1.2$$

$|S_{AF}|$ 越大，表明评价指标 A 对于不确定因素 F 越敏感；反之，则不敏感。据此最敏感的因素是人民币汇率。

（2）某项目采用净现值指标进行敏感性分析，有关数据见下表，则各因素的敏感程度由大到小的顺序是（　　）。【2013年真题】

因素＼变化幅度	-10%	0	+10%
建设投资（万元）	623	564	505
营业收入（万元）	393	564	735
经营成本（万元）	612	564	516

A. 建设投资—营业收入—经营成本　　　B. 营业收入—经营成本—建设投资

C. 营业收入—建设投资—经营成本　　　D. 经营成本—营业收入—建设投资

【答案】C

【解析】本题的计算过程如下：

$|S_{建设投资}|=|(623-564)/564/-10\%|=1.046$；

$|S_{营业收入}|=|(393-564)/564/-10\%|=3.032$；

$|S_{经营成本}|=|(612-564)/564/-10\%|=0.851$。

敏感度系数 $|S_{AF}|$ 越大，表明评价指标对于不确定因素越敏感。敏感程度是营业收入大于建设投资大于经营成本。

6. 本考点可能会这样命题：

（1）单因素敏感分析过程包括：① 确定敏感因素；② 确定分析指标；③ 选择需要分析的不确定性因素；④ 分析每个不确定因素的波动程度及其对分析指标可能带来的增减变化情况。正确的排列顺序是（　　）。【2011年真题】

A. ③②④①　　　　　　　　　　　　　B. ①②③④

C. ②④③①　　　　　　　　　　　　　D. ②③④①

【答案】D

（2）某项目采用的基准折现率为12%，其基本方案的财务内部收益率为16.2%，现建设投资增加10%时，财务内部收益率为13.9%，则建设投资增加10%的敏感度系数是（　　）。

A. -1.42　　　　　　　　　　　　　　B. -0.16

C. 0.16　　　　　　　　　　　　　　　D. 1.58

【答案】A

（3）关于敏感性分析中临界点的说法，正确的是（　　）。

A. 临界点的高低与设定的基准收益率无关

B. 敏感性分析图中，不确定因素临界点距纵轴越远说明该因素的敏感程度越大

C. 临界点可以通过敏感性分析图来求得近似值

D. 不确定因素属于效益科目时，临界点为其提高的百分率

【答案】C

（4）敏感性分析方法的主要局限是（　　　）。

A. 计算过程比盈亏平衡分析复杂

B. 不能说明不确定性因素发生变动的可能性大小

C. 需要主观确定不确定性因素变动的概率

D. 不能找出不确定性因素变动的临界点

【答案】B

1Z101040　技术方案现金流量表的编制

专项突破1　技术方案现金流量表的分类及要点

例题：某技术方案由三个投资者共同投资，若要比较三个投资者的财务内部收益率是否均衡，则适宜采用的现金流量表是（　　　）。【2016年真题】

A. 投资现金流量表

B. 资本金现金流量表

C. 投资各方现金流量表

D. 财务计划现金流量表

【答案】C

重点难点专项突破

本考点还可以考核的题目有：

（1）技术方案现金流量表主要有（A、B、C、D）。

（2）以技术方案建设所需的总投资作为计算基础，反映技术方案在整个计算期内现金流入和流出的现金流量表是（A）。【2012年真题题干】

（3）从技术方案权益投资者整体（项目法人）角度出发，以技术方案资本金作为计算的基础，用以计算资本金财务内部收益率的现金流量表是（B）。

> 命题总结：
> 第（3）题还可能这样命题：资本金现金流量表是以技术方案资本金作为计算的基础，站在（　　　）的角度编制的。【2011年真题题干】

（4）反映技术方案计算期各年的投资、融资及经营活动的现金流入和流出，用于计算累计盈余资金，分析技术方案财务生存能力的现金流量表是（D）。【2009年、2015年考过】

> 命题总结：
> 第（4）题还可能这样命题：项目财务计划现金流量表主要用于分析项目的（财务生存能力）。【2010年真题题干】

专项突破2 技术方案现金流量表的内容

例题：在技术方案投资各方现金流量表中，应作为现金流出的有（　　）。【2015年真题题干】

A．建设投资　　　　　　　　　　B．流动资金

C．经营成本　　　　　　　　　　D．进项税额

E．应纳增值税　　　　　　　　　F．税金及附加

G．维持运营投资　　　　　　　　H．技术方案资本金

I．借款本金偿还　　　　　　　　J．借款利息支付

K．实缴资本　　　　　　　　　　L．租赁资产支出

【答案】D、E、K、L

重点难点专项突破

1．本考点还可以考核的题目有：

（1）在技术方案投资现金流量表中，应作为现金流出的有（A、B、C、D、E、F、G）。

（2）在技术方案资本金现金流量表中，应作为现金流出的有（C、D、E、F、G、H、I、J）。【2013年、2014年、2021年、2022年考过】

2．本考点不仅会考核各现金流量表中现金流出项目，还会考核现金流入项目。在下表中，将现金流入项目进行比较。

投资现金流量表	资本金现金流量表	投资各方现金流量表
营业收入 补贴收入 销项税额 回收固定资产余值 回收流动资金		实分利润 资产处置收益分配 租赁费收入 技术转让或使用收入 销项税额 其他现金流入

专项突破3 技术方案现金流量表的构成要素

例题：项目经济评价时，若以总成本费用为基础计算经营成本，应从总成本费用中扣除的费用项目有（　　）。【2014年真题题干】

A．外购原材料、燃料及动力费　　B．工资及福利费

C．修理费　　　　　　　　　　　D．折旧费

E．摊销费　　　　　　　　　　　F．利息支出

G．其他费用

【答案】D、E、F

重点难点专项突破

1. 本考点还可以考核的题目有:

（1）在技术方案经济效果评价的相关费用中，应计入经营成本的是（A、B、C、G）。**【2010年、2012年、2017年、2019年真题题干】**

（2）在技术方案经济效果评价的相关费用中，总成本费用包括（A、B、C、D、E、F、G）。

2. 本考点重点掌握经营成本的两大公式:一是减法公式，另一个是加法公式。考试一般会有三种命题形式:第一种是计算题**【2009年、2016年考过】**;第二种是判断经营成本构成的题目**【2009年、2012年、2014年、2017年、2019年、2022年考过】**;第三种是计算公式的表述题**【2018年考过】**。其中以第二种题目考核为主。

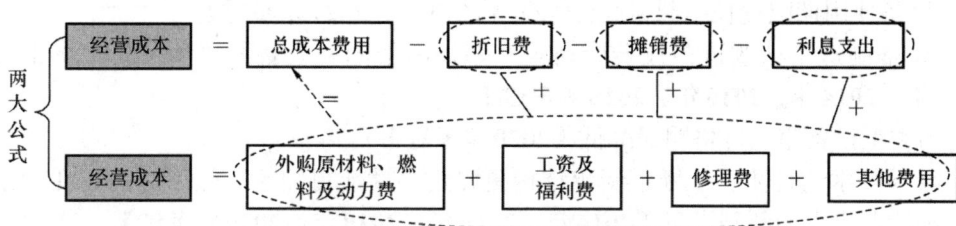

3. 计算题型如何考核，下面通过2016年题目来说明。

某技术方案估计年总成本费用为8000万元，其中外购原材料、燃料及动力费为4500万元，折旧费为800万元，摊销费为200万元，修理费为500万元，利息支出为210万元。则该技术方案的年经营成本为（　　　　）万元。**【2016年真题】**

A. 4500

B. 6290

C. 6790

D. 7290

【答案】 C

【解析】 本题应选用减法公式，加法公式条件不足，该技术方案的年经营成本＝8000－800－200－210＝6790万元。

4. 本考点中还要掌握以下内容:

资本金出资形态可以是现金，也可以是实物、工业产权、非专利技术、土地使用权、资源开采权作价出资，但必须经过有资格的资产评估机构评估作价。

> 命题总结:
> 这句话是一个多项选择题采分点，会这样命题:技术方案资本金的出资方式除现金外，还可以采用的出资形态包括经过有资格的资产评估机构评估作价后的（　　　　）。
>
> **【2018年真题】**

1Z101050 设备更新分析

专项突破1 设备磨损的类型

例题：下列各种情形中，会导致原有设备产生无形磨损的有（　　　）。【2020年真题题干】

A. 设备部件在使用过程中自然老化【2020年、2021年考过】

B. 设备在使用过程中损坏【2010年、2020年考过】

C. 设备在闲置过程中，被腐蚀造成精度降低【2020年考过】

D. 自然力的作用使设备产生磨损【2010年、2018年考过】

E. 设备使用过程中实体产生变形【2010年、2018年、2021年考过】

F. 设备连续使用导致零部件磨损【2014年考过】

G. 设备使用期限过长引起橡胶件老化【2014年、2021年考过】

H. 设备制造工艺改进，社会劳动生产率提高使同类设备的再生产价值降低【2010年、2014年、2016年、2018年考过】

I. 同类型设备市场价格明显降低【2020年考过】

J. 科学技术的进步，不断创新出结构更先进、性能更完善、效率更高、耗费原材料和能源更少的新型设备【2014年、2016年、2018年、2020年考过】

K. 制造工艺改进导致设备降价【2021年考过】

【答案】H、I、J、K

重点难点专项突破

1. 本考点还可以考核的题目有：

下列生产设备磨损形式中，属于有形磨损的有（A、B、C、D、E、F、G）。

2. 本考点在2010年、2014年、2016年、2018年、2020年、2021年都是考查的多项选择题，只有在2011年考查了单项选择题，而且都是对无形磨损原因的考查，所以考生要多加关注。

3. 设备购置后，无论是使用还是闲置，都会发生磨损，分为无形磨损和有形磨损，历年考试中重点考核无形磨损产生的原因。下面将这两大类，四种形式进行总结。

有形磨损	第一种	外力、实体产生磨损、变形、损坏→用多了用坏了
	第二种	自然力产生生锈、腐蚀、老化→没有用放坏了
无形磨损	第一种	技术进步、工艺改进、水平提高，同类设备贬值导致
	第二种	技术进步，新设备产生设备贬值

专项突破2 设备磨损的补偿方式

例题：对设备可消除性的有形磨损进行补偿的方式有（　　　）。【2012年真题题干】

A．更新   B．现代化改装

C．大修理   D．日常保养

E．淘汰

【答案】A、C

重点难点专项突破

1．本考点还可以考核的题目有：

（1）对设备第二种无形磨损进行补偿的方式有（A、B）。【2009年真题题干】

（2）对不可消除性的有形磨损进行补偿的方式是（A）。

（3）设备有形磨损的局部补偿是（C）。

（4）设备无形磨损的局部补偿是（B）。

（5）设备有形磨损和无形磨损的完全补偿是（A）。

2．本考点有三种命题形式：

第一种是上述例题题型。

第二种是逆向命题，比如："可以采用大修理方式进行补偿的设备磨损是（ ）。
【2014年考过】"

第三种是判断正确与错误说法的综合题目，比如"关于设备磨损补偿方式的说法，
正确的是（ ）。【2021年、2022年考过】"

专项突破3　设备更新方案的比选原则

例题：某设备10年前的原始成本是100000元，目前的账面价值是30000元，现在的
市场价值为20000元。关于该设备沉没成本和更新决策时价值的说法，正确的是（ ）。
【2020年真题】

A．沉没成本为10000元，更新决策时价值应为40000元

B．沉没成本为10000元，更新决策时价值应为20000元

C．沉没成本为80000元，更新决策时价值应为30000元

D．沉没成本为70000元，更新决策时价值应为70000元

【答案】B

重点难点专项突破

1．设备更新方案的比选应遵循3原则：设备更新分析应站在客观的立场分析问题；
不考虑沉没成本；逐年滚动比较。历年考试中主要考查沉没成本的计算，更新决策时价
值是首次考核。

沉没成本＝设备账面价值－当前市场价值＝（设备原值－历年折旧费）－当前市场
价值

沉没成本是投资决策发生的而与现在更新决策无关；更新决策价值就是当前市场价值。

专项突破4　设备寿命的概念

设备寿命	时间	决定因素	相关规定
自然（物质）寿命	投入使用开始→不能继续使用、报废的全部时间	有形磨损	不能成为更新的估算依据
技术寿命	投入使用开始→被淘汰的延续时间	无形磨损	比自然寿命短,技术进步越快、技术寿命越短
经济寿命	投入使用开始→经济上不合理被更新的时间	—	平均使用成本最小的使用年限为经济寿命

重点难点专项突破

1. 设备自然寿命、技术寿命、经济寿命的概念不要混淆,如果单独成题,会这样命题:"设备的自然寿命是设备从投入使用开始,直到(   )的全部时间。"或者"设备在市场上维持其价值的时间称为(   )。"在2016年还这样考核过:

某企业2005年年初以3万元的价格购买了一台新设备,使用7年后发生故障不能正常使用,且市场上出现了技术更先进、性能更完善的同类设备,但原设备经修理后又继续使用,至2015年末不能继续修复使用而报废。则该设备的自然寿命为(   )年。【2016年真题】

A. 7

B. 10

C. 12

D. 11

【答案】D

【解析】这道题目就是根据概念来解答的,自然寿命是从投入开始到报废为止的全部时间。经历的时间是2005年年初到2015年年末,是11年。

2. 设备寿命的概念经常会以判断正确与错误说法的综合题目出现,对于多项选择题,切记不要多选。下面将可能会考查的采分点整理如下:

(1) 设备的自然寿命是设备从投入使用开始,直到因物质磨损严重而不能继续使用、报废为止所经历的全部时间。【2010年考过】

（2）设备的自然寿命是由设备的有形磨损所决定的。【2013年考过】

（3）设备的自然寿命不能成为设备更新的估算依据。

（4）设备的技术寿命是设备从投入使用到因技术落后而被淘汰所延续的时间。【2011年、2016年考过】

（5）设备的技术寿命是设备在市场上维持其价值的时间。

（6）即使完全没有使用过的设备，再被更为完善、技术更为先进的设备所取代时，可以认为它的技术寿命为零。【2012年考过】

（7）设备的技术寿命主要是由设备的无形磨损所决定的。【2012年、2013年、2016年考过】

（8）设备的技术寿命一般比自然寿命要短。【2011年、2012年、2016年考过】

（9）科学技术进步越快，技术寿命越短。【2011年、2012年、2013年、2016年考过】

（10）设备的经济寿命是设备从投入使用开始，到继续使用在经济上不合理而被更新所经历的时间。【2013年考过】

（11）设备从开始使用到其年平均使用成本最小（或年盈利最高）的使用年限为设备的经济寿命。

3. 本考点可能会这样命题：

关于设备技术寿命的说法，正确的是（　　　）。

A. 完全未使用的设备技术寿命不可能等于零

B. 设备的技术寿命一般短于自然寿命

C. 科学技术进步越快，设备的技术寿命越长

D. 设备的技术寿命主要由其有形磨损决定

E. 设备的技术寿命受产品质量和精度要求的影响

【答案】B、E

专项突破5　设备经济寿命的估算

例题：某设备目前实际价值为30000元，有关资料如下表所示，则该设备的经济寿命为（　　　）。【2020年真题】

继续使用年限（年）	1	2	3	4	5	6	7
年末净残值（元）	15000	7500	3750	3000	2000	900	600
年运行成本（元）	5000	6000	7000	9000	11500	14000	18200
年平均使用成本（元）	20000	16750	14750	13500	13300	13600	14300

A. 3　　　　　　　　　　　　　B. 4

C. 5　　　　　　　　　　　　　D. 6

【答案】C

重点难点专项突破

1. 静态模式下设备经济寿命的确定方法包括两种：

方法一：设备的年平均使用成本最小值所对应的年限确定设备的经济寿命。在2009年、2013年、2017年、2020年考核的都是这种方法。

设备的年平均使用成本＝年平均资产消耗成本＋年平均运行成本

式中，年平均资产消耗成本＝$\dfrac{设备目前实际价值－净残值}{使用年数}$

方法二：低劣化数值法

经济寿命$N_0=\sqrt{\dfrac{2(设备目前实际价值－第N年末的设备净残值)}{设备的低劣化值}}$

2. 2020年的这道考试题目非常简单，已经给出了年平均使用成本，直接找出最小值就可以了。下面再来练习一道题目：

某设备在不同使用年限时的平均年度资产消耗成本和平均年度运行成本数据见下表。则该设备的经济寿命为（　　　）年。【2017年真题】

使用年限（年）	1	2	3	4	5	6	7
平均年度资产消耗成本（万元）	90	50	35	23	20	18	15
平均年度运行成本（万元）	30	35	30	35	40	45	60

A. 7　　　　　　　　　　　　　　　　B. 5

C. 4　　　　　　　　　　　　　　　　D. 3

【答案】C

3. 关于第二种方法会如何命题，来看道题目：

某设备目前实际价值为10000元，预计残值为1000元，第1年的设备运行成本为600元，每年设备的劣化增量是均等的，年劣化值为500元，则该设备的经济寿命为（　　　）年。

A. 7　　　　　　　　　　　　　　　　B. 6

C. 5　　　　　　　　　　　　　　　　D. 4

【答案】B

【解析】该设备的经济寿命＝$\sqrt{\dfrac{2\times(10000-1000)}{500}}=6$年。

4. 确定设备经济寿命期的两个原则【2015年考过】：

（1）使设备在经济寿命内平均每年净收益（纯利润）达到最大；

（2）使设备在经济寿命内一次性投资和各种经营费总和达到最小。

专项突破6　设备租赁的优越性与不足

设备租赁与设备购买相比的优越性	设备租赁的不足
（1）可用较少资金获得生产急需的设备。【2011年、2019年考过】 （2）可以引进先进设备，加速技术进步的步伐。 （3）可获得良好的技术服务。【2011年、2019年考过】 （4）可以保持资金的流动状态，防止呆滞。 （5）可避免通货膨胀和利率波动的冲击，减少投资风险。【2011年考过】 （6）设备租金可在所得税前扣除，能享受税费上的利益。【2010年、2011年、2019年考过】	（1）在租赁期间承租人对租用设备无所有权，只有使用权，故承租人无权随意对设备进行改造，不能处置设备，也不能用于担保、抵押贷款。【2021年考过】 （2）承租人在租赁期间所交的租金总额一般比直接购置设备的费用要高。【2021年考过】 （3）长年支付租金，形成长期负债。【2021年考过】 （4）融资租赁合同规定严格，毁约要赔偿损失，罚款较多等。 速记：债权高筑，不容毁约

重点难点专项突破

1. 首先要掌握两个概念。

融资租赁——不得任意中止和取消租约，贵重的设备（如重型机械设备等）宜采用这种方法。

经营租赁——租赁双方的任何一方可以随时以一定方式在通知对方后的规定期限内取消或中止租约，临时使用的设备（如车辆、仪器等）通常采用这种方式。

命题总结：

注意区分融资租赁与经营租赁的区别，在2012年、2013年都考查过。这部分内容还会考查判断正确与错误说法的表述题目，可能会结合设备租赁的优越性及不足考查。比如2013年的这道题目：

关于设备租赁的说法，错误的是（　　）。【2013年真题】

A. 融资租赁通常适用于长期使用的贵重设备

B. 临时使用的设备适宜采用经营租赁方式

C. 经营租赁的任一方可以以一定方式在通知对方后的规定期限内取消租约

D. 租赁期内，融资租赁承租人拥有租赁设备的所有权

【答案】D

2. 本考点可能会这样命题：

对于承租人来说，设备租赁与设备购买相比的优越性有（　　）。【2019年真题】

A. 能用较少资金获得生产急需的设备

B. 设备可用于担保、抵押贷款

C. 设备租金可在所得税前扣除

D. 可获得设备出租方的技术服务

E. 不需要考虑设备的维护保养

【答案】A、C、D

专项突破7　租赁费用的内容

例题： 某施工企业以经营租赁方式租入一台设备，租赁保证金2万元，担保费5万元，年租金10万元。预计租赁其中设备年运行成本10万元，其中原材料消耗2万元，则设备第一年的租赁费是（　　）万元。【**2022年真题**】

A. 19
B. 17
C. 20
D. 27

【答案】B

重点难点专项突破

1. 租赁费用包括：租赁保证金、租金、担保费，这也是一个多项选择题采分点。

2. 租赁费用的计算是首次考核，当租赁合同结束时，租赁保证金将被退还承租人或在偿还最后一期租金时加以抵消。上述例题中，第一年租赁费＝2＋5＋10＝17万元。

3. 本考点可能会这样命题：

对承租人而言，租赁设备的租赁费主要包括租赁保证金、租金和（　　）。

A. 贷款利息
B. 折旧费用
C. 担保费
D. 运转成本

【答案】C

专项突破8　租金的计算

例题： 某施工企业拟租赁一台施工机械，设备价格500万元，租期为6年，每年末支付租金，折现率为8%，附加率为4%。租赁保证金为50万元，租赁保证金在租赁期满时退还；担保费为5万元。租赁保证金和担保费的时间价值忽略不计。则按附加率法计算的年租金为（　　）万元。

A. 100.15
B. 105.15
C. 108.16
D. 143.33

【答案】D

重点难点专项突破

1. 本考点还可以考核的题目有：

（1）若上述数据不变，按每年末支付方式计算的租金为（C）万元。

（2）若上述数据不变，按每年初支付方式计算的租金为（A）万元。

2. 对于租金的计算主要有附加率法和年金法。考试时主要考查附加率法，在历年考试只有2011年考核的年金法概念，2010年、2012年、2013年、2014年、2015年、2016年、2018年、2020年考核的都是附加率法的计算题目。

附加率法计算租金：

$$R = 租赁资产价格P \times \frac{(1+N \times i)}{N} + 租赁资产价格P \times 附加率r$$

将资金的时间价值考虑为两部分：按单利计算＋用附加率作补充

3. 下面来看下这三个题目的计算过程：

例题中，"租赁保证金为50万元，租赁保证金在租赁期满时退还；担保费为5万元"这是两个干扰条件，不需要考虑，直接带入附加率法计算公式，即可解答本题。年租金 $= 500 \times \dfrac{(1+6 \times 8\%)}{6} + 500 \times 4\% = 143.33$ 万元

年末支付的租金额 $= P\dfrac{i(1+i)^N}{(1+i)^N-1} = 500 \times \dfrac{8\% \times (1+8\%)^6}{(1+8\%)^6-1} = 108.16$ 万元

年初支付的租金额 $= P\dfrac{i(1+i)^{N-1}}{(1+i)^N-1} = 500 \times \dfrac{8\% \times (1+8\%)^{6-1}}{(1+8\%)^6-1} = 100.15$ 万元

4. 本考点可能会这样命题：

将租赁资产价值按动态等额分摊到未来各租赁期间以确定租金的方法，称为（　　）。

A. 附加率法   B. 折现率法

C. 低劣化数值法   D. 年金法

【答案】D

1Z101060　价值工程在工程建设中的应用

专项突破1　价值工程的含义及特点

1. 价值工程是通过有组织的创造性工作，寻求用最低的寿命周期成本，可靠地实现使用者所需功能的一种管理技术。

2. 价值工程基本要素（3个）：价值、功能、寿命周期成本。产品的寿命周期成本由生产成本和使用及维护成本组成。【2010年考过】

3. 价值工程的特点（6个）：

（1）目标：以最低的寿命周期成本，实现必须具备的功能。【2017年考过】

（2）核心：功能分析，在分析功能的基础上，再去研究结构、材质等问题。【2013年、2017年、2022年考过】

（3）价值、功能、成本整体同时考虑【2022年考过】。

（4）改革、创新。

（5）功能定量化。【2017年、2022年考过】

（6）有计划、有组织、有领导的管理活动。【2022年考过】

1. 本考点不仅会以判断正确与错误说法的题目综合考查，还可能会就某一句话单独成题。

2. 价值工程中的"价值"是比较价值。一般会这样命题："价值工程活动中的价值是指研究对象的（　　）。"可能设置的干扰选项有：使用价值、经济价值、交换价值。

3. 价值工程基本要素一般会这样命题："价值工程涉及（　　）等三个基本要素。"可能设置的干扰选项：价格、费用。

4. 在一定范围内，产品的生产成本与使用及维护成本存在此消彼长的关系。当功能水平逐步提高时，寿命周期成本 $C = C_1 + C_2$，呈马鞍形变化，如下图所示。

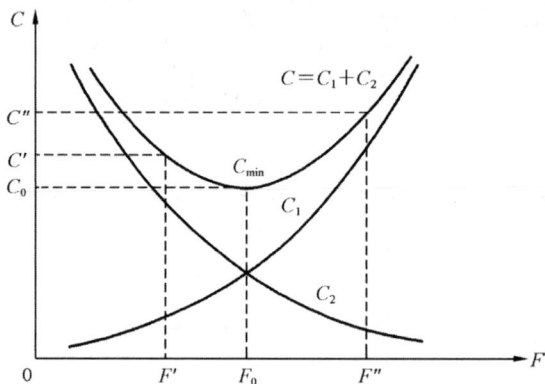

考试可能会给出产品功能与成本关系图，分析变化规律，比如2017年、2022年的考试题目：

（1）价值工程中产品功能与成本的关系图如下。关于图中两者关系的说法，正确的是（　　）。【2022年真题】

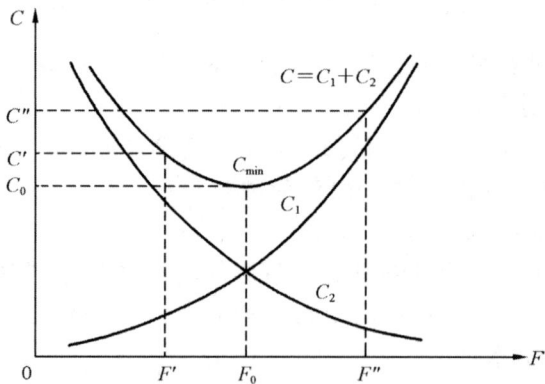

A. 随着产品功能水平 F 提高，生产成本 C_1 降低，使用及维护成本 C_2 增加

B. 在 F' 处，产品的功能较少，生产成本 C_1、使用及维护成本 C_2 较低，寿命周期成本较低

C. 在 F'' 处，产品功能较多，生产成本 C_1、使用及维护成本 C_2 均较高，寿命周期成本较高

D. 在 F_0 时，产品满足必要的功能需求，生产成本 C_1、使用及维护成本 C_2 之和对应的寿命周期成本最低

【答案】D

（2）对某产品进行价值分析，其产品功能与成本关系如下图所示，图中 C_1 最有可能表示（　　）随产品功能变动的变化规律。【2017年真题】

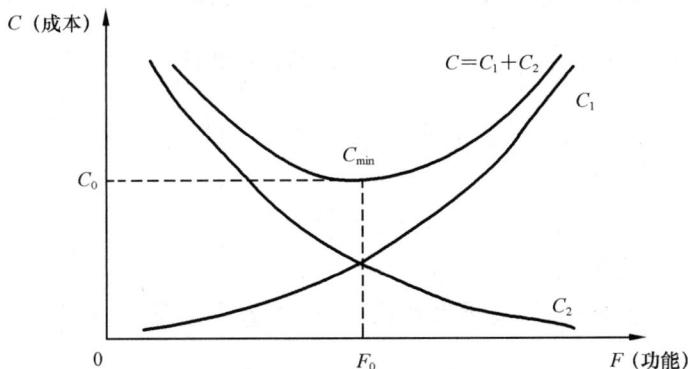

A. 用户购买产品的费用　　　　　　　B. 产品使用成本

C. 产品维护成本　　　　　　　　　　D. 产品报废拆除所需费用

【答案】A

5. 本考点可能会这样命题：

关于价值工程的说法，正确的有（　　）。

A. 价值工程的核心是对产品进行功能分析

B. 价值工程涉及价值、功能和寿命周期成本三要素

C. 价值工程应以提高产品的功能为出发点

D. 价值工程是以提高产品的价值为目标

E. 价值工程强调选择最低寿命周期成本的产品

【答案】A、B、D

专项突破2　价值提升的途径

例题：某工程施工方案的计划工期为350d，对方案运用价值工程原理优化后工期缩短了10d，可实现同样的功能，并降低了工程费用。根据价值工程原理，该价值提升的途径属于（　　）。【2020年真题题干】

A. 功能提高，成本降低　　　　　　　B. 功能提高，成本不变

C. 功能不变，成本降低　　　　　　　D. 功能较大幅度提高，成本较少提供

E. 功能略有下降，成本大幅度降低

【答案】C

1. 本考点还可以考核的题目有：

（1）根据价值工程的原理，提高产品价值最理想的途径是（A）。【2009年考过】

（2）人防工程设计时，在考虑战时能发挥其隐蔽功能的基础上平时利用为地下停车场。这种提高产品价值的途径是（B）。【2018年真题题干】

2. 对于建设工程，应用价值工程的重点是在规划和设计阶段【2009年、2021年考过】。提高价值工程的五个途径（F——功能、C——成本、V——价值）：

（1）双向型（理想型）：$\dfrac{F\uparrow}{C\downarrow}\rightarrow V\uparrow$，$F$提高，$C$降低。

（2）改进型：$\dfrac{F\uparrow}{C}\rightarrow V\uparrow$，$F$提高，$C$不变。

（3）节约型：$\dfrac{F}{C\downarrow}\rightarrow V\uparrow$，$F$不变，$C$降低。

（4）投资型：$\dfrac{F\uparrow\uparrow}{C\uparrow}\rightarrow V\uparrow$，$F$大幅度提高，$C$较少提高。

（5）牺牲型：$\dfrac{F\downarrow}{C\downarrow\downarrow}\rightarrow V\uparrow$，$F$略有下降，$C$大幅度降低。

提高产品价值的这五个途径，还会这样考查：

运用价值工程原理提高产品价值的途径有（　　）。【2021年真题】

A. 通过采用新方案，既提高产品功能，又降低产品成本

B. 通过设计优化，在产品成本不变的前提下，提高产品功能

C. 在保证产品功能不变的前提下，通过组织管理措施降低产品成本

D. 适当增加产品成本，同时大幅度提高产品功能和适用性

E. 采用新材料保证产品功能不变的前提下，成本略有增加

【答案】A、B、C、D

专项突破3　价值工程的工作程序

例题： 价值工程的工作程序一般可分为准备、分析、创新、实施四个阶段。价值工程分析阶段的工作有（　　）。【2015年考过】

A. 工作对象选择　　　　　　　　B. 信息资料搜集

C. 功能定义　　　　　　　　　　D. 功能整理

E. 功能成本分析　　　　　　　　F. 功能评价

G. 确定改进范围　　　　　　　　H. 方案创造

I. 概略评价　　　　　　　　　　J. 调整完善

K. 详细评价　　　　　　　　　　L. 提出方案

M. 方案审批　　　　　　　　　　N. 方案实施与检查

O. 成果评价

【答案】C、D、E、F、G

1. 本考点还可以考核的题目有：

（1）价值工程活动过程中，准备阶段的主要工作有（A、B）。

（2）价值工程活动过程中，创新阶段的主要工作有（H、I、J、K、L）。

（3）价值工程活动过程中，方案实施与评价阶段的主要工作有（M、N、O）。

2. 价值工程的工作程序如下图所示。考生应能区分每个阶段的工作步骤，每个阶段的对应问题需要了解，可能会给出某个阶段，判断这个阶段对应的问题是什么，比如："在产品价值工程工作程序中，准备阶段需要回答的问题是（　　）。"也可能是给出解决的问题，判断属于哪个阶段的工作内容，比如"在价值工程活动中，描述某一个产品零部件'是干什么用的'，属于（　　）的工作内容。"【2014年考过】

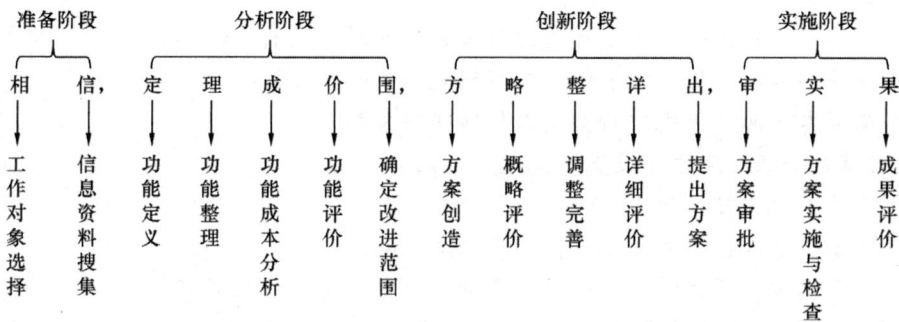

准备阶段		分析阶段					创新阶段				实施阶段		
相	信，	定	理	成	价	围，	方	略	整	详	出，	审	实	果
工作对象选择	信息资料搜集	功能定义	功能整理	功能成本分析	功能评价	确定改进范围	方案创造	概略评价	调整完善	详细评价	提出方案	方案审批	方案实施与检查	成果评价

重点提示：

方案创造的理论依据是功能载体具有替代性。方法包括头脑风暴法、哥顿法（模糊目标法）、专家意见法（德尔菲法）、专家检查法。

3. 本考点可能会考查多项选择题，也可能考查排序题【2009年考过】，可能会给出某项工作，判断其前序或者后续工作。如果是多项选择题就是上述例题题型，另外两种题型，会这样考查：

（1）价值工程分析阶段的工作包括：① 功能定义；② 整理资料；③ 功能整理；④ 功能评价。正确的步骤是（　　）。

A. ①→②→③→④
B. ①→③→②→④
C. ②→①→③→④
D. ②→③→①→④

【答案】C

（2）价值工程活动中功能评价前应完成的工作有（　　）。【2020年真题】

A. 设计方案优化
B. 功能整理
C. 方案创造
D. 方案评价
E. 功能定义

【答案】B、E

专项突破4 价值工程对象的选择

例题： 从设计方面，优先作为价值工程研究对象的有（   ）。【2022年考过】

A. 结构复杂、性能和技术指标较差的工程产品【2022年考过】

B. 体积和重量大的工程产品

C. 量大面广、工序繁琐、工艺复杂的工程产品

D. 原材料和能源消耗高、质量难于保证的工程产品

E. 用户意见多和竞争力差的工程产品

F. 成本高或成本比重大的工程产品

【答案】 A、B

重点难点专项突破

1. 本考点还可以考核的题目有：

（1）从施工生产方面，优先作为价值工程研究对象的有（C、D）。

（2）从市场方面，优先作为价值工程研究对象的是（E）。

（3）从成本方面，优先作为价值工程研究对象的是（F）。

2. 考试时会从相反方向设置干扰选项，比如：

（1）用户意见少且竞争力较强的工程产品。

（2）成本较低或占总成本比重较小的工程产品。

（3）工艺简单、原材料能耗较低、质量有一定保障的工程产品。

3. 价值工程对象选择常用的方法有：因素分析法、ABC分析性、强制确定法、百分比分析法、价值指数法。

专项突破5 功能分类

例题： 价值工程分析中，将功能按用户的需求分类，有必要功能和不必要功能。下列功能中，属于不必要功能的有（   ）。【2014年、2019年考过】

A. 使用功能　　　　　　　　　　B. 美学功能

C. 基本功能　　　　　　　　　　D. 辅助功能

E. 多余功能　　　　　　　　　　F. 重复功能

G. 过剩功能

【答案】 E、F、G

重点难点专项突破

1. 本考点还可以考核的题目有：

价值工程中，用户所要求的功能以及与实现用户所需求功能有关的功能称为必要功能，包括（A、B、C、D）。

---

2. 本考点重点就是区分必要与不必要功能，按不同特性的分类应熟悉。

$$
功能分类
\begin{cases}
重要程度 & \rightarrow & 基本功能 & 辅助功能 \\
性质 & \rightarrow & 使用功能 & 美学功能 \\
用户需求 & \rightarrow & 必要功能 & 不必要功能（多余、重复和过剩）\\
功能量化 & \rightarrow & 过剩功能 & 不足功能 \\
总体与局部 & \rightarrow & 总体功能 & 局部功能 \\
整理逻辑关系 & \rightarrow & 并列功能 & 上下位功能
\end{cases}
$$

专项突破6 功能评价

例题：现有四个施工方案可供选择，其功能评分和寿命周期成本相关数据见下表，则根据价值工程原理应选择的最佳方案是（   ）。【2017年真题】

方案	甲	乙	丙	丁
功能评分	9	8	7	6
寿命周期成本（万元）	100	80	90	70

A. 乙   B. 甲
C. 丙   D. 丁

【答案】A

重点难点专项突破

1. 利用价值系数选择最优方案：

$$价值系数 V_i = \frac{F_i 功能评价值（目标成本）}{C_i 现实成本}$$

$V_i = 1$，$F_i = C_i$，评价对象的价值为最佳，无须改进；

$V_i < 1$，$F_i < C_i$（存在过剩功能，条件、方法不佳）；

$V_i > 1$，$F_i > C_i$（有必要的功能，提高成本）。

命题总结：
一是通过计算选择最优方案。在2010年、2015年、2017年都是考查的这类型题目。
二是根据价值系数判断产生原因。在2012年考查了这类型题目。
三是判断价值工程对象的改进范围。在2021年考查了这类型题目。
某单位工程由甲、乙、丙和丁4个分部工程组成，相关数据如下表。运用价值工程原理判断，应作为优先改进对象的是（   ）。【2021年真题】
A. 甲   B. 丙
C. 乙   D. 丁

项目	甲	乙	丙	丁
现实成本（万元）	1100	2350	1220	1630
目标成本（万元）	1000	2000	1230	1500
功能价值	0.909	0.851	1.008	0.920

【答案】C

2. 功能成本法进行方案选择的程序如下图所示。

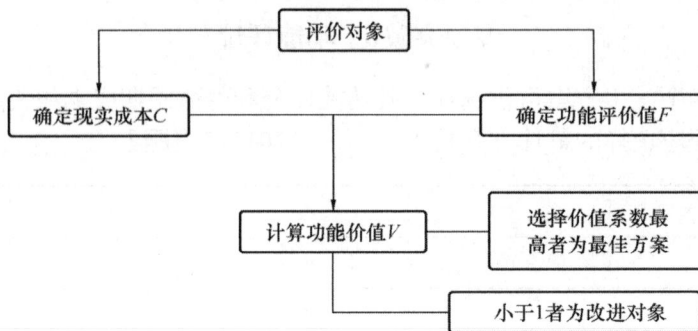

3. 接下来看上述例题如何解答。

计算各方案的功能系数：$F_甲=9/(9+8+7+6)=0.30$；$F_乙=8/(9+8+7+6)=0.27$；$F_丙=7/(9+8+7+6)=0.23$；$F_丁=6/(9+8+7+6)=0.20$。

计算各方案的成本系数：$C_甲=100/(100+80+90+70)=0.29$；$C_乙=80/(100+80+90+70)=0.24$；$C_丙=90/(100+80+90+70)=0.26$；$C_丁=70/(100+80+90+70)=0.21$。

计算各方案的价值系数：$V_甲=0.30/0.29=1.03$；$V_乙=0.27/0.24=1.13$；$V_丙=0.23/0.26=0.88$；$V_丁=0.20/0.21=0.95$。

所以，最优方案为乙方案。

4. 如果对价值结果判断进行考查，可能会这样出题：

造成价值工程活动对象的价值系数 V 小于 1 的可能原因有（　　）。【2012年真题】

A. 评价对象的现实成本偏低　　　　B. 功能现实成本大于功能评价值

C. 可能存在着不足的功能　　　　　D. 实现功能的条件或方法不佳

E. 可能存在着过剩的功能

【答案】B、D、E

1Z101070　新技术、新工艺和新材料应用方案的技术经济分析

专项突破1　新技术、新工艺和新材料应用方案的选择原则

例题：建设工程项目在选择新工艺和新材料时，应遵循的原则有（　　）。【2009年

  A. 技术先进性   B. 技术可靠性

  C. 技术安全性   D. 技术适用性

  E. 方案经济性   F. 效益综合性

  【答案】A、B、C、D、E、F

重点难点专项突破

  1. 本考点还可以考核的题目有：

  （1）工程建设中，降低原材料和能源消耗，缩短工艺流程，提高劳动生产率，体现了（A）原则。

  （2）工程建设中，应充分发挥企业和方案所在地的资源优势，适应方案特定的资源、经济、社会等方面的条件，改善生产条件，这体现了（D）原则。

  2. 本考点还会逆向命题，比如2020年、2022年考试题目：

  （1）下列新技术应用方案的技术经济效果分析内容中，属于技术适用性分析的是（ ）。【2022年真题】

  A. 提高生产自动化程度和减轻工人劳动强度的幅度

  B. 发挥企业原有技术装备和方案所在地资源优势的程度

  C. 对所生产产品质量性能和生产能力的保证强度

  D. 降低环境不利影响和工人操作安全风险的幅度

  【答案】B

  （2）下列新技术特性中，属于技术可靠性的是（ ）。【2020年真题】

  A. 自动化程度高   B. 有工业化应用业绩

  C. 三废排放少   D. 有利用当地资源的优势

  【答案】B

专项突破2 新技术、新工艺和新材料应用方案的技术分析

  例题：新技术应用方案的技术分析是通过对其技术特性和条件指标进行对比与分析完成的，下列指标中，属于反映方案技术特性的指标是（ ）。【2014年真题题干】

  A. 现浇混凝土强度   B. 现浇工程总量

  C. 最大浇筑量   D. 安装构件总量

  E. 最大尺寸   F. 最大重量

  G. 最大安装高度   H. 方案占地面积

  I. 资源供应保证率   J. 主要专用设备供应保证率

  K. 方案对工程质量的保证程度 L. 方案要求的技术复杂程度和难易程度

  M. 施工专业化协作   N. 主要专业工种工人保证供应情况

  【答案】A、B、C、D、E、F、G

1. 本考点还可以考核的题目有：

下列指标中，属于反映方案技术条件的指标是（H、I、J、K、L、M、N）。

2. 技术特性指标与技术条件指标的考核也就是上述例题题型。

3. 最后再来了解下新技术应用方案的技术经济分析分类。

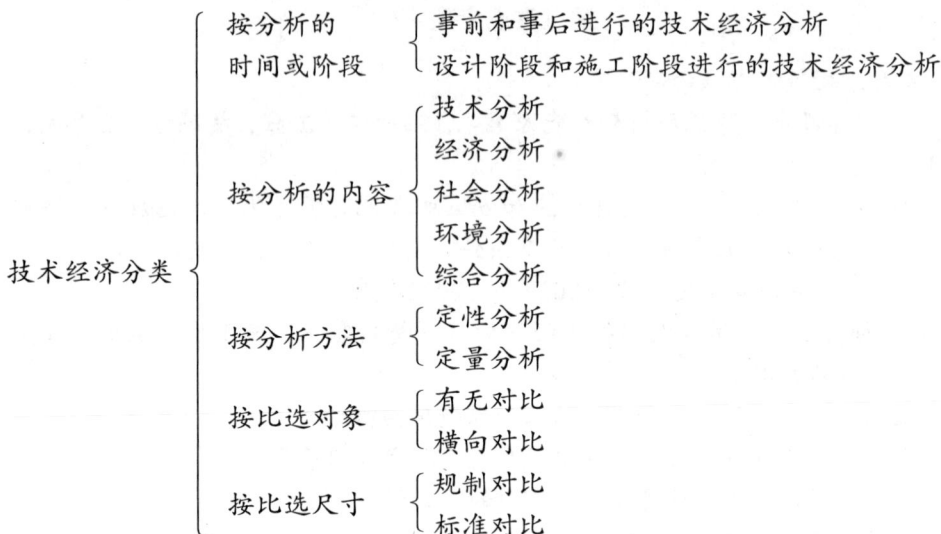

技术经济分类

- 按分析的时间或阶段
  - 事前和事后进行的技术经济分析
  - 设计阶段和施工阶段进行的技术经济分析
- 按分析的内容
  - 技术分析
  - 经济分析
  - 社会分析
  - 环境分析
  - 综合分析
- 按分析方法
  - 定性分析
  - 定量分析
- 按比选对象
  - 有无对比
  - 横向对比
- 按比选尺寸
  - 规制对比
  - 标准对比

专项突破3　新技术、新工艺和新材料应用方案的经济分析方法

例题： 在工程建设中，对不同的新技术、新工艺和新材料应用方案进行经济分析可采用的静态分析方法有（　　）。【2009年真题题干】

A. 增量投资分析法　　　　　　B. 年折算费用法

C. 综合总费用法　　　　　　　D. 财务净现值（费用现值）法

E. 财务净年值（年成本）法　　F. 简单评分法

G. 加权评分法

【答案】A、B、C

本考点还可以考核的题目有：

（1）在工程建设中，对不同的新技术、新工艺和新材料应用方案进行经济分析可采用的动态分析方法有（D、E）。

（2）下列方法中，适用于新技术应用方案的技术经济综合比选的方法有（F、G）。

【2018年考过】

专项突破4　增量投资收益率法

例题：某工程施工现有两个对比的技术方案，方案1需投资200万元，年生产成本120万元；方案2与方案1应用环境相同的情形下，需投资300万元，年生产成本100万元。设基准投资收益率为10%，采用增量投资收益率法选择方案，正确的有（　　）。【2020年真题】

A. 方案2与方案1相比，增量投资收益率为10%

B. 方案2与方案1相比，在经济上可行

C. 当基准投资收益提高为15%时，方案2优于方案1

D. 方案2比方案1投资高出50%，超过基准收益率，经济上不可行

E. 当基准投资收益率降低为8%时，方案1优于方案2

【答案】B、C

重点难点专项突破

1. 增量投资收益率法在2010年、2013年、2015年、2016年、2020年考试中均有考查，有两种命题形式：

第一种：根据题干中资料分析，判断两方案中的最优方案以及是否可行，在2013年、2020年考查的是这类题目。

第二种：计算增量投资收益率，在2010年、2015年、2016年考查的是这类题目。

2. 现设 I_1、I_2 分别为旧、新方案的投资额，C_1、C_2 为旧、新方案的经营成本（或生产成本）。如 $I_2 > I_1$、$C_2 < C_1$，则增量投资收益率 $R_{(2-1)}$ 为：

$$R_{(2-1)} = \frac{C_1 - C_2}{I_2 - I_1} \times 100\%$$

当 $R_{(2-1)}$ 大于或等于基准投资收益率时，表明新方案是可行的；当 $R_{(2-1)}$ 小于基准投资收益率时，则表明新方案是不可行的。

3. 上述例题中，增量投资收益率 $R_{(2-1)}$ =（120-100）/（300-200）×100% = 20%＞基准投资收益率10%，表明新方案（方案2）是可行的，所以选项A错误，选项B正确。基准投资收益提高为15%时，增量投资收益率＞基准投资收益率，方案2优于方案1，所以选项C正确、选项E错误。如果方案2比方案1投资高出50%，增量投资收益率 $R_{(2-1)}$ =（120-100）/[300×（1+50%）-200]×100% = 8%＜基准收益率10%，表明新方案（方案2）是不可行的，所以选项D错误。

4. 关于增量投资收益率计算的题目如何命题，看下面这道题目：

某施工项目有两个工艺方案：方案1需投资2000万元，年生产成本500万元；方案2与方案1应用环境相同，需投资2800万元，年生产成本400万元。则两方案相比较的增量投资收益率为（　　）。【2016年真题】

A. 18.75%　　　　　　　　　　B. 12.50%

C. 25.00%　　　　　　　　　　D. 16.67%

【答案】B

专项突破5　折算费用法

例题：某施工项目有甲乙两个对比工艺方案，均不需要增加投资。采用甲方案需年固定费用120万元，单位产量可变费用为450元；采用乙方案需年固定费用100万元，单位产量可变费用为500元。下列关于该对比方案决策的说法，正确的有（　　　　）。【2019年真题】

A．两方案年成本相等时的临界点产量为4000单位

B．年产量为5000单位时，应选择乙方案

C．年产量为3000单位时，应选择甲方案

D．两个方案总成本相等时，甲方案的单位产量固定成本大于乙方案

E．应该选择甲方案，因为其单位产量可变费用低

【答案】A、D

重点难点专项突破

1. 方案的有用成果相同时，通过比较费用大小，选择方案。这时应选择年折算费用最小的方案。

当不需要增加投资时：

$$C_j = C_{Fj} + C_{uj}Q$$

式中　C_j——第 j 方案的年生产成本；

　　C_{Fj}——第 j 方案固定费用（固定成本）总额；

　　C_{uj}——第 j 方案单位产量的可变费用（可变成本）；

　　Q——生产的数量。

上述题目考核的就是这个类型，计算过程为：

$$C_甲 = 120 + 450Q; \quad C_乙 = 100 + 500Q$$

临界产量＝（120－100）/（500－450）=0.4万个单位=4000个单位。故选项A正确。

低于4000个单位时，选乙方案；高于4000个单位时，选甲方案，故选项B、C、E错误。

两个方案总成本相等时，甲方案的单位产量固定成本为：120/0.4＝300元，乙方案的单位产量固定成本为：100/0.4＝250元，故选项D正确。

需要增加投资时：

$$Z_j = C_j + P_j \cdot R_c$$

式中　Z_j——第 j 方案的折算费用；

　　C_j——第 j 方案的生产成本；

　　P_j——用于第 j 方案的投资额（包括建设投资和流动资金）；

　　R_c——基准投资收益率。

2. 当方案的有用成果不相同时，一般可通过方案费用的比较来决定方案的使用范围，进而取舍方案。通常可用数学分析的方法和图解的方法来进行。这种情况在考试时几乎不会考查，了解即可。

3. 本考点可能会这样命题：

（1）某施工项目有四个可选择的技术方案，其效果相同。方案一需要投资240万元，年生产成本为64万元；方案二需要投资320万元，年生产成本为52万元；方案三需要投资360万元，年生产成本为45万元；方案四需要投资400万元，年生产成本为36万元。不考虑税收因素，当基准投资收益率为12%时，运用折算费用法选择的方案应是（　　）。【2021年真题】

A. 方案一   B. 方案二

C. 方案三   D. 方案四

【答案】D

【解析】

方案一年折算费用：$64 + 240 \times 12\% = 92.8$ 万元；

方案二年折算费用：$52 + 320 \times 12\% = 90.4$ 万元；

方案三年折算费用：$45 + 360 \times 12\% = 88.2$ 万元；

方案四年折算费用：$36 + 400 \times 12\% = 84$ 万元。

方案四年折算费用最低，所以选项D正确。

（2）某项目施工所需机械有两种方案满足要求。方案一为购置方案，购置费用120万元，单位产量可变费用为500元；方案二为租赁方案，单位产量可变费用为800元。关于机械方案选择的说法，正确的是（　　）。【2017年真题】

A. 施工数量大于2400小于4000个生产单位时，应选择方案一

B. 施工数量大于4000个生产单位时，应选择方案二

C. 施工数量为2400个生产单位时，应选择方案一或方案二

D. 施工数量为4000个生产单位时，应选择方案一或方案二

【答案】D

【解析】设临界产量为 X，则有 $500/10000X + 120 = 800/10000X$，$X = 4000$ 个生产单位。则当处于临界产量4000个生产单位时，选择方案一或方案二都是可以的。故选项C错误，选项D正确。施工数量大于2400小于4000个生产单位时，应选择方案二，故选项A错误。施工数量大于4000个生产单位时，应选择方案一，故选项B错误。

1Z102000 工 程 财 务

1Z102010 财务会计基础

专项突破1 财务会计的职能

例题：财务会计的基本职能是（　　　）。【2014年真题题干】

A. 核算
B. 监督
C. 预算
D. 决算
E. 预测

【答案】A、B

重点难点专项突破

1. 本考点还可以考核的题目有：

会计的（A）职能是指会计通过确认、计量、报告三个环节，按照一定的程序，运用科学的方法和手段，以货币价值形式反映企业已经发生或完成的客观经济活动情况，为经济管理提供可靠的会计信息。

2. 选项C、D、E为干扰选项。

3. 会计监督具有以下特点：① 对经济活动全过程进行监督；② 主要利用货币计量进行监督，也要进行实物监督；③ 是单位内部的监督，是外部监督不可替代的。

4. 按监督实行的时间，会计监督可以分为事前监督、事中监督和事后监督；按监督的要求不同，可以分为政策性监督和技术性监督。

专项突破2 会计要素的组成

例题：企业的资本溢价属于会计要素中的（　　　）。

A. 资产
B. 负债
C. 所有者权益
D. 收入
E. 费用
F. 利润

【答案】C

重点难点专项突破

1. 本考点还可以考核的题目有:

（1）某企业年初花费30万元购买归企业拥有且预期会给企业带来经济利益的一套设备，在会计核算中应归属的会计要素是（A）。【2018年真题题干】

（2）某施工企业以1000万元购入一宗城市土地的使用权，准备建造自用办公大楼，该项土地使用权在会计核算中应归属的会计要素是（A）。

（3）某企业的应付工资，在会计核算中应归属的会计要素是（B）。

（4）反映企业某一时点财务状况的会计要素有（A、B、C）。【2014年真题题干】

（5）反映企业某一时期经营成果的会计要素有（D、E、F）。【2010年真题题干】

（6）静态会计等式是由（A、B、C）等会计要素构成的。

（7）下列会计要素中，属于静态会计要素的有（A、B、C）。【2021年真题题干】

（8）动态会计等式是由（D、E、F）等会计要素构成的。【2009年、2022年考过】

（9）下列会计要素中，属于动态会计要素的有（D、E、F）。

2. 本考点在2009年、2010年、2011年、2012年、2013年、2014年、2018年、2019年、2021年均有考查，要重点掌握。

3. 资产分为流动资产和非流动资产，两者的内容在考核时相互作为干扰选项。主要的考核形式是："下列资产中，属于流动资产的有（　　）。"【2010年、2019年考过】

4. 负债分为流动负债和非流动负债，两者的内容在考核时相互作为干扰选项。主要的考核形式是："根据现行《企业会计准则》，应列入流动负债的有（　　）。"【2010年、2013年考过】

5. 所有者权益包括：实收资本、资本公积、盈余公积、未分配利润、其他权益工具、其他综合收益、专项储备。资本公积包括资本溢价（或股本溢价）、其他资本公积。

6. 资产增加，会导致所有者权益增加；负债的减少，也会导致所有者权益增加。

7. 最后再补充下会计等式的应用。

静态会计等式反映企业在某一特定日期财务状况，公式为"资产＝负债＋所有者权益"。

动态会计等式反映企业在一定会计期间经营成果，公式为"收入－费用＝利润"。【2022年考过】

专项突破3　会计核算的计量属性

例题：根据会计核算原则，若企业资产按照购置时支付的现金或者现金等价物的金额，或者按照购置资产时所付出的代价的公允价值计量，该资产计量属于按（　　）计量。【2012年考过】

A. 历史成本　　　　　　　　　B. 重置成本

C. 可变现净值　　　　　　　　D. 现值

E. 公允价值

【答案】A

重点难点专项突破

1. 本考点还可以考核的题目有：

（1）根据会计核算原则，若企业负债按照因承担现时义务而实际收到的款项或者资产的金额，或者承担现时义务的合同金额计量，该负债计量属于按（A）计量。

（2）根据会计核算原则，若企业负债按照日常活动中为偿还负债预期需要支付的现金或者现金等价物的金额计量，该负债计量属于按（A）计量。

（3）根据会计核算原则，若企业资产按照现在购买相同或者相似资产所需支付的现金或者现金等价物的金额计量，该资产计量属于按（B）计量。

（4）根据会计核算原则，若企业负债按照现在偿付该项债务所需支付的现金或者现金等价物的金额计量，该负债计量属于按（B）计量。

（5）根据会计核算原则，若企业按照其现在正常对外销售所能收到现金或者现金等价物的金额，扣减该资产至完工时估计将要发生的成本、估计的销售费用以及相关税费后的金额计量，该资产计量属于按（C）计量。

（6）根据会计核算原则，若企业资产按照预计从其持续使用和最终处置中所产生的未来净现金流入量的折现金额计量，该资产计量属于按（D）计量。

（7）根据会计核算原则，若企业负债按照预计期限内需要偿还的未来净现金流出量的折现金额计量，该负债计量属于按（D）计量。

（8）根据会计核算原则，若企业资产和负债按照市场参与者在计量日发生的有序交易中，出售资产所能收到或者转移负债所需支付的价格计量，其计量属于按（E）计量。

2. 应能区分资产或负债在计量时按照哪种属性计量。有四种命题形式：

（1）以判断正确与错误说法的题目考查【2016年考过】；

（2）判断资产或负债的计量属性【2012年考过】；

（3）根据计量属性，判断如何计量【2014年考过】；

（4）根据题干中数据，计算计量属性【2020年、2021年、2022年考过】。

3. 本考点可能会这样命题：

（1）某企业3年前购置一台价值为30万元的设备，现在若以20万元卖出，卖出该设备需要发生维修成本2万元，发生销售费用1万元，缴纳税金0.5万元，则该设备的可变现净值为（　　）万元。【2022年真题】

A. 18.5　　　　　　　　　　　　　　B. 19.5

C. 20　　　　　　　　　　　　　　　D. 16.5

【答案】D

【解析】设备可变现净值＝20－（2＋1＋0.5）＝16.5万元。

（2）某企业2年前20万元购买的一台设备，累计已提取折旧4万元，现在市场上购买同样的设备需要15万元，则在会计计量时该设备的历史成本和重置成本分别为（　　）。【2020年真题】

A. 20万元和15万元　　　　　　　　B. 16万元和11万元

C. 16万元和15万元　　　　　　　　D. 20万元和16万元

（3）关于会计核算中历史成本计量原则的说法，正确的是（　　　）。【2016年真题】

A. 负债按照现在偿付该项债务所需支付的现金的金额计量

B. 资产按照市场参与者在交易日发生的有序交易中，出售资产所能收到的价格计量

C. 资产按照购置时所付出的代价的公允价值计量

D. 负债按照现在偿付该项债务所需支付的现金等价物的金额计量

【答案】C

专项突破4　会计核算的基本假设

例题：会计核算的基本假设包括（　　　）。

A. 会计主体假设

B. 持续经营假设

C. 会计分期假设

D. 货币计量假设

【答案】A、B、C、D

重点难点专项突破

本考点还可以考核的题目有：

（1）对会计核算的范围从空间上加以界定是通过（A）实现的。【2011年真题题干】

（2）根据现行《企业会计准则》，（B）假定企业将长期地以现时的形式和目标不断经营下去，体现了企业所有者和经营者的目的和愿望，该假设旨在解决企业的资产计价和费用分配等问题。

（3）对会计核算的对象从时间上加以界定是通过（C）实现的。

（4）规定了会计的计量手段，指出企业的生产经营活动及其成果可以通过货币反映的基本假设是（D）。

专项突破5　会计核算的基础

例题：某工程建设单位2019年5月审核了竣工结算书，按合同建设单位应于2019年6月支付结算款项，实际上施工企业于2020年1月收到该笔款项，根据现行《企业会计准则》，则该笔款项在权责发生制下正确的处理方式是计入（　　　）。

A. 2019年5月的收入

B. 2019年5月的负债

C. 2019年6月的收入

D. 2019年6月的负债

E. 2020年1月的收入

F. 2020年1月的负债

【答案】A

重点难点专项突破

1. 本考点还可以考核的题目有：

某工程建设单位2019年5月审核了竣工结算书，按合同建设单位应于2019年6月支

付结算款项，实际上施工企业于2020年1月收到该笔款项，根据现行《企业会计准则》，该笔款项在收付实现制下正确的处理方式是计入（E）。

2. 考生应能区分在收付实现制与权责发生制下的会计核算处理。

收付实现制——不论应该归属于哪个期间都按照收款的当期确认为收入。

权责发生制——凡是当期已经实现的收入和已经发生或应当负担的费用，无论款项（货币）是否收付，都应当作为当期的收入和费用，计入利润表；凡是不属于当期的收入和费用，即使款项在当期收付，也不应作为当期的收入和费用。

3. 本考点还会考核表述题目，比如：

根据现行《企业会计准则》，关于会计核算基础的说法，正确的是（　　）。【2015年真题】

A. 企业已经实现的收入，计入款项实际收到日的当期利润表

B. 企业应当承担的费用，计入款项实际支出日的当期利润表

C. 企业应当以收付实现制和持续经营为前提进行会计核算

D. 企业应当以权责发生制为基础进行会计确认、计量和报告

【答案】D

1Z102020　成本与费用

专项突破1　支出的类别

例题： 根据现行《企业会计准则》，资本性支出包括（　　）。【2021年考过】

A. 企业购置和建造固定资产　　　　　B. 无形资产及其他资产的支出

C. 长期投资支出　　　　　　　　　　D. 企业生产经营所发生的外购材料

E. 支付工资　　　　　　　　　　　　F. 管理费用

G. 销售费用（营业费用）　　　　　　H. 财务费用

I. 生产经营过程中缴纳的税金　　　　J. 债务重组损失

K. 罚款支出　　　　　　　　　　　　L. 捐赠支出

M. 非常损失　　　　　　　　　　　　N. 固定资产盘亏

O. 处理固定资产净损失　　　　　　　P. 出售无形资产净损失

Q. 股利分配支出

【答案】A、B、C

重点难点专项突破

1. 本考点还可以考核的题目有：

（1）根据现行《企业会计准则》，收益性支出包括（D、E、F、G、H、I）。

（2）根据现行《企业会计准则》，营业外支出包括（J、K、L、M、N、O、P）。

（3）根据现行《企业会计准则》，利润分配支出包括（Q）。

2. 还需要掌握以下几个采分点：

（1）资本性支出应予以资本化，形成相应的资产。

（2）收益性支出应在一个会计期间内确认为费用。

（3）营业外支出不属于会计主体生产经营支出，与会计主体生产经营活动没有直接
的关系，但应从会计主体实现的利润总额中扣除的支出。

专项突破2　费用与成本的关系

例题：下列施工企业的费用中，在会计核算时应计入生产费用的是（　　）。【2021
年真题题干】

A. 项目部管理人员工资

B. 生产车间办公费

C. 企业管理人员工资

D. 企业总部管理费

【答案】A、B

重点难点专项突破

1. 本考点还可以考核的题目有：

下列施工企业的费用中，在会计核算时应计入期间费用的是（C、D）。

2. 成本是针对成本核算对象而言的，即生产费用按一定方法和规则计入成本核算
对象以后，形成成本，成本是费用的一种转化形式。

3. 费用只包括本企业经济利益的流出，不包括为第三方或客户代付的款项及偿还
债务支出，并且经济利益的流出能够可靠计量。从会计核算的角度，费用按经济用途分
为生产费用和期间费用两类，两类费用会计核算的处理过程不同。

（1）生产费用首先应根据其具体用途计入相应成本核算对象的成本项目，会计期末
根据其所处生产阶段计入已销售产品、产成品、在产品等，并据以编制财务报表。

（2）期间费用包括管理费用、销售费用和财务费用。

专项突破3　施工费用的计量

例题：下列固定资产折旧方法中，属于加速折旧方法的有（　　）。【2017年真题题干】

A. 年限平均法   B. 行驶里程法

C. 工作台班法   D. 双倍余额递减法

E. 年数总和法

【答案】D、E

重点难点专项突破

1. 本考点还可以考核的题目有：

（1）将固定资产按预计使用年限平均计算折旧均衡地分摊到各期的方法是（A）。

（2）适用于车辆、船舶等运输设备计提折旧的方法是（B）。

（3）适用于机器、设备等计提折旧的方法是（C）。

（4）在不考虑固定资产预计净残值的情况下，根据每年年初固定资产净值和双倍的直线法折旧率计算固定资产折旧额的方法是（D）。

（5）固定资产账面余额随着折旧的计提逐年减少，而折旧率不变的方法是（D）。

（6）将固定资产的原值减去净残值后的净额乘以一个逐年递减的分数计算每年折旧额的方法是（E）。

（7）如果计划在固定资产投入使用的前期提取较多的折旧，后期提取较少的折旧，适合采用的折旧方法有（D、E）。【2014年真题题干】

2. 固定资产折旧方法应重点掌握，在此会有折旧费用的计算。在2010年、2021年都考核了计算题目。

（1）某施工企业的自卸汽车原价为30万元，确定的折旧年限为5年，净残值率3%，预计总行驶里程为8万km。2020年行驶里程2万km，按照行驶里程法，则2020年应计提折旧额为（　　）元。【2021年真题】

A. 72750   B. 58200

C. 60000   D. 75000

【答案】A

【解析】2020年应计提折旧额 $=\left[30\times(1-3\%)/8\right]\times2=7.275$ 万元 $=72750$ 元

（2）某施工企业购入一台施工机械，原价60000元，预计残值率3%，使用年限8年，按平均年限法计提折旧，该设备每年应计提的折旧额为（　　）元。【2010年真题】

A. 606.25   B. 7275

C. 6000   D. 7500

【答案】B

【解析】该设备每年应计提的折旧额 $=\dfrac{固定资产应计折旧额}{固定资产预计使用年限}=\dfrac{60000\times(1-3\%)}{8}=$ 7275元

若上述数据不变，则该设备每月应计提的折旧额为（A）元。

$$固定资产月折 = \frac{年折旧额}{12} = \frac{7275}{12} = 606.25 元$$

---

3. 外购固定资产的成本，包括购买价款、相关税费、使固定资产达到预定可使用状态前所发生的可归属于该项资产的运输费、装卸费、安装费和专业人员服务费等。【2020年考过】

4. 固定资产折旧方法的总结：

折旧方法	折旧基数	折旧率变化	折旧额变化	归类
年限平均法	不变	不变	不变	平摊（属直线法）
工作量法	不变	不变	不变	平摊（属直线法）
双倍余额递减法	逐年减少	不变	逐年减少	折旧额前多后少，逐年减少（属加速折旧法）
年数总和法	不变	逐年减少	逐年减少	折旧额前多后少，逐年减少（属加速折旧法）

5. 最后再来了解下间接费用分摊。间接费用一般按直接费的百分比（水电安装工程、设备安装工程按人工费的百分比），进行施工间接费的分配或者按间接费定额加权分配各合同的间接费用。间接费用分摊计算2018年首次考查，下面来看下如何解答：

某施工企业的第一业务部3月份发生的间接费总额为30万元，该部门当月在建的两个施工项目的规模、直接费用及间接费用定额如下表。若间接费采用间接费用定额加权分配，则甲项目3月份应分摊的间接费用为（　　）万元。【2018年真题】

项目编号	甲	乙
项目规模（万 m^2）	2	3
直接费用（万元）	800	700
间接费用定额（基数：直接费用）	5%	6%

A. 12.00   B. 14.63

C. 15.36   D. 16.00

【答案】B

【解析】考虑间接费定额加权时，施工间接费用的分配公式是：

$$某项工程本期应分配的施工间接费用 = \frac{\left[\begin{array}{c}某项工程本期实际发生\\的直接费（或人工费）\end{array} \times \begin{array}{c}该项工程规定的\\施工间接费用定额\end{array}\right] \times \begin{array}{c}本期实际发生的\\施工间接费用\end{array}}{\sum\left[\begin{array}{c}各项工程本期实际发生\\的直接费（或人工费）\end{array} \times \begin{array}{c}各项工程规定的\\施工间接费用定额\end{array}\right]}$$

则甲项目3月份应分摊的间接费用＝［800×5%/（800×5%＋700×6%）］×30＝14.63万元。

专项突破4 工程成本及其核算内容

例题：根据《企业会计准则》，属于工程成本中直接费用的有（　　　　）。【2014年考过】

A. 耗用的人工费用【2014年考过】

B. 耗用的材料费用

C. 耗用的机械使用费

D. 材料二次搬运费

E. 临时设施摊销费

F. 生产工具用具使用费

G. 直接归属于合同成本核算对象的检验、试验费

H. 工程定位复测费

I. 工程点交费

J. 场地清理费

K. 施工单位管理人员工资、奖金、职工福利费

L. 固定资产折旧费及修理费

M. 物料消耗费

N. 低值易耗品摊销费

O. 取暖费

P. 水电费

Q. 办公费

R. 差旅费

S. 财产保险费

T. 工程保修费

U. 劳动保护费

V. 排污费

【答案】A、B、C、D、E、F、G、H、I、J

重点难点专项突破

1. 本考点还可以考核的题目有：

（1）根据《企业会计准则》，工程成本中的其他直接费包括施工过程中发生的（D、E、F、G、H、I、J）。【2009年真题题干】

（2）工程成本包括直接费用和间接费用。根据《企业会计准则》，属于工程成本中间接费用的有（K、L、M、N、O、P、Q、R、S、T、U、V）。

（3）根据《企业会计准则》，下列费用中，应计入工程成本的是（A、B、C、D、E、F、G、H、I、J、K、L、M、N、O、P、Q、R、S、T、U、V）。

> 重点提示：
> 注意C选项，机械使用费包括施工过程中使用自有施工机械所发生的机械使用费和租用外单位施工机械的租赁费，以及施工机械安装、拆卸和进出场费等。【2019年考过】

2. 了解3个概念。

工程成本——从建造合同签订开始至合同完成止所发生的、与执行合同有关的直接费用和间接费用。

直接费用——为完成合同所发生的、可以直接计入合同成本核算对象的各项费用支出。

间接费用——为完成工程所发生的、不易直接归属于工程成本核算对象而应分配计入有关工程成本核算对象的各项费用支出。【2011年考过】

3. 注意区分直接费用和间接费用的具体内容。考查题型有两种：一是判断备选项是否属于直接费用、间接费用或工程成本；二是计算题，只有2013年这样考查过：

某装饰企业施工的M项目于2012年10月工程完工时共发生材料费30万元，项目管理人员工资8万元，企业行政管理部门发生水电费2万元。根据现行《企业会计准则》，应计入工程成本的费用为（　　）万元。【2013年真题】

A. 30　　　　　　　　　　　　B. 38

C. 32　　　　　　　　　　　　D. 40

【答案】B

【解析】应计入工程成本的费用＝30＋8＝38万元。

专项突破5　工程成本核算的原则

例题：根据《企业会计准则》，企业对应收账款提取坏账准备，体现了会计核算的（　　）。【2020年考过】

A. 分期核算原则　　　　　　　B. 相关性原则

C. 一致性原则　　　　　　　　D. 实际成本计价原则

E. 合法性原则　　　　　　　　F. 可靠性原则

G. 权责发生制原则　　　　　　H. 谨慎原则

I. 重要性原则

【答案】H

专项突破6 工程成本核算的程序

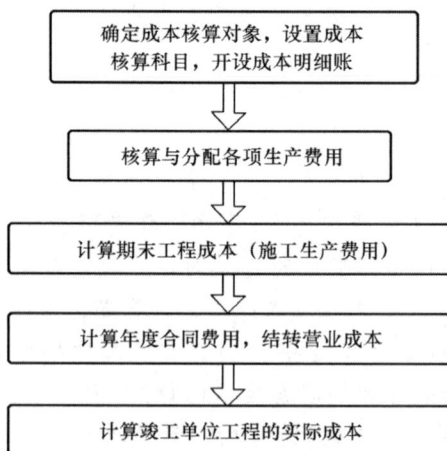

```
确定成本核算对象，设置成本
核算科目，开设成本明细账
        ↓
核算与分配各项生产费用
        ↓
计算期末工程成本（施工生产费用）
        ↓
计算年度合同费用，结转营业成本
        ↓
计算竣工单位工程的实际成本
```

工程成本核算包括的环节有：① 核算与分配各项生产费用；② 确定成本核算对象，设置成本核算科目，开设成本明细账；③ 计算年度合同费用；④ 计算期末工程成本；⑤ 编制单位工程竣工成本决算。则正确的核算程序是（　　）。【2015年真题】

A. ①②③④⑤
B. ①②④③⑤
C. ②①④③⑤
D. ②③①④⑤

【答案】C

专项突破7　施工企业期间费用的核算

例题：施工企业发生的期间费用中，应计入财务费用的是（　　）。【2016年真题题干】

A. 管理人员工资【2010年、2016年考过】

B. 办公费【2010年考过】

C. 差旅交通费

D. 固定资产使用费【2013年、2019年考过】

E. 工具用具使用费

F. 劳动保险和职工福利费

G. 劳动保护费【2013年考过】

H. 检验试验费

I. 工会经费

J. 职工教育经费

K. 财产保险费

L. 为施工生产筹集资金发生的费用

M. 提供预付款担保的费用【2017年考过】

N. 履约担保的费用

O. 职工工资支付担保的费用

P. 利息支出【2015年、2020年考过】

Q. 汇兑损失【2010年、2018年考过】

R. 企业发行债券所需支付的手续费【2016年考过】

S. 融资租入固定资产发生的融资租赁费用

T. 企业发生的现金折扣或收到的现金折扣

【答案】L、M、N、O、P、Q、R、S、T

重点难点专项突破

1. 本考点还可以考核的题目有：

施工企业发生的期间费用中，应计入管理费用的是（A、B、C、D、E、F、I、J、K）。【2013年考过】

2. 本考点在2009年、2010年、2012年、2013年、2015年、2016年、2017年、2018年、2019年、2020年均进行了考查，要重点复习。

3. 本考点有两种命题形式：

第一种：上述例题题目。在2010年、2013年、2016年考核的都是这类型题目。

第二种：题干中给出某项费用，判断应计入哪一项。在2009年、2012年、2015年、2017年、2018年、2020年考核的都是这类型题目。

另外还有两点需要注意：

管理费用还包括技术转让费、技术开发费、业务招待费、绿化费、广告费、公证费、法律顾问费、审计费、咨询费、保险费等。

利息支出主要包括企业短期借款利息、长期借款利息、应付票据利息、票据贴现利息、应付债券利息、长期应付引进国外设备款利息等利息支出。

4. 下列费用均应属于期间费用，考试时非常容易忽略这几项。

（1）公司行政部门的管理费用；

（2）施工企业在签订合同时发生的差旅费以及投标费用；

（3）固定资产日常修理费；

（4）业务招待费。

1Z102030　收　　入

专项突破1　收入的概念

例题：下列款项中，应作为企业广义上的收入的有（　　　）。【2011年真题题干】

A. 销售商品的收入　　　　　　　　　B. 提供劳务的收入

C. 让渡资产使用权的收入　　　　　　D. 企业对外投资的收益【2011年考过】

E. 政府对企业的补贴【2011年考过】　F. 营业外收入

G. 企业代收的货物运杂费　　　　　　H. 企业代收的增值税【2011年考过】

I. 代扣职工个人所得税【2014年考过】

【答案】A、B、C、D、E、F

重点难点专项突破

1. 本考点还可以考核的题目有：

下列款项中，应作为企业狭义上的收入的有（A、B、C）。

2. 注意选项G、H、I，为第三方或客户代收的款项，不属于营业收入。2018年对这一采分点考核了一道计算题目，是这样命题的：

2017年某施工企业施工合同收入为2000万元，兼营销售商品混凝土收入为500万元，出租起重机械收入为80万元，代收商品混凝土运输企业运杂费为100万元，则2017年该企业的营业收入为（　　　）万元。【2018年真题】

A. 2680　　　　　　　　　　　　　　B. 2580

C. 2500　　　　　　　　　　　　　　D. 2000

【答案】B

【解析】营业收入＝主营业务收入＋其他业务收入，不包括代收的款项。接下来判断题干中的条件：施工企业施工合同收入属于主营业务收入；兼营销售商品混凝土收入、出租起重机械收入属于其他业务收入，则该企业的营业收入＝2000＋500＋80＝2580万元。

3. 狭义上的收入即营业收入，它包括主营业务收入和其他业务收入。

4. 广义的收入与企业支出的关系如下图所示。

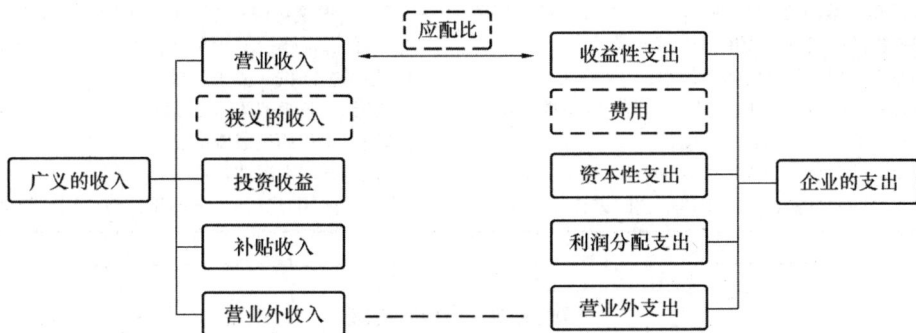

专项突破2　收入分类

例题：下列施工企业取得的收入中，属于让渡资产使用权收入的是（　　）。**【2020年真题题干】**

A. 建造房屋取得的收入

B. 设计和建造道路取得的收入

C. 建造大型机械设备取得的收入

D. 销售自行加工的碎石取得的收入

E. 销售商品混凝土取得的收入

F. 销售门窗制品取得的收入

G. 销售原材料取得的收入

H. 销售低值易耗品取得的收入

I. 销售周转材料取得的收入

J. 销售包装物取得的收入

K. 提供机械作业取得的收入

L. 提供运输服务取得的收入

M. 提供设计业务取得的收入

N. 金融企业发放贷款取得的收入

O. 企业让渡无形资产取得的收入

【答案】N、O

重点难点专项突破

1. 本考点还可以考核的题目有：

（1）下列施工企业取得的收入中，属于建造合同收入的有（A、B、C）。

（2）下列施工企业取得的收入中，属于销售商品收入的有（D、E、F、G、H、I、J）。

（3）下列施工企业取得的收入中，属于提供劳务收入的有（K、L、M）。**【2022年考过】**

2. 本考点还可能会进行逆向命题，给出企业取得的收入，让我们来判断是属于哪类收入，比如："施工企业单独对外提供机械作业服务取得的收入属于（　　　）。"【2021年真题题干】2012年、2013年、2021年考查的也都是这类型题目。

专项突破3　合同的分立与合并

合同的分立	合同的合并
一项包括建造数项资产的建造合同，同时满足下列条件的，每项资产应当分立为单项合同： （1）每项资产均有独立的建造计划； （2）与客户就每项资产单独进行谈判，双方能够接受或拒绝与每项资产有关的合同条款； （3）每项资产的收入和成本可以单独辨认。 三个条件要同时具备，才能将建造合同进行分立	一组合同无论对应单个客户还是多个客户，同时满足下列条件的，应当合并为单项合同： （1）该组合同按一揽子交易签订； （2）该组合同密切相关，每项合同实际上已构成一项综合利润率工程的组成部分； （3）该组合同同时或依次履行。 三个条件要同时具备，才能将该组合同进行合并

重点难点专项突破

1. 首先要注意合同的分立与合并，要同时符合三个条件。

2. 本考点可能会这样命题：

一组合同无论对应单个客户还是多个客户，同时满足（　　　）条件的，应当合并为单项合同。

A. 该组合同按一揽子交易签订

B. 每项合同实际上已构成一项综合利润率工程的组成部分

C. 该组合同同时或依次履行

D. 每项资产均有独立的建造计划

E. 每项资产的收入和成本可以单独辨认

【答案】A、B、C

专项突破4　建造合同收入的内容

建造合同的收入包括两部分内容：合同规定的初始收入和因合同变更、索赔、奖励等形成的收入。具体内容见下表。

项目	内容
初始收入	建造承包商与客户在双方签订的合同中最初商定的合同总金额，它构成了合同收入的基本内容
合同变更收入	合同变更款应同时满足下列条件，才能构成合同收入： （1）客户能够认可因变更而增加的收入； （2）该收入能够可靠地计量
索赔款收入	索赔款应同时满足下列条件，才能构成合同收入： （1）根据谈判情况，预计对方能够同意该项索赔； （2）对方同意接受的金额能够可靠地计量

项目	内容
奖励款收入	奖励款应同时满足下列条件，才能构成合同收入： （1）根据合同目前完成情况，足以判断工程进度和工程质量能够达到或超过规定的标准； （2）奖励金额能够可靠地计量

重点难点专项突破

本考点在2014年、2017年、2020年进行过考查，考查题型一般有两种：

一是判断建造合同收入的内容，比如2017年考试题目：

从施工企业的角度，建造合同收入包括（　　）。【2017年真题】

A. 变卖项目废弃材料的收入　　　B. 建造合同规定的初始收入

C. 企业出租施工机械的收入　　　D. 合同执行过程中变更形成的收入

E. 项目提前完工而获得的额外奖励款项

【答案】B、D、E

二是判断合同变更、索赔、奖励等形成收入的条件，比如2020年考试题目：

根据《企业会计准则》合同执行过程中，合同变更形成的收入确认为合同收入时，应同时满足的条件有（　　）。【2020年真题】

A. 合同变更增加了企业履约的义务

B. 客户能够认可因变更而增加的收入

C. 合同变更部分双方的义务已经开始履行

D. 客户已支付变更部分的相应款项

E. 该收入能够可靠地计量

【答案】B、E

专项突破5　确定建造合同完工进度的方法

例题：某建筑业企业与业主订立的一项总造价为5000万元的建造合同，合同工期为3年。第1年实际发生合同成本1600万元，年末预计为完成合同尚需发生成本3000万元；第2年实际发生合同成本2100万元，年末预计完成合同尚需发生成本1400万元。则第1年合同完成进度为（　　）。

A. 9.0%　　　　　　　　　　　B. 34.78%

C. 72.55%　　　　　　　　　　D. 32.0%

【答案】B

重点难点专项突破

1. 本考点还可以考核的题目有：

若上述数据不变，则第2年合同完成进度为（C）。

2. 确定建造合同完工进度的方法有三种：

（1）根据累计实际发生的合同成本占合同预计总成本的比例确定。【2014年、2022年考过】

$$合同完工进度 = \frac{累计实际发生的合同成本}{合同预计总成本} \times 100\%$$

重点提示：

累计实际发生的合同成本不包括施工中尚未安装或使用的材料成本等与合同未来活动相关的合同成本和在分包工程的工作量完成之前预付给分包单位的款项。【2015年、2022年考过】

2022年对该方法的考核是这样的：

某施工合同项目预计总成本为3000万元，至第1年末，承包人自行施工部分累计实际发生的合同成本为1200万元，合同约定由承包人采购的已进场待安装工程设备200万元，已进场待使用的工程材料100万元，已预付分包工程款150万元（分包工作量尚未完成），则第1年末承包人的合同完工进度为（　　）。【2022年真题】

A. 45%
B. 48%
C. 55%
D. 40%

【答案】D

上述题目考核的就是这种方法。

第1年合同完成进度＝1600/（1600＋3000）×100%＝34.78%；

第2年合同完成进度＝（1600＋2100）/（1600＋2100＋1400）×100%＝72.55%。

（2）根据已经完成的合同工作量占合同预计总工作量的比例确定。【2014年考过】

$$合同完工进度 = \frac{已经完成的合同工程量}{合同预计总工程量} \times 100\%$$

这种方法在考核时会这样命题：

某建筑业企业与业主签订了一份修建15km地铁的建造合同，合同约定工程总造价45亿元，建设期3年，第1年该施工企业修建了4km，第2年修建了8km，则第2年合同完工进度为（　　）。【2011年考过】

A. 80.00%
B. 20.00%
C. 26.67%
D. 53.33%

【答案】A

【解析】合同完工进度为（4＋8）/15×100%＝80%。

（3）根据已完成合同工作的技术测量确定。【2014年考过】

专项突破6　建造合同收入的确认

例题：某总造价5000万元的固定总价建造合同，约定工期为3年。假定经计算第1年完工进度为30%，第2年完工进度为70%，第3年全部完工交付使用。则第1年确认的合同收入为（　　）万元。

A. 0

B. 1500

C. 2000

D. 5000

【答案】B

重点难点专项突破

1. 本考点还可以考核的题目有：

（1）若上述数据不变，则第2年确认的合同收入为（C）万元。

（2）若上述数据不变，则第3年确认的合同收入为（B）万元。

（3）若上述数据不变，则3年累计确认的合同收入为（D）万元。

2. 建造合同分为固定造价合同和成本加成合同，不同类型的建造合同判断其能否可靠估计的条件也不相同，考生应能区分。在2015年考核了判断成本加成合同的结果能够可靠估计的条件。

3. 建造合同收入的确认分为两种情况：

第一种情况：合同结果能够可靠估计时的确认。主要考查以计算题目，需要掌握以下采分点：

（1）当期完成建造合同收入的确认：

当期确认的合同收入＝实际合同总收入－以前会计期间累计已确认收入

（2）资产负债表日建造合同收入的确认：

当期确认的合同收入＝合同总收入×完工进度－以前会计期间累计已确认的收入

> 重点提示：
>
> 当年开工当年未完工的建造合同，以前会计年度累计已确认的合同收入为零。
>
> 以前年度开工本年未完工的建造合同，企业可直接运用上述计算公式计量和确认当期合同收入。
>
> 以前年度开工本年完工的建造合同，当期计量确认的合同收入，等于合同总收入扣除以前会计年度累计已确认的合同收入后的余额。
>
> 当年开工当年完工的建造合同，当期计量和确认的合同收入，等于该项合同的总收入。

学习了这些知识点，再来看上例题的解答过程：

第1年确认的合同收入＝5000×30%＝1500万元；

第2年确认的合同收入＝5000×70%－1500＝2000万元；

第3年确认的合同收入＝5000－（1500＋2000）＝1500万元。

3年累计确认的合同收入为5000万元。

在2009年、2012年、2013年、2014年、2015年、2016年、2021年考查的都是计算题目，下面列举两个题目：

（1）某施工企业签订了总造价为2000万元的固定总价合同，工期为2年。经测算，第1年完工进度为60%，实际收到工程结算款1000万元；第2年工程全部完工。则按完工百分比法确认该企业第2年的收入为（　　　）万元。【2021年真题】

A. 800   B. 1000

C. 1200   D. 2000

【答案】A

【解析】第1年确认的合同收入＝2000×60%＝1200万元；

第2年全部完工，则第2年的收入为：2000－1200＝800万元。

（2）某固定造价施工合同，合同造价为4000万元，合同工期3年。假定第1年完工进度为30%，第2年完成合同工程量的35%，第3年完工交付使用。合同结果能可靠估计。关于该合同完工进度和收入确认的说法，正确的有（   ）。【2016年真题】

A. 第1年应确认合同收入1200万元   B. 第2年应确认合同收入1400万元

C. 第3年合同完工进度为100%   D. 第3年应确认合同收入1400万元

E. 第2年合同完工进度为35%

【答案】A、B、C、D

第二种情况：合同结果不能可靠估计时的确认。

（1）合同成本能够回收的，合同收入根据能够收回的实际合同成本来确认，合同成本在其发生的当期确认为费用。【2010年考过】

（2）合同成本不能回收的，应在发生时立即确认为费用，不确认收入。【2013年考过】

命题总结：

第二种情况会有两种考查题型：

一是给出条件，判定合同收入的确认方法。比如：

对于合同结果不能可靠地估计，合同成本能够收回的施工合同，其合同收入应按照（   ）确认。【2010年真题】

A. 合同初始收入   B. 实际合同成本＋合理利润

C. 已经发生的全部成本   D. 能够收回的实际合同成本

【答案】D

二是根据题干中某事件资料，判断合同收入与费用的确认。比如：

某建筑业企业与甲公司签订了一项总造价为1000万元的建造合同，建设期为2年。第1年实际发生工程成本400万元，双方均履行了合同规定义务，但在第1年末，由于建筑企业对该项工程的完工进度无法可靠的估计，所以与甲公司只办理了工程价款结算360万元，随后甲公司陷入经济危机而面临破产清算，导致其余款可能无法收回。则关于该合同收入与费用确认的说法，正确的有（   ）。【2013年真题】

A. 合同收入确认方法应采用完工百分比法

B. 1000万元可确认为合同收入

C. 360万元确认为当年的收入

D. 1000万元可确认为合同费用

E. 400万元应确认为当年费用

【答案】C、D、E

1Z102040　利润和所得税费用

专项突破1　利润的计算

例题：某施工企业 2017 年的经营业绩为：营业收入 3000 万元，营业成本 1800 万元，税金及附加 180 万元，期间费用 320 万元，投资收益 8 万元，营业外收入 20 万元，所得税为 15 万元。则该企业 2017 年的利润总额为（　　）万元。

A. 908　　　　　　　　　　　　B. 728

C. 713　　　　　　　　　　　　D. 708

【答案】B

重点难点专项突破

1. 本考点还可以考核的题目有：

若上述数据不变，该企业的营业总额为（D）万元。

若上述数据不变，该企业的净利润为（C）万元。

2. 掌握三个公式：

营业利润＝营业收入－营业成本（或营业费用）－期间费用＋收益－损失＝营业收入－营业成本（或营业费用）－税金及附加－销售费用－管理费用－财务费用－资产减值损失＋公允价值变动收益（损失为负）＋投资收益（损失为负）[营业利润是企业利润的主要来源]

利润总额＝营业利润＋营业外收入－营业外支出

净利润＝利润总额－所得税费用

3. 上述例题中，营业利润＝3000－1800－320－180＋8＝708 万元；利润总额＝708＋20＝728 万元。净利润＝728－15＝713 万元。

4. 该考点除了会考查营业利润、净利润与利润总额的计算，还会考查公式表述是否正确的题目。比如：

根据《企业会计准则》，下列关于利润总额的计算公式表述正确的是（　　）。

A. 营业利润＋营业外收入－营业外支出

B. 营业收入－营业成本＋营业外收支净额

C. 营业利润＋投资收益＋营业外收支净额

D. 营业利润＋投资收益

【答案】A

专项突破2　利润分配

项目	内容
分配原则	（1）依法分配原则。 （2）资本保全原则。

项目	内容
分配原则	（3）充分保护债权人利益原则。 （4）多方及长短期利益兼顾原则。 （5）公司持有的本公司股份不得分配利润
分配顺序	（1）弥补公司以前年度亏损。 （2）提取法定公积金。 （3）经股东会或者股东大会决议提取任意公积金。 （4）向投资者分配的利润或股利。 （5）未分配利润

重点难点专项突破

1. 利润分配原则可能会考查多项选择题。

2. 利润分配顺序会有以下两种命题形式：

（1）某项某一顺序前或后应进行的工作，比如：

公司进行利润分配时，应在提取任意公积金前分配的有（　　　　）。【2011年真题】

A. 弥补公司以前年度亏损

B. 向投资者分配利润

C. 提取法定公积金

D. 向股东分配股利

E. 提取留作以后年度分配的利润

【答案】A、C

（2）判断五项工作的正确顺序，比如：

按照《公司法》，公司税后利润的分配工作包括：① 提取法定公积金；② 弥补公司以前年度亏损；③ 向投资者分配的利润或股利；④ 经股东会或者股东大会决议提取任意公积金；⑤ 未分配利润。正确的分配顺序是（　　　　）。

A. ③④②①⑤　　　　　　　　　　B. ②①④③⑤

C. ①③④⑤②　　　　　　　　　　D. ②①④⑤③

【答案】B

3. 法定公积金有专门的用途，包括三个方面：弥补亏损、扩大公司生产经营、增加公司注册资本。

助记：

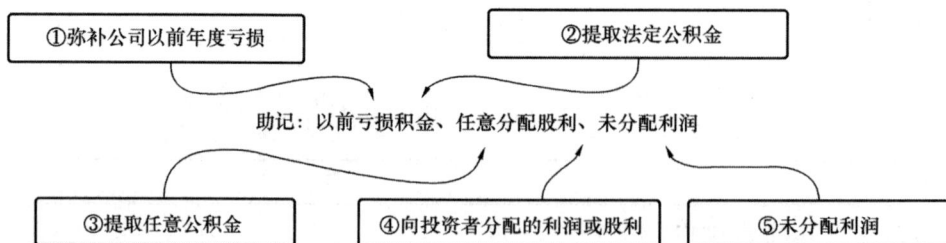

助记：以前亏损积金、任意分配股利、未分配利润

①弥补公司以前年度亏损　　②提取法定公积金

③提取任意公积金　　④向投资者分配的利润或股利　　⑤未分配利润

专项突破3　所得税费用的确认

例题：企业发生的公益性捐赠支出，在年度利润总额12%以内的部分，准予在计算应纳税所得额时扣除。在计算应纳税所得额时，不得扣除的支出包括（　　）。【2014年考过】

A. 向投资者支付的股息

B. 向投资者支付的红利

C. 企业所得税税款

D. 税收滞纳金【2014年考过】

E. 罚金损失

F. 罚款损失

G. 被没收财物的损失

H. 赞助支出

I. 未经核定的准备金支出

J. 与取得收入无关的其他支出

K. 销售成本、销货成本【2014年考过】

L. 业务支出

M. 销售费用、管理费用和财务费用

N. 固定资产和存货的盘亏、毁损、报废损失

O. 转让财产损失

P. 呆账损失

Q. 坏账损失【2014年考过】

R. 自然灾害等不可抗力因素造成的损失

【答案】A、B、C、D、E、F、G、H、I、J

重点难点专项突破

1. 本考点还可以考核的题目有：

在计算应纳税所得额时，应扣除的支出包括（K、L、M、N、O、P、Q、R）。

2. 例题题干中的数字"12%"，也会作为采分点考核，在2015年考核了一道计算题目，是这样命题的：

某施工企业2014年度利润总额8000万元。企业当年发生公益性捐赠支出1000万元。公益性捐赠支出准予扣除的最大金额是（　　）万元。【2015年真题】

A. 1000　　　　　　　　　　　　B. 250

C. 960　　　　　　　　　　　　 D. 125

【答案】C

3. 注意区分企业以货币形式和非货币形式从各种来源取得的收入。2016年考核过其他收入的内容。

4. 掌握不得计算年折旧扣除的固定资产、不得计算摊销费用扣除的无形资产。具体内容见下表。2019年、2021年都考查过不得计算折旧扣除的固定资产。

项目	内容
不得计算折旧扣除的 固定资产	（1）房屋、建筑物以外未投入使用的固定资产。 （2）以经营租赁方式租入的固定资产。 （3）以融资租赁方式租出的固定资产。 （4）已足额提取折旧仍继续使用的固定资产。 （5）与经营活动无关的固定资产。 （6）单独估价作为固定资产入账的土地。 （7）其他不得计算折旧扣除的固定资产
不得计算摊销费用扣除的 无形资产	（1）自行开发的支出已在计算应纳税所得额时扣除的无形资产。 （2）自创商誉。 （3）与经营活动无关的无形资产。 （4）其他不得计算摊销费用扣除的无形资产

5. 固定资产按照直线法计算的折旧，准予扣除。

企业应当自固定资产投入使用月份的次月起计算折旧；停止使用的固定资产，应当自停止使用月份的次月起停止计算折旧。

6. 注意区分不征税收入和免税收入的内容。

项目	内容
不征税收入【2022年考过】	（1）财政拨款。 （2）依法收取并纳入财政管理的行政事业性收费、政府性基金。 （3）国务院规定的其他不征税收入，企业取得的，由国务院财政、税务主管部门规定专项用途并经国务院批准的财政性资金
免税收入	（1）国债利息收入。 （2）符合条件的居民企业之间的股息、红利等权益性投资收益。 （3）在中国境内设立机构、场所的非居民企业从居民企业取得与该机构、场所有实际联系的股息、红利等权益性投资收益。 （4）符合条件的非营利组织的收入

注意：符合条件的小型微利企业，减按20%的税率征收企业所得税。国家需要重点扶持的高新技术企业，减按15%的税率征收企业所得税。

7. 本考点可能会这样命题：

（1）企业有一台设备因事故提前报废，对该台设备的折旧处理应是（　　）。

A. 从下月起停止计提折旧　　　　　　B. 从开始停止计提折旧

C. 补提折旧　　　　　　D. 继续按月计提折旧，直到提足为止

【答案】A

（2）计算企业应纳税所得额时，可以作为免税收入从企业收入总额中扣除的是（　　）。

A. 特许权使用费收入　　　　　　B. 国债利息收入

C. 财政拨款　　　　　　D. 接受捐赠收入

【答案】B

（3）对于国家需要重点扶持的高新技术企业，减按（　　）的税率征收企业所得税。

1Z102050 企业财务报表

专项突破1 财务报表列报的基本要求

《企业会计准则》对编制财务报表列报的基本要求包括以下九个方面：

（1）企业应依据实际发生的交易和事项依规定进行确认和计量，遵循《企业会计准则》的所有规定进行确认和计量，并在此基础上编制财务报表。【2020年考过】

（2）企业应以持续经营为会计确认、计量和编制会计报表的基础。【2015年考过】

（3）除现金流量表按照收付实现制编制外，企业应当按照权责发生制编制其他财务报表。【2018年、2021年考过】

（4）财务报表项目的列报应当在各个会计期间保持一致，不得随意变更。【2020年考过】

（5）重要项目单独列报【2015年考过】。重要性应当根据企业所处环境，从项目的性质和金额大小两方面予以判断。【2010年考过】

（6）财务报表项目应当以总额列报，资产和负债、收入和费用、直接计入当期利润的利得和损失项目的金额不能相互抵消，即不得以净额列报。【2015年、2020年考过】

（7）企业在列报当期财务报表时，应当至少提供所有列报项目与上一个可比会计期间的比较数据，以及与理解当期财务报表相关的说明。【2015年、2020年考过】

（8）企业应当在财务报表的表首部分概括说明编报企业的名称、资产负债表日或财务报表涵盖的会计期间、人民币金额单位，合并财务报表的，应当予以标明。【2014年考过】

（9）企业至少应当编制年度财务报表。年度财务报表涵盖的期间短于一年的，应当披露年度财务报表的涵盖期间以及短于一年的原因。【2015年、2020年考过】

重点难点专项突破

1. 上述每一句话都要掌握，都有可能作为判断正确与错误说法的综合题目中的备选项出现。第（2）（3）（5）（8）条还会单独考查单项选择题或者多项选择题。

2. 本考点可能会这样命题：

（1）下列财务报表中，属于按照收付实现制原则编制的是（　　　）。【2021年真题】

A. 资产负债表   B. 利润表

C. 现金流量表   D. 所有者权益变动表

【答案】C

（2）关于企业财务报表列报要求的说法，正确的有（　　　）。【2020年真题】

A. 企业应依据实际发生的交易和事项依规定进行确认和计量

B. 项目的列报在各个会计期间保持一致，不得随意变更

C. 当期所有列报项目至少提供与上一个可比会计期间的比较数据

D. 相关的收入和费用项目应事先互相抵消，以净额列报

E. 年度报表涵盖期间少于一年的应说明原因

【答案】A、B、C、E

专项突破2　财务报表的构成

例题：根据我国现行《企业会计准则》，企业会计报表至少应当包括（　　）。【2012年真题题干】

A. 资产负债表　　　　　　　　　B. 利润表

C. 现金流量表　　　　　　　　　D. 所有者权益（或股东权益）变动表

E. 附注

【答案】A、B、C、D、E

重点难点专项突破

本考点还可以考核的题目有：

（1）反映企业在某一特定日期财务状况的会计报表是（A）。

> 该采分点还会逆向考查，比如："资产负债表是反映企业在某一特定日期（　　）的报表。"【2009年真题题干】

（2）反映企业在一定会计期间的经营成果的会计报表是（B）。【2011年真题题干】

> 该采分点在2012年、2014年是这样考查的："利润表是反映企业（　　）的财务报表。"

（3）反映企业一定会计期间现金和现金等价物流入和流出的会计报表是（C）。

（4）反映构成所有者权益（或股东权益）的各组成部分当期增减变动情况的会计报表是（D）。

（5）会计报表中，（C）按照收付实现制编制，其他会计报表应当按照权责发生制编制。

专项突破3　资产负债表的内容和结构

例题：下列企业资产中，属于资产负债表中非流动资产的有（　　）。【2017年考过】

A. 货币资金　　　　　　　　　　B. 交易性金融资产

C. 衍生金融资产　　　　　　　　D. 应收票据及应收账款

E. 预付款项　　　　　　　　　　F. 存货

G. 合同资产　　　　　　　　　　H. 债权投资

I. 长期应收款　　　　　　　　　J. 长期股权投资

K. 其他权益工具投资   L. 投资性房地产

M. 固定资产   N. 在建工程

O. 生产性生物资产   P. 无形资产

Q. 开发支出   R. 长期待摊费用

【答案】H、I、J、K、L、M、N、O、P、Q、R

重点难点专项突破

1. 本考点还可以考核的题目有：

企业资产中，属于资产负债表中流动资产的有（A、B、C、D、E、F、G）。

2. 本考点在2012年、2013年、2016年、2017年、2017年、2018年、2019年、2020年都考查过。资产负债表由两部分内容构成，资产（"流动性"大小顺序）和负债类（债务必须支付的时间顺序）【2018年考过】。要掌握教材中资产负债表的结构和内容。在我国，资产负债表采用账户式结构，报表分为左右结构，左边列示资产，右边列示负债和所有者权益。【2022年考过】

> 区分资产和负债的技巧：
>
> 应辨别是你欠别人的，还是别人欠你的？无论是财务上还是责任上的，你欠别人的就应记为你的负债，别人欠你的就应记为你的资产，你收了业主的工程预付款，因此欠了业主建造工程的责任，所以预收款项是你的负债。

3. 流动资产与非流动资产的条件应能区分。在2016年考查了一道流动资产的条件。

4. 资产负债表中流动资产与非流动资产、流动负债与非流动负债的归类要准确记忆，避免丢分。另外，要特别注意判断负债流动性时，哪种情况归类为流动负债，哪种情况归类为非流动负债。考试时一般会这样命题：

编制资产负债表时，企业在资产负债表日之前违反了长期借款协议，导致贷款人可随时要求清偿的负债，应当归类为（   ）。【2019年真题】

A. 长期借款   B. 流动负债

C. 长期待摊费用   D. 预计负债

【答案】B

5. 还要注意一点，资产负债表中的所有者权益，受企业资产影响，如果企业资产出现损失，例如应收账款没有收回，作为坏账被注销，而债务不变，则股东权益将减少。【2020年考过】

6. 本考点可能会这样命题：

（1）对于在资产负债表日起一年内到期的负债，企业预计能够自主地将清偿义务展期至资产负债表日后一年以上的，应当归类为（   ）。

A. 流动负债   B. 非流动负债

C. 长期借款   D. 长期应付款

【答案】B

（2）企业资产负债表中的资产项目有（   ）。

　　A. 资本公积　　　　　　　　　　　B. 预收款项

　　C. 应收票据　　　　　　　　　　　D. 在建工程

　　E. 实收资本

【答案】C、D

专项突破 4　利润表的内容和结构

项目	内容
反映的内容	（1）营业收入。 （2）营业利润。 （3）利润总额。 （4）净利润。 （5）其他综合收益的税后净额。 （6）综合收益总额。 （7）每股收益
结构	我国采用的是多步式利润表

重点难点专项突破

1. 本考点内容比较少，主要掌握利润表反映的内容即可。

2. 本考点可能会这样命题：

利润表中反映的内容包括（　　　　）。

　　A. 营业利润　　　　　　　　　　　B. 利润总额

　　C. 净利润　　　　　　　　　　　　D. 主营业务利润

　　E. 每股收益

【答案】A、B、C、E

专项突破 5　现金流量表的编制基础

项目	内容
现金等价物	从购买日起三个月到期或清偿的国库券、货币市场基金、可转换定期存单、商业本票及银行承兑汇票等都可列为现金等价物【2013年、2016年、2019年考过】
作为现金等价物短期投资满足的条件【2011年、2022年考过】	（1）期限短。 （2）流动性强。 （3）易于转换为已知金额的现金。 （4）价值变动风险小。 快速记忆：短、小、转、强

重点难点专项突破

1. 本考点内容不多，考查题目主要有两种形式：

（1）判断现金等价物。

（2）作为现金等价物的短期投资必须满足的条件有哪些。

2. 本考点可能会这样命题：

（1）在编制企业财务报告中的现金流量表时，可视为现金和现金等价物的有（　　）。【2019年真题】

A. 可随时用于支付的其他货币资金　　B. 可转换定期存单

C. 企业短期购入的可流通的股票　　　D. 银行承兑汇票

E. 三个月到期的国库券

【答案】A、B、D、E

（2）关于现金等价物特点的说法，正确的是（　　）。【2011年真题】

A. 持有的期限较长

B. 易于转换为现金，但是转换的金额不能确定

C. 价值变动风险较大

D. 流动性强

【答案】D

专项突破6　现金流量表的内容

例题：企业现金流量表中，属于经营活动产生的现金流量有（　　）。【2018年真题题干】

A. 销售商品、提供劳务收到的现金

B. 收到的税费返还【2011年、2018年考过】

C. 收到其他与经营活动有关的现金

D. 购买商品、接受劳务支付的现金【2018年考过】

E. 支付给职工以及为职工支付的现金

F. 支付的各项税费

G. 收回投资收到的现金

H. 取得投资收益收到的现金

I. 处置固定资产、无形资产和其他长期资产收回的现金净额

J. 处置子公司及其他营业单位收到的现金净额

K. 收到其他与投资活动有关的现金

L. 购建固定资产、无形资产和其他长期资产支付的现金

M. 投资支付的现金

N. 取得子公司及其他营业单位支付的现金净额

O. 吸收投资收到的现金

P. 取得借款收到的现金【2013年、2020年考过】

Q. 收到其他与筹资活动有关的现金

R. 偿还债务支付的现金【2013年考过】

S. 分配股利、利润或偿付利息支付的现金【2013年、2020年考过】

【答案】A、B、C、D、E、F

1. 本考点还可以考核的题目有：

（1）根据现行《企业会计准则》，应计入投资活动产生的现金流量的有（G、H、I、J、K、L、M、N）。

（2）财务计划现金流量表的项目中，属于筹资活动现金流量的有（O、P、Q、R、S）。【2020年真题题干】

2. 本考点除了上述命题形式，还会逆向命题，比如："某建筑企业的现金流量表中，承包工程产生的现金流量属于（　　）产生的现金流量。"

3. 现金流量表的内容可以这样记：

经营活动产生的：销售商品、提供劳务、购买商品、支付职工的现金，税费返还，支付税费。

投资活动产生的：投资收到、投资收益、处置资产的现金，购建资产支付的现金。

筹资活动产生的：吸收投资，取得借款，偿还债务，分配股利、利润或偿付利息的现金。

专项突破7　资产负债表、利润表、现金流量表的作用

项目	作用
资产负债表	（1）能够反映企业在某一特定日期所拥有的各种资源总量及其分布情况，可以分析企业的资产构成，以便及时进行调整。【2011年考过】 （2）可以提供某一日期的负债总额及其结构，表明企业未来需要用多少资产或劳务清偿债务以及清偿时间。【2011年考过】 （3）能够反映企业在某一特定日期企业所有者权益的构成情况，可以判断资本保值、增值的情况以及对负债的保障程度【2011年考过】
利润表	（1）能反映企业在一定期间的收入实现和费用耗费情况以及获得利润或发生亏损的数额，表明企业投入与产出之间的关系。 （2）可以分析判断企业损益发展变化的趋势，预测企业未来的盈利能力。【2021年考过】 （3）可以考核企业的经营成果以及利润计划的执行情况，分析企业利润增减变化原因【2021年考过】
现金流量表	（1）有助于使用者对企业整体财务状况作出客观评价。 （2）有助于评价企业的支付能力、偿债能力和周转能力。 （3）有助于使用者预测企业未来的发展情况

1. 本考点在2011年考查过资产负债表的作用，在2021年考查过利润表的作用，考查题型都是判断正确与错误说法的综合题目。

2. 本考点可能会这样命题：

（1）关于利润表作用的说法，正确的有（　　）。【2021年真题】

A. 通过利润表可以分析判断企业损益变化的趋势

B. 通过利润表可以分析企业现金流量的发生及结余情况

C. 通过利润表可以了解企业一定期间的收入实现和费用耗费情况

D. 通过利润表可以分析企业资产负债的变动情况

E. 通过利润表可以考核企业的经营成果以及利润计划的执行情况

【答案】A、C、E

（2）关于资产负债表作用的说法，正确的有（   ）。【2011年真题】

A. 能够反映构成净利润的各种要素

B. 能够反映企业在某一特定日期所拥有的各种资源总量及其分布情况

C. 能够反映企业在一定会计期间现金和现金等价物流入和流出的情况

D. 能够反映企业的偿债能力

E. 能够反映企业在某一特定日期企业所有者权益的构成情况

【答案】B、D、E

（3）关于现金流量表作用的说法，正确的有（   ）。

A. 有助于使用者对企业整体财务状况作出客观评价

B. 有助于评价企业对负债的保障程度

C. 有助于评价企业的支付能力、偿债能力和周转能力

D. 有助于帮助企业分析资产构成

E. 有助于使用者预测企业未来的发展情况

【答案】A、C、E

1Z102060 财 务 分 析

专项突破1 财务分析的常用方法

例题：某施工企业8月份钢筋原材料的实际费用为22万元，而计划值为20万元，由于钢筋原材料费由工程数量、单位工程量钢筋耗用量和钢筋单价3个因素乘积构成，若分析这3个因素对钢筋原材料费的影响方向及程度，适宜采用的财务分析方法是（   ）。【2016年真题题干】

A. 趋势分析法　　　　　　　　B. 比率分析法

C. 因素分析法　　　　　　　　D. 结构分析法

E. 因果分析法

【答案】C

重点难点专项突破

1. 本考点还可以考核的题目有：

（1）在企业财务分析时，对比两期或连续数期财务报告中相同指标，确定其变化方向、数额和幅度的分析方法，属于（A）。【2011年真题题干】

（2）通过计算各种比率来确定经济活动变动程度的分析方法，属于（B）。

（3）依据分析指标与其驱动因素之间的关系，从数量上确定各因素对分析指标的影响方向及程度的分析方法是（C）。

选项D、E为干扰选项。

2. 应区分每一种方法的概念。

项目	内容
趋势分析法	又称水平分析法，是通过对比两期或连续数期财务报告中相同指标，确定其增减变化的方向、数额和幅度，来说明企业财务状况、经营成果和现金流量变动趋势的分析方法。采用该方法，可以分析变化的原因和性质，并预测企业未来的发展前景【2011年、2021年考过】
比率分析法	比率分析法是通过计算各种比率来确定经济活动变动程度的分析方法
因素分析法	因素分析法是依据分析指标与其驱动因素之间的关系，从数量上确定各因素对分析指标的影响方向及程度的分析方法【2012年、2016年考过】

3. 选项B中，常用的比率包括构成比率、效率比率、相关比率。可能会考核一道多项选择题。

4. 选项C，在2019年、2020年都考核了计算题目，下面用2020年题目来分析。

某企业本月产品产量和材料消耗情况如下表。用因素分析法（三个因素的重要性按表中的顺序）计算，本月单位产品材料消耗量变化对材料费用总额的影响是（　　）。
【2020年真题】

项目	单位	计划值	实际值
产品产量	件	1000	1200
单位产品材料消耗量	kg/件	8	7
材料单价	元/kg	50	55

A. 节约5万元 　　　　　　　　B. 增加5万元
C. 节约6万元 　　　　　　　　D. 增加6万元

【答案】C

【解析】本题的计算过程为：

① 计划指标：$1000 \times 8 \times 50 = 400000$ 元

② 第一次替代：$1200 \times 8 \times 50 = 480000$ 元

③ 第二次替代：$1200 \times 7 \times 50 = 420000$ 元

④ 第三次替代：$1200 \times 7 \times 55 = 462000$ 元

因素分析：

产量增加对材料费用总额的影响：②－①$=480000-400000=80000=8$ 万元

材料节约对材料费用总额的影响：③－②$=420000-480000=-60000$ 元$=-6$ 万元

价格提高对材料费用总额的影响：④－③$=462000-420000=42000$ 元$=4.2$ 万元

全部因素的影响：$8-6+4.2=6.2$ 万元

因素分析法的计算步骤如下：

（1）确定分析对象，并计算出实际与目标数的差异。

（2）确定该指标是由哪几个因素组成的，并按其相互关系进行排序（排序规则是：先实物量，后价值量；先绝对值，后相对值）。

（3）以目标数为基础，将各因素的目标数相乘，作为分析替代的基数。

（4）将各个因素的实际数按照上面的排列顺序进行替换计算，并将替换后的实际数保留下来。

（5）将每次替换计算所得的结果，与前一次的计算结果相比较，两者的差异即为该因素对成本的影响程度。

（6）各个因素的影响程度之和，应与分析对象的总差异相等。

专项突破2 基本财务比率的计算和分析

例题：下列财务指标中，属于企业营运能力指标的有（　　　）。【2020年真题题干】

A. 流动比率【2012年、2013年、2022年考过】

B. 速动比率【2022年考过】

C. 资产负债率【2017年考过】

D. 产权比率

E. 权益乘数【2020年、2022年考过】

F. 总资产周转率【2012年、2015年、2020年考过】

G. 流动资产周转率【2020年考过】

H. 存货周转率【2013年、2015年、2017年考过】

I. 应收账款周转率【2017年、2020年考过】

J. 营业净利率【2022年考过】

K. 净资产收益率【2012年、2013年、2015年考过】

L. 总资产净利率【2015年、2017年考过】

M. 营业增长率【2012年、2015年考过】

N. 资本积累率【2013年、2017年、2022年考过】

【答案】F、G、H、I

重点难点专项突破

1. 本考点还可以考核的题目有：

（1）财务比率中，属于企业偿债能力分析指标的是（A、B、C、D、E）。【2012年真题题干】

（2）财务分析指标中，属于反映企业短期偿债能力的有（A、B）。【2022年真题题干】

（3）财务分析指标中，属于企业长期偿债能力指标的有（C、D、E）。

（4）它既能反映企业利用债权人提供资金进行经营活动的能力，也能反映企业经营风险程度的财务分析指标是（C）。

（5）能够表明每1元股东权益相对于负债的金额的财务分析指标是（D）。**【2018年真题题干】**

（6）能够表明每1元股东权益相对于资产的金额的财务分析指标是（E）。

（7）财务指标中，数值越大则表示企业销售能力越强的指标是（F）。**【2017年真题题干】**

（8）企业财务分析中，用于衡量资产管理效率的指标有（F、G、H、I）。**【2017年真题题干】**

（9）企业财务比率分析中，反映盈利能力的指标有（J、K、L）。**【2015年真题题干】**

（10）数值越高，则表明企业全部资产的利用效率越高、盈利能力越强的财务指标是（L）。**【2016年真题题干】**

（11）财务分析指标中，用来评价企业成长状况和发展能力，衡量企业经营状况和市场占有能力、预测企业经营业务拓展趋势的指标是（M）。

（12）反映企业所有者权益在当年的变动水平，体现企业资本积累能力的财务分析指标是（N）。

（13）财务分析指标中，属于企业发展能力的指标有（M、N）。

2. 本考点在2009—2022年每年都会考查一道或者两道题目，要重点掌握。

3. 应区分偿债能力、营运能力、盈利能力和发展能力比率指标。可以按照下列方法记忆。

> 记忆方法：
>
> 短期偿债能力比率分两种：流动与速动比率；长期偿债能力比率分三种：资产负债率、产权比率、权益乘数。
>
> 营运能力比率："管理得好周转就快"，关键词"周转"。
>
> 盈利能力比率：营业、总资产净利率，净资产收益率。
>
> 发展能力比率：积累增长就能发展。

4. 熟悉各比率指标的公式。计算题目如何考核，通过下面的题目学习。

（1）某企业2021年末的流动资产构成为：货币资金800万元，存货500万元，交易性金融资产300万元，应收账款450万元，其他应收款200万元，流动负债为1050万元，该企业2021年末的速动比率是（　　）。**【2022年真题】**

A. 1.67　　　　　　　　　　　　　B. 1.05

C. 1.24　　　　　　　　　　　　　D. 2.14

【答案】 A

【解析】 速动资产＝800＋300＋450＋200＝1750万元。速动比率＝1750/1050＝1.67。

（2）某企业上年初所有者权益总额为5000万元，年末所有者权益相对年初减少200万元。本年末所有者权益总额为5500万元，则该企业本年度的资本积累率为（　　）。**【2021年真题】**

A. 10.00%   B. 10.42%

C. 14.58%   D. 14.00%

【答案】C

【解析】企业资本积累率＝本年度所有者权益增长额/年初所有者权益×100%＝〔5500－（5000－200）〕÷（5000－200）＝14.58%。

> 重点提示：
>
> 速动资产＝货币资金＋交易性金融资产＋应收票据＋应收账款＋其他应收款【2014年、2016年、2022年考过】
>
> 速动比率＝速动资产/流动负债【2020年、2022年考过】

（3）某企业年初资产总额为500万元，年末资产总额为540万元，当年总收入为900万元，其中主营业务收入为832万元，则该企业一年中总资产周转率为（   ）次。【2018年真题】

A. 1.80   B. 1.73

C. 1.60   D. 1.54

【答案】C

【解析】总资产周转率＝主营业务收入/资产总额＝主营业务收入/〔（期初资产总额＋期末资产总额）/2〕＝832/〔（500＋540）/2〕＝1.60次。

5. 针对营运能力比率指标这里还需要说明下，流动资产周转率、存货周转率、应收票据及应收账款周转率通常用周转次数和周转天数两个指标表示。

专项突破3 财务指标综合分析——杜邦财务分析体系

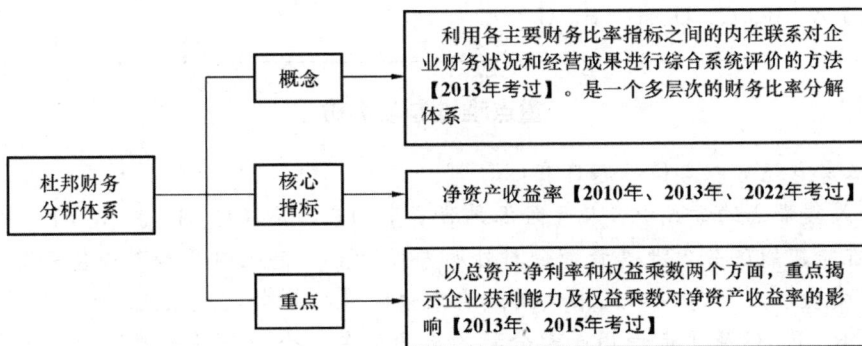

杜邦财务分析体系

概念——利用各主要财务比率指标之间的内在联系对企业财务状况和经营成果进行综合系统评价的方法【2013年考过】。是一个多层次的财务比率分解体系

核心指标——净资产收益率【2010年、2013年、2022年考过】

重点——以总资产净利率和权益乘数两个方面，重点揭示企业获利能力及权益乘数对净资产收益率的影响【2013年、2015年考过】

重点难点专项突破

1. 本考点掌握上图中的内容即可。

2. 2017年考查了一道利用杜邦财务分析体系计算净资产收益率的题目，我们来看下这类题目如何解答。

某企业 2016 年实现净利润为 1000 万元,销售收入为 10000 万元,总资产周转率为 0.8,权益乘数为 1.5。不考虑其他因素,采用杜邦财务分析体系计算的净资产收益率是( )。【2017 年真题】

A. 100%　　　　　　　　　　　　B. 15%

C. 12%　　　　　　　　　　　　D. 10%

【答案】C

【解析】净资产收益率=总资产净利率×权益乘数,总资产净利率=销售净利率×总资产周转率,销售净利率=净利润/销售收入=1000/10000=0.1,总资产净利率=0.1×0.8=0.08,净资产收益率=0.08×1.5=0.12=12%。

1Z102070　筹 资 管 理

专项突破 1　企业筹集资金的方式

例题:下列企业筹集资金的方式中,属于内源筹资资金的来源有( )。【2018 年考过】

A. 留存收益　　　　　　　　　B. 应收账款

C. 闲置资产变卖　　　　　　　D. 应付息税

E. 更新改造基金　　　　　　　F. 生产发展基金

G. 职工福利基金　　　　　　　H. 普通股筹资

I. 优先股筹资　　　　　　　　J. 借款筹资

K. 债券筹资　　　　　　　　　L. 可转换债券筹资

M. 认证股权筹资

【答案】A、B、C、D、E、F、G

重点难点专项突破

1. 本考点还可以考核的题目有:

企业筹集资金的方式中,属于外源筹资资金的来源有(H、I、J、K、L、M)。

2. 首先应能区分内源筹资资金与外源筹资资金。企业内源筹资资金来源主要包括企业自有资金、应付息税以及未使用或者未分配专项基金。选项 A、B、C 属于自有资金;选项 E、F、G 属于未使用或未分配的专项基金。企业外源筹资渠道主要包括权益筹资、债务筹资以及混合筹资。选项 H、I 属于权益筹资;选项 J、K 属于债务筹资;选项 L、M 属于混合筹资。

3. 在外源筹资资金中,还应掌握直接筹资方式和间接筹资方式。直接筹资方式包括发行股票和企业债券筹资。间接筹资方式包括向商业银行申请贷款,委托信托公司进行证券化筹资等。【2019 年考过】

4. 企业筹集资金的另一种方式是项目融资,其特点是:①以项目为主体;②有限追索贷款；③ 合理分配投资风险；④ 项目资产负债表之外的融资；⑤ 灵活的信用结构【**2019年考过**】。2022年是对特点中细节内容的考查。

专项突破2　短期负债筹资与长期借款筹资的特点

例题：短期负债筹资的特点有（　　　）。【**2011年、2015年考过**】

A. 筹资速度快　　　　　　　　　　B. 筹资弹性好

C. 筹资成本较低　　　　　　　　　D. 筹资风险高

E. 借款弹性较大　　　　　　　　　F. 财务风险大

G. 限制性条款较多

【**答案**】A、B、C、D

重点难点专项突破

1. 本考点还可以考核的题目有：

（1）与其他长期负债筹资相比，长期借款筹资的特点为（A、E、F、G）。

（2）与其他长期负债筹资相比，长期借款筹资的优点为（A、E）。

（3）与其他长期负债筹资相比，长期借款筹资的缺点为（F、G）。

2. 本考点主要考核多项选择题，短期负债筹资与长期借款筹资的特点会相互作为干扰选项。

专项突破3　短期负债筹资的方式

例题：短期负债筹资最常用的方式是商业信用和短期借款。下列筹资方式中，属于商业信用形式的有（　　　）。【**2012年、2015年、2020年考过**】

A. 应付账款【**2012年、2020年考过**】

B. 商业承兑汇票【**2012年考过**】

C. 银行承兑汇票【**2012年考过**】

D. 预收账款【**2012年、2015年、2020年考过**】

E. 缴货租赁

F. 抵押贷款

G. 应收账款

H. 预付款项

【**答案**】A、B、C、D

重点难点专项突破

1. 本考点在考试中属于高频考点，尤其要掌握商业信用方式。

2. 上述例题中E、F、G、H都是常设置的干扰选项。

---

3. 关于短期负债筹资还可能会以下列方式命题：

（1）卖方允许买方在购货后一定时期内支付货款的一种形式，属于企业筹资方式中的（商业信用）筹资。

（2）施工企业从建设单位取得工程预付款，属于企业筹资方式中的（商业信用）筹资。【2010年、2011年考过】

4. 注意B、C选项，二者属于应付票据，在考试时也会以应付票据作为备选项。

5. 根本考点中还有一个非常重要的采分点——放弃现金折扣成本。从历年考试题型来看，命题有两种方式：一种是计算题目，根据题干中给出数据，根据公式计算；另一种是根据题干中数据，分析判断备选项是否合理。下面分别对两种题型进行分析。

（1）某施工企业按2/10，n/30的条件购入材料40万元，关于该项业务付款的说法，正确的是（　　）。【2020年真题】

A. 若该企业在第9天付款，需支付39.2万元

B. 若银行借款年利率为6%，该企业应放弃现金折扣

C. 若该企业在第21天付款，需支付39.6万元

D. 若该企业在第29天付款，则放弃现金折扣的成本为2%

【答案】A

【解析】如果该企业在10d内付款，便享受了10d的免费信用期，并获得了折扣是：40×2%＝0.8万元，免费信用额度为：40－0.8＝39.2万元。所以选项A正确。若企业在第21天付款，则需按40万元全额支付，故选项C错误。若企业在第29天付款，则

$$放弃现金折扣成本＝\frac{折扣百分比}{1－折扣百分比}×\frac{360}{信用期－折扣期}＝[2\%/(1－2\%)]×[360/(30－10)]＝36.73\%，$$所以选项B、D错误。

要点归纳：

2/10　　1/20　　n/30 ——→ 超过30d才付款，支付罚息
└──→ >20d，≤30d付款，放弃全部折扣
└──→ >10d，≤20d付款，享受1%且放弃部分折扣（1%）
└──→ 在10d内付款，享受全部折扣（2%）

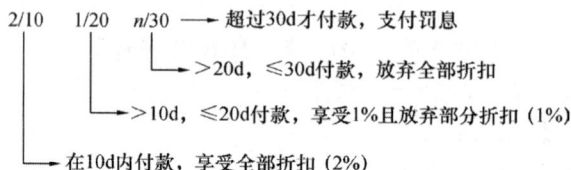

（2）某建筑企业按2/10、n/30的条件购入货物100万元，若该企业在第30天付款，则放弃现金折扣的成本为（　　）。【2019年真题】

A. 2.00%
B. 2.04%
C. 36.73%
D. 73.47%

【答案】C

【解析】放弃现金折扣成本：[2%/(1－2%)]×[360/(30－10)]＝36.73%。

特别提示：

免费信用：买方企业在规定的折扣期内享受折扣而获得的信用。

有代价信用：买方企业放弃折扣付出代价而获得的信用。

展期信用：买方企业超过规定的信用期推迟付款而强制获得的信用。

6. 短期借款的形式主要有生产周转借款、临时借款、结算借款等。

短期借款的信用条件主要有：信贷限额、周转信贷协定、补偿性余额、借款抵押、偿还条件和其他承诺。企业享用周转信贷协定，通常要就贷款限额的未使用部分付给银行一笔承诺费。【2021年考过】

借款利息的3种支付方法应掌握【2019年、2014年、2016年考过】。

收款法——银行向工商企业发放的贷款大多采用这种方法收息。

贴现法——企业可利用的贷款额只有本金减去利息部分后的差额，因此贷款的实际利率高于名义利率。

加息法——企业所负担的实际利率高于名义利率大约1倍。

7. 本考点可能会这样命题：

（1）某企业获得的周转信贷额为3000万元，承诺费率为0.5%，企业在借款年度内使用了2000万元，则企业该年度向银行支付的承诺费为（　　）万元。【2021年真题】

A. 10　　　　　　　　　　　　　　B. 15

C. 5　　　　　　　　　　　　　　D. 25

【答案】C

【解析】本题考核的是承诺费的计算。企业享用周转信贷协定，通常要就贷款限额的未使用部分付给银行一笔承诺费。承诺费＝（3000－2000）×0.5%＝5万元。

（2）某施工企业按3/10，$n/30$的信用条件购入材料100万元。已知企业可以3%的年利率从银行取得流动资金借款。则关于这批材料款支付的合理做法是（　　）。【2017年真题】

A. 企业向银行借款，在10d内付款

B. 企业向银行借款，在11d到30d之间付款

C. 企业不借款，在11d到30d之间付款

D. 企业不借款，在30d后付款

【答案】A

【解析】3/10，$n/30$表示的是10d之内付款会有3%折扣，而在11d到30d之间付款就没有折扣了，而超过30d就需要额外的利息，同时向银行借款不用动用自己的本金是最合理的做法。

（3）某施工企业需要从银行借款200万元，期限1年，有甲、乙、丙、丁四家银行愿意提供贷款，年利率均为7%，但利息支付方式不同：甲要求采用贴现法；乙要求采用收款法；丙、丁均要求采用加息法，并且丙要求12个月内等额还本付息，丁要求12个月内等额本金偿还，利息随各期的本金一起支付，其他贷款条件都相同。则该企业借款应选择的银行是（　　）。【2016年真题】

A. 甲　　　　　　　　　　　　　　B. 丙

C. 乙　　　　　　　　　　　　　　D. 丁

【答案】C

（4）延期付款，但早付款可享受现金折扣，如"2/10，1/20，0/30"表示的意思是（　　）。

A. 表示如果在超过信用期限10d内就交2%的滞纳金，超过20d就交1%的滞纳金

B. 表示在信用期间10d内付款可享受2d的回旋余地，20d内付款可享受1d的回旋余地，超过20d则无回旋余地

C. 表示在信用期间10d内付款可享受2折的折扣，20d内付款可享受1折的折扣，超过20d则全额付款

D. 表示在信用期间10d内付款可享受2%的折扣，20d内付款可享受1%的折扣，超过20d则全额付款

【答案】D

专项突破4　长期筹资的方式

例题： 长期筹资是企业筹集自身发展过程中所需要的长期资金，通常可分为长期负债筹资和长期股权筹资。下列属于长期负债筹资方式的有（　　　）。

A. 长期借款筹资　　　　　　　B. 长期债券筹资

C. 融资租赁　　　　　　　　　D. 可转换债券筹资

E. 优先股股票筹资　　　　　　F. 普通股股票筹资

G. 认股权证筹资

【答案】A、B、C、D

重点难点专项突破

1. 本考点还可以考核的题目有：

（1）下列筹资方式属于长期股权筹资的有（E、F、G）。

（2）企业向银行或其他非银行金融机构借入的使用期超过1年的借款，主要用于购建固定资产和满足长期流动资金占用需要的筹资方式（A）。

2. 本考点考核力度不大，可以花较少时间来学习。

3. 关于融资租赁需要掌握以下采分点：

（1）融资租赁最主要的外部特征是租期长。【2021年考过】

（2）除融资租赁以外的租赁，全部归入经营租赁。【2021年考过】

（3）承租人有购买租赁资产的选择权，所订立的购买价格将远低于行使选择权时租赁资产的公允价值。【2021年考过】

（4）租赁期占租赁资产可使用年限的大部分（通常解释为等于或大于75%）。【2021年考过】

（5）租赁开始日最低租赁付款额的现值几乎相当于（通常解释为等于或大于90%）租赁开始日租赁资产的公允价值。

（6）融资租赁的租赁费不能作为费用扣除，只能作为取得成本构成租入固定资产的计税基础。也就是税法上所有融资租赁被认定为分期付款购买。【2021年考过】

（7）融资租赁的租金包括租赁资产的成本、租赁资产成本的利息、租赁手续费。【2016年考过】

4. 关于融资租赁的内容在历年考试中是这样命题的：

（1）根据现行会计准则和税法，关于融资租赁的说法，正确的有（　　）。【2021年真题】

A. 租赁期满时，租赁资产的所有权可以转移给承租人

B. 租赁期占资产可使用年限的大部分，通常等于或大于可使用年限的75%

C. 融资租赁在税法上被认定为分期付款购买

D. 承租人有购买租赁资产的选择权，所订立的购买价格远低于行使选择权时租赁资产的公允价值

E. 承租人产生的租赁费可作为当期费用扣除

【答案】A、B、C、D

（2）融资租赁的租金应由（　　）构成。【2016年真题】

A. 租赁资产的成本

B. 出租人承办租赁业务的费用

C. 租赁资产的运行成本

D. 租赁资产成本的利息

E. 出租人提供租赁服务的利润

【答案】A、B、D、E

专项突破5　资金成本的概念及作用

例题：企业以发行债券方式融资产生的资金成本中，属于资金占用费的是（　　）。【2018年、2022年考过】

A. 银行借款利息

B. 债券利息

C. 发行债券支付的印刷费

D. 代理发行费

E. 律师费

F. 公证费

G. 广告费

【答案】A、B

重点难点专项突破

1. 本考点还可以考核的题目有：

资金成本中，属于筹资费用的有（C、D、E、F、G）。

2. 本考点重点是区分资金占用费和筹资费用。资金成本的作用熟悉即可。

专项突破6　资金成本的计算

例题：某企业从银行取得5年的长期借款1000万元，该笔借款的担保费费率为0.5%，利率为6%，每年结息一次，到期一次还本，企业所得税税率为25%，则该笔借款年资本金成本率为（　　）。【2020年真题】

A. 4.50%

B. 4.52%

C. 6.00%

D. 6.03%

【答案】B

重点难点专项突破

1. 本考点主要掌握资金成本的计算，尤其是个别资金成本的计算方法。

$$资金成本＝资金占用费/筹资净额×100\%$$

其中，筹资净额＝筹资总额－筹资费＝筹资总额×（1－筹资费率）

2. 通过上面的学习，来看上述2020年题目，借款年资金成本率＝［1000×6%×（1－25%）］/［1000×（1－0.5%）］＝4.52%。

3. 综合资金成本率的计算在2015年、2022年考核过计算题目，下面通过2022年题目来学习解题方法。

某企业为扩大投资规模，拟筹资15000万元，现有四个筹资方案，其中筹资方案甲的相关数据如下表，筹资方案乙、丙、丁的综合资金成本分别为11.36%、10.71%和11.93%，则仅根据上述条件，为完成筹资，依据综合资金成本应选择的筹资方案是（   ）。**【2022年真题】**

筹资方式	原资本结构		筹资方案甲	
	筹资额（万元）	个别资金成本	筹资额（万元）	个别资金成本
长期借款	3000	7%	1000	7.5%
长期债券	3000	7.5%	4000	8%
优先股	2000	11%	3000	12%
普通股	7000	14%	7000	13%
合计	15000		15000	

A. 甲　　　　　　　　　　　　B. 乙
C. 丙　　　　　　　　　　　　D. 丁

【答案】C

【解析】方案甲的综合资金成本＝1000/15000×7.5%＋4000/15000×8%＋3000/15000×12%＋7000/15000×13%＝11.1%，在不考虑其他因素的情况下，选择综合资金成本最小的方案。

专项突破7　资本结构分析与优化

这部分内容较少，主要掌握以下采分点：

（1）企业的资本由长期债务资本和权益资本构成。**【2018年考过】**

（2）资本结构不包括短期负债。**【2018年考过】**

（3）长期债务与权益资本的组合形成了企业的资本结构。

（4）企业资本结构决策的主要内容是权衡债务的收益和风险，实现企业价值最大化。

（5）资本结构决策常用的方法有资金成本比较法和每股收益无差别点法。

（6）影响资本结构的因素包括税率、汇率、资本市场、行业特征、营业收入、成长性、盈利能力、管理层偏好、财务灵活性以及股权结构。

重点难点专项突破

1. 该考点考核力度不大，在2018年考核了一道计算题目。

企业某时点所有者权益资本为1000万元，企业长期债务资本为800万元，短期负债为500万元，则应列入资本结构管理范畴的金额为（   ）万元。【2018年真题】

A. 2300　　　　　　　　　　　　B. 1800

C. 1500　　　　　　　　　　　　D. 1000

【答案】B

【解析】应列入资本结构管理范畴的金额＝1000＋800＝1800万元。

2. 本考点可能会这样命题：

关于资本结构的说法，正确的有（   ）。

A. 长期债务与权益资本的组合形成了企业的资本结构

B. 影响资本结构的因素不包括股权结构

C. 资本结构包括短期负债

D. 资本机构决策方法包括每股收益无差别点法

E. 资金成本是最低的资本结构，不一定是每股收益最大的资本结构

【答案】A、D、E

1Z102080　流动资产财务管理

专项突破1　现金管理、应收账款管理、存货管理的目标

例题： 企业现金管理的目标是（   ）。

A. 在资产的流动性和盈利能力之间做出抉择，以获取最大的长期利益【2019年考过】

B. 求得利润【2022年考过】

C. 尽力在各种存货成本与存货效益之间做出权衡，达到两者的最佳结合【2016年考过】

D. 最大限度地降低存货成本

【答案】A

重点难点专项突破

本考点还可以考核的题目有：

（1）应收账款管理的目标是（B）。

（2）存货管理的目标是（C）。

D选项为干扰选项。

专项突破2 现金和有价证券的财务管理

例题：某企业有四个现金持有量方案，相关数据如下表，其中机会成本为现金持有量的8%。则最佳现金持有量方案是（   ）。【2022年真题】

方案	甲	乙	丙	丁
现金持有量（元）	40000	50000	70000	80000
管理成本（元）	3000	3000	3000	3000
短缺成本（元）	4500	4000	2500	0

A. 甲
B. 乙
C. 丙
D. 丁

【答案】D

重点难点专项突破

1. 首先应了解现金包括什么？

它包括库存现金、各种形式的银行存款、银行本票、银行汇票等。【2019年考过】

2. 企业置存现金主要是满足交易性（日常业务的现金支付）需要、预防性（以防发生意外）需要和投机性（不寻常的购买机会）需要。【2018年考过】

3. 本考点需要重点掌握最佳现金持有量分析。【2013年、2016年、2017年、2020年、2021年、2022年考过】

现金持有成本 = 机会成本（资金占用代价）+ 管理成本（固定成本）+ 短缺成本（随现金持有量增加而下降，减少而上升）

命题总结：

这部分内容考查题型有三种：

第一种就是例题题型，选择最佳现金持有方案。在历年考试中，根据表格数据选择方案是一种题型，还会以文字叙述的形式进行考核，比如2011年考试题目："某企业有甲、乙、丙、丁四个现金持有方案，各方案的现金持有量依次是60000元、70000元、84000元、120000元。四个方案的机会成本均为现金持有量的10%，管理成本均为24000元，短缺成本依次是8100元、3000元、2500元和0元。若采用成本分析模式进行现金持有量决策，该企业应采用（   ）方案。"【2011年真题题干】

第二种是持有现金的三种成本组成。比如2021年考试题目。

采用成本分析模式确定企业现金持有量时，考虑的成本有（   ）。【2021年真题】

A. 沉没成本
B. 外部成本
C. 机会成本
D. 短缺成本
E. 管理成本

4. 上述例题中最佳现金持有量计算见下表（单位：元）：

方案项目	甲	乙	丙	丁
现金持有量	40000	50000	70000	80000
机会成本	3200	4000	5600	6400
管理成本	3000	3000	3000	3000
短缺成本	4500	4000	2500	0
三项成本之和	10700	11000	11100	9400

5. 最后需要了解下现金收支管理措施【2014年、2021年考过】，可能会这样命题：

（1）企业为提高现金使用效率，利用已经开出了支票而银行还未将该款项划出这一时间段内的资金，此现金管理的方法属于（　　）的方法。【2021年真题】

A. 使用现金浮游量　　　　　　B. 使现金流量同步

C. 加速收款　　　　　　　　　D. 推迟应付账款

【答案】A

（2）现金收支管理的目的在于提高现金使用效率，下列属于提高现金使用效率的措施有（　　）。

A. 力争现金流量同步　　　　　B. 使用现金浮游量

C. 加速收款　　　　　　　　　D. 提前应付款的支付期

E. 使交易性现金余额到最高水平

【答案】A、B、C

专项突破3　应收账款的财务管理

这部分内容较少，主要掌握以下采分点：

（1）应收账款是商业信用的直接产物，其管理目标是求得利润。【2022年考过】

（2）只有当应收账款所增加的盈利超过所增加的成本时，才应当实施应收账款赊销。【2022年考过】

（3）信用期的确定，主要是分析改变现行信用期对收入和成本的影响。

（4）延长信用期，会使销售额增加，产生有利影响；与此同时，应收账款、收账费用和坏账损失增加。【2022年考过】

（5）信用标准可以通过"5C"系统来进行。所谓"5C"系统，是指评估顾客信用品质的五个方面，即：品质、能力、资本、条件、抵押。【2012年考过】

（6）不论是信用期间还是现金折扣，都可能给企业带来收益，但也会增加成本。

（7）一般拖欠时间越长，款项收回可能性越小，形成坏账可能性越大，企业应实施严密的监督，随时掌握回收情况。【2022年考过】

（8）实施对应收票据及应收账款回收情况的监督，可以通过编制账龄分析表进行。【2022年考过】

（9）制定收账政策，要在收账费用和所减少的坏账损失之间做出权衡。

重点难点专项突破

1. 应收账款的目标是一个单项选择题采分点。

2. 2022年对该知识点的考查是判断正确与错误说法的题目。

3. 本考点可能会这样命题：

企业应收账款管理中，可以通过"5C"系统对顾客的（　　　）进行评估。【2012年真题】

　A. 资产状况 　　　　　　　　　　B. 信用品质

　C. 偿债能力 　　　　　　　　　　D. 盈利能力

【答案】B

专项突破4　存货决策

例题：企业生产所需某种材料，年度采购总量为8000t，材料单价为4000元/t，一次订货的变动成本为3000元，每吨材料的年平均储备成本为300元。则该材料的经济采购批量为（　　　）t。【2019年真题】

　A. 114 　　　　　　　　　　　　B. 200

　C. 300 　　　　　　　　　　　　D. 400

【答案】D

重点难点专项突破

1. 存货的决策涉及四项内容：决定进货项目、选择供应单位、决定进货时间和决定进货批量。财务部门的职责是决定进货时间和进货批量（分别用T和Q表示）。企业储备存货有关的成本（总成本）＝取得成本＋储存成本＋缺货成本。

2. 经济订货量的计算公式为：

$$Q^* = \sqrt{2KD/K_2}$$

式中　Q^*——经济订货量；

　　　　K——每次订货的变动成本；

　　　　D——存货年需要量；

K_2——单位储存成本。

在2009年、2013年、2015年、2017年、2019年都考查的是这个公式的应用。

本题中材料经济采购批量$Q^* = \sqrt{2 \times 3000 \times 8000 \div 300} = 400t$。

3. 本考点可能会这样命题：

（1）下列企业存货管理的损失中，属于储存成本的是（　　）。【2022年真题】

A. 存货破损和变质损失
B. 材料供应中断造成的停工损失
C. 丧失销售机会的损失
D. 产成品缺货造成的延迟发货损失

【答案】A

（2）企业存货的总成本是存货的（　　）之和。

A. 购置成本
B. 取得成本
C. 订货成本
D. 缺货成本
E. 储存成本

【答案】B、D、E

专项突破5　存货管理的ABC分析法

例题：采用ABC分析法进行存货管理，对A类存货应采取的管理方法是（　　）。【2011年真题题干】

A. 分品种重点管理
B. 分类别一般控制
C. 按总额灵活掌握
D. 凭经验确定进货量

【答案】A

重点难点专项突破

1. 本考点还可以考核的题目有：

（1）采用ABC分析法进行存货管理，对B类存货应采取的管理方法是（B）。

（2）采用ABC分析法进行存货管理，对C类存货应采取的管理方法是（C）。

选项D属于易出现的干扰选项。

2. 从历年考试情况来看，本考点主要考核单项选择题。

3. A、C两类存货的特点应能区分。

A类：种类虽然较少，占用资金较多。【2018年考过】

C类：种类繁多，占用资金很少。

1Z103000　建设工程估价

1Z103010　建设项目总投资

专项突破1　建设工程项目总投资的概念

例题：下列建设项目投资中，属于静态投资的有（　　　）。【2010年考过】

A. 设备及工器具购置费【2010年考过】

B. 建筑安装工程费

C. 工程建设其他费用

D. 基本预备费【2010年、2016年考过】

E. 价差预备费【2010年考过】

F. 建设期利息【2010年、2016年考过】

【答案】A、B、C、D

重点难点专项突破

1. 本考点还可以考核的题目有：

（1）下列建设项目投资中，属于动态投资的有（E、F）。【2016年、2021年考过】

（2）生产性建设工程项目总投资包括建设投资、建设期利息和铺底流动资金三部分，其中建设投资由（A、B、C、D、E）组成。

（3）下列组成建设工程项目投资中，属于工程费用的有（A、B）。【2016年考过】

2. 注意区分静态投资与动态投资的构成，例题题型是其中的一种考试题型，还会考核计算题目【2015年、2022年考过】，计算比较简单，只要能区分静态投资与动态投资就可以正确解答。下面通过一道题目进行说明：

某建设项目设备及工器具购置费为1000万元，建筑安装工程费为2500万元，工程建设其他费为700万元，基本预备费为210万元，价差预备费为310万元，建设期利息为320万元，则该项目的静态投资为（　　　）万元。【2022年真题】

A. 4410　　　　　　　　　　　　　B. 4200

C. 4720　　　　　　　　　　　　　D. 5040

【答案】A

【解析】静态投资＝1000＋2500＋700＋210＝4410万元。价差预备费及建设期利息属于动态投资内容。

3. 关于建设投资的组成也可能考查计算题目：

> 某建设项目，静态投资3500万元，建设期贷款利息60万元，价差预备费80万元，流动资金800万元。则该项目的建设投资为（   ）万元。
>
> A. 3560   B. 3580
>
> C. 3640   D. 4300
>
> 【答案】B
>
> 【解析】建设投资＝静态投资＋价差预备费＝3500＋80＝3580万元

专项突破2　按费用构成要素划分的建筑安装工程费用项目组成

例题：下列费用中，属于建筑安装工程人工费的有（   ）。【2017年真题题干】

A. 计时工资或计件工资【2017年考过】

B. 节约奖、劳动竞赛奖【2017年考过】

C. 流动施工津贴【2017年考过】

D. 特殊地区施工津贴

E. 高温（寒）作业临时津贴【2016年考过】

F. 高空津贴

G. 加班加点工资【2017年考过】

H. 特殊情况下支付的工资【2022年考过】

I. 管理人员工资

J. 办公费

K. 差旅交通费

L. 固定资产使用费

M. 工具用具使用费

N. 劳动保险和职工福利费【2013年、2022年考过】

O. 劳动保护费【2020年、2022年考过】

P. 检验试验费【2014年考过】

Q. 工会经费

R. 职工教育经费

S. 财产保险费

T. 财务费

U. 税金

V. 城市维护建设税

W. 教育费附加

X. 地方教育附加

Y. 技术转让费

Z. 业务招待费

【答案】A、B、C、D、E、F、G、H

重点难点专项突破

1. 本考点还可以考核的题目有：

费用中，属于建筑安装工程企业管理费的有（I、J、K、L、M、N、O、P、Q、R、S、T、U、V、W、X、W、Y、Z）。【2020年、2022年考过】

2. 本考点在2009—2022年每年都会考查一道或者两道题目，应全面掌握。

3. H选项中特殊情况下支付的工资包括因病、工伤、产假、计划生育假、婚丧假、事假、探亲假、定期休假、停工学习、执行国家或社会义务等原因按计时工资标准或计时工资标准的一定比例支付的工资。【2020年、2022年考过】

4. P选项中检验试验费是指施工企业按照有关标准规定，对建筑以及材料、构件和建筑安装物进行一般鉴定、检查所发生的费用。不包括新结构、新材料的试验费，对构件做破坏性试验及其他特殊要求检验试验的费用和建设单位委托检测机构进行检测的费用。关于检验试验费在2014年是这样命题的："施工企业按照规定标准对采购的建筑材料进行一般性鉴定，检查发生的费用应计入（　　）。"

5. U选项中税金是指房产税、车船使用税、土地使用税、印花税。（速记：有房有车有地有的花）

6. 按照费用构成要素划分，建筑安装工程费由人工费、材料（包含工程设备）费、施工机具使用费、企业管理费、利润、规费和税金组成。

（1）材料费包括材料原价、运杂费、运输损耗费、采购及保管费。【2010年、2017年、2021年考过】

（2）施工机械使用费包括折旧费、检修费、维护费、安拆费及场外运费、人工费、燃料动力费和税费。【2012年、2015年、2019年考过】

（3）规费包括社会保险费和住房公积金。社会保险费包括养老保险费、失业保险费、医疗保险费、生育保险费、工伤保险费。【2011年、2013年、2020年考过】

> 速记口诀：
>
> 人工费：特殊加班计奖津。
>
> 材料费：咱（杂）好（耗）购元（原）宝（保）。
>
> 施工机具使用费：人检维安拆燃税。
>
> 企业管理费：检验雇（固）工捞（劳）财宝（保），公差管税会教他。企业管理费不管新破特殊委托检测。
>
> 规费：社会养失医生工，提供公积金。

7. 本考点一般会有以下两种命题形式：

一是，题干中给出具体费用内容，判断属于哪一类费用。在2013年、2014年、2015年、2016年、2020年、2021年、2022年都考核了这类型题目，比如：

（1）因执行国家或社会义务，按计时工资标准支付给从事建筑安装工程施工生产工人的工资属于建筑安装工程人工费中的（　　）。【2022年真题】

A. 奖金　　　　　　　　　　　B. 特殊情况下支付的工资

C. 津贴补贴　　　　　　　　　　　　　D. 加班加点工资

【答案】B

（2）根据《建筑安装工程费用项目组成》（建标〔2013〕44号），工程施工中所使用的仪器仪表维修费应计入（　　　　）。【2015年真题】

A. 施工机具使用费　　　　　　　　　B. 工具用具使用费

C. 固定资产使用费　　　　　　　　　D. 企业管理费

【答案】A

二是，选项中给出费用内容，判断属于哪一类费用。2010年、2011年、2012年、2013年、2014年、2017年、2021年、2022年都考核了这类型题目，比如：

下列施工中发生的与材料有关的费用，属于建筑安装工程费中材料费的是（　　　　）。【2021年真题】

A. 对原材料进行一般鉴定、检查所发生的费用

B. 原材料在运输装卸过程中不可避免的损耗费

C. 施工机械场外运输所需的辅助材料费

D. 机械设备日常保养所需的材料费

【答案】B

专项突破3　按造价形成划分的建筑安装工程费用项目组成

例题：下列费用中，属于建筑安装工程费中措施项目费的有（　　　　）。【2009年、2014年考过】

A. 环境保护费

B. 文明施工费

C. 安全施工费【2009年、2015年考过】

D. 临时设施费

E. 建筑工人实名制管理费【2020年考过】

F. 夜间施工增加费【2009年考过】

G. 二次搬运费【2009年考过】

H. 冬雨季施工增加费

I. 已完工程及设备保护费【2010年考过】

J. 工程定位复测费【2014年考过】

K. 特殊地区施工增加费

L. 大型机械设备进出场及安拆费

M. 脚手架工程费

【答案】A、B、C、D、E、F、H、I、J、K、L、M

1. 本考点还可以考核的题目有：

属于安全文明施工费的有（A、B、C、D、E）。

速记口诀：

措施项目费内容：夜间工人安全定位、冬雨季二次已完成、大型特殊脚手架。

2. 本考点在2009年、2010年、2013年、2014年、2015年、2016年、2018年、2019年、2020年都进行了考查。措施项目费的构成要与施工机具使用费、企业管理费、规费的构成内容结合起来学习，这些费用互相作为干扰选项。上述考点已经列举了施工机具使用费、企业管理费、规费构成内容的题目，在此就不再赘述了。

3. 按造价形成划分的建筑安装工程费与按费用构成要素划分的建筑安装工程费用中的规费、增值税相同。

4. 该考点中还应掌握以下采分点：

（1）建筑安装工程费按照工程造价形成由分部分项工程费、措施项目费、其他项目费、规费、税金组成。

（2）分部分项工程费、措施项目费、其他项目费包含人工费、材料费、施工机具使用费、企业管理费和利润。该采分点可能会这样命题："根据我国现行建筑安装工程费用项目构成的规定，下列费用中，应计入分部分项工程费的是（　　）。"【2015年真题题干】

（3）其他项目费包括暂列金额、暂估价、计日工和总承包服务费。主要掌握暂列金额的用途，在2015年、2018年均以多项选择题进行了考核。

5. 本考点一般会有以下两种命题形式：

一是，题干中给出具体费用内容，判断属于哪一类费用。在2010年、2015年、2016年都考核了这类型题目。

二是，选项中给出费用内容，判断属于哪一类费用。2009年、2014年、2019年考核了这类型题目。

专项突破4　各费用构成要素计算方法

例题： 某施工机械预算价格为50万元，假定全部形成固定资产原值，折旧年限为10年，年平均工作225个台班，残值率为5%，按年限平均法计算，该机械台班折旧费为（　　）元/台班。【2022年真题】

A. 211　　　　　　　　　　　　B. 222

C. 2110　　　　　　　　　　　D. 2220

【答案】A

重点难点专项突破

1. 在解答本题之前，先来学习下建筑安装工程费用计算方法，见下表。

各费用工程要素计算方法

费用		计算方法
材料费	材料费	材料费＝∑（材料消耗量×材料单价） 材料单价＝{（材料原价＋运杂费）×［1＋运输损耗率（%）］}×［1＋采购保管费率（%）］【2014年、2016年、2018年考过】
	工程设备费	工程设备费＝∑（工程设备量×工程设备单价） 工程设备单价＝（设备原价＋运杂费）×［1＋采购保管费率（%）］
施工机具使用费	施工机械使用费	施工机械使用费＝∑（施工机械台班消耗量×机械台班单价） 机械台班单价＝台班折旧费＋台班检修费＋台班维护费＋台班安拆费及场外运费＋台班人工费＋台班燃料动力费＋台班车船税费【2019年考过】 （1）折旧费计算公式为： $$台班折旧费＝\frac{机械预算价格×（1－残值率）}{耐用总台班数}$$【2011年、2014年、2015年、2022年考过】 耐用总台班数＝折旧年限×年工作台班 （2）检修费计算公式： $$台班检修费＝\frac{一次检修费×检修次数}{耐用总台班数}$$
	仪器仪表使用费	仪器仪表使用费＝工程使用的仪器仪表摊销费＋维修费
企业管理费	以分部分项工程费为计算基础	$$企业管理费率（%）＝\frac{生产工人年平均管理费}{年有效施工天数×人工单价}×人工费占分部分项工程费比例（%）$$
	以人工费和机械费合计为计算基础	$$企业管理费率（%）＝\frac{生产工人年平均管理费}{年有效施工天数×（人工单价＋每一工日机械使用费）}×100\%$$
	以人工费为计算基础	$$企业管理费率（%）＝\frac{生产工人年平均管理费}{年有效施工天数×人工单价}×100\%$$【2015年考过】
规费		社会保险费和住房公积金应以定额人工费为计算基础，根据工程所在地省、自治区、直辖市或行业建设主管部门规定费率计算【2016年、2017年考过】

2. 这部分内容在考试时主要以计算题为主，题目难度不大，只要将题干所给条件代入公式计算即可。上述例题的计算过程为：

台班折旧费＝50×10000×（1－5%）/（10×225）＝211元/台班。

3. 针对上表中的计算方法，再来看下历年考试的题目及以后可能会考查的题目：

（1）施工企业采购的某建筑材料出厂价为3500元/t，运费为400元/t，运输损耗率为2%，采购保管费率为5%，则计入建筑安装工程材料费的该建筑材料单价为（　　　）元/t。【2018年真题】

A. 3745.0　　　　　　　　　　　　B. 3748.5

C. 4173.0　　　　　　　　　　　　D. 4176.9

【答案】D

【解析】材料单价＝（3500＋400）×（1＋2%）×（1＋5%）＝4176.9元/t。

（2）某施工企业投标报价时确定企业管理费率以人工费为基础计算，据统计资料，该施工企业生产工人年平均管理费为1.2万元，年有效施工天数为240d，人工单价为300元/d，人工费占分部分项工程费的比例为75%，则该企业的企业管理费费率应为（　　）。【2015年真题】

A. 12.15%

B. 12.50%

C. 16.67%

D. 22.22%

【答案】C

【解析】该企业的企业管理费费率＝$\dfrac{120000}{240 \times 300}$＝16.67%。

（3）某施工机械预算价格为80万元，预计残值率为3%，折旧年限为5年（年限平均法折旧），每年工作250台班。折旧年限内预计每年检修1次，每次费用为4万元。机械台班人工费为130元，台班燃料动力费为15元，台班车船税费为10元，不计台班安拆费及场外运费和维护，则该机械台班单价为（　　）元。

A. 807.8

B. 827.0

C. 935.8

D. 955.0

【答案】C

【解析】本题的计算过程为：

台班折旧费＝［80×（1－3%）］/（5×250）＝0.06208万元＝620.8元。

台班检修费＝4×1×5/（5×250）＝0.016万元＝160元。

机械台班单价＝620.8＋160＋130＋15＋10＝935.8元。

（4）根据建筑安装工程费用相关规定，规费中住房公积金的计算基础是（　　）。

A. 定额人工费

B. 定额材料费

C. 定额机械费

D. 分部分项工程费

【答案】A

专项突破5　建筑安装工程计价程序

例题：根据《建设工程工程量清单计价规范》GB 50500—2013编制某办公楼的最高投标限价，相关数据为：建筑分部分项工程费为2400万元（不含增值税进项税额），安装分部分项工程费为1200万元（不含增值税进项税额），装饰装修分部分项工程费为900万元（不含增值税进项税额），其中定额人工费占分部分项工程费的15%，措施项目费以分部分项工程费为计费基础，其中安全文明施工费费率为4%，其他措施费费率合计1%。其他项目费合计900万元（不含增值税进项税额），规费费率为14%，增值税税率为9%。则该项目的最高投标限价合计为（　　）万元。【2022年真题】

A. 6234.255

B. 4725.000

C. 5625.000

D. 5719.500

【答案】A

重点难点专项突破

1. 本考点主要掌握最高投标限价的计价程序，2019年也考查了最高投标限价的计算。

上述题目中，项目的最高投标限价计价程序如下：

序号	内容	计算方法	金额（万元）
1	分部分项工程费	（1.1＋1.2＋1.3）	4500
1.1	建筑工程		2400
1.2	安装工程		1200
1.3	装饰装修工程		900
2	措施项目费	分部分项工程费×5%	225
2.1	其中：安全文明施工费	分部分项工程费×4%	180
3	其他项目费		900
4	规费	分部分项工程费×15%×14%	94.5
5	税金	（1＋2＋3＋4）×9%	514.755

最高投标限价合计＝1＋2＋3＋4＋5＝4500＋225＋900＋94.5＋514.755＝6234.255万元

2. 下面再练习一道题目：

某招标工程，分部分项工程费为41000万元（其中定额人工费占15%），措施项目费以分部分项工程费的2.5%计算，暂列金额800万元，规费以定额人工费为基础计算，规费费率为8%，税率为9%。则该工程的最高投标限价为（　　　）万元。

A. 46343.530　　　　　　　　　　B. 47143.530
C. 47215.530　　　　　　　　　　D. 47247.794
【答案】C

专项突破6　增值税计算

例题： 当采用一般计税方法计算增值税时，建筑业增值税税率为（　　　）。
A. 3%　　　　　　　　　　　　　B. 5%
C. 9%　　　　　　　　　　　　　D. 11%
【答案】C

重点难点专项突破

1. 本考点还可以考核的题目有：

（1）当采用简易计税方法计算增值税时，建筑业增值税征收率为（A）。【2021年考过】

（2）小规模纳税人增值税征收率为（A）。

2. 区分一般计税方法与简易计税方法的增值税税率，不仅会考查数字题目，还可能考查计算题目，比如：

某建筑工程的造价组成见下表，该工程的含税造价为（　　　）万元。

名称	人工费（万元）	材料费（万元）	机具费（万元）	管理费、规费、利润（万元）	增值税
金额及费率	1000	3680	1600	800	9%
说明	不含税	含税，可抵扣综合进项税率为15%	不含税	—	—

A. 6322
B. 6600
C. 7194
D. 10280

【答案】C

【解析】材料费为含税价格，其不含税价＝3680/（1＋15%）＝3200万元；题目中要求计算的是含税造价，即税前造价＋税金＝（人工费＋材料费＋施工机具使用费＋企业管理费＋利润＋规费）×（1＋9%）＝（1000＋3200＋1600＋800）×（1＋9%）＝7194万元。

重要提示：
税前造价＝人工费＋材料费＋施工机具使用费＋企业管理费＋利润＋规费
一般计税方法：各费用项目均不包含增值税可抵扣进项税额的价格计算。
简易计税方法：各费用项目均以包含增值税可抵扣进项税额的价格计算。

3. 进项税额不得从销项税中抵扣的项目要关注下，在2018年考查过一道多项选择题。

专项突破7　设备原价的组成

项目	内容
国产标准设备的原价	国产标准设备原价一般指的是设备制造厂的出厂价。【2017年、2020年考过】 如果国产标准设备系由设备成套公司供应，则以订货合同价为设备原价。【2020年考过】 在计算国产标准设备原价时，一般按带有备件的出厂价计算【2020年考过】
非标准设备的原价	非标准设备原价的计算方法有成本计算估价法、系列设备插入估价法、分部组合估价法、定额估价法。 非标准设备原价的计算方法应简便，准确度接近实际出厂价【2020年考过】

重点难点专项突破

1. 本考点内容不多，上述内容中每一句话都可能会作为判断正确与错误说法题目的备选项。

2. 本考点可能会这样命题：

（1）关于国产设备原价的说法，正确的有（　　）。【2020年考过】

A. 非标准国产设备原价中应包含运杂费

B. 国产标准设备的原价一般是指出厂价

C. 由设备成套公司供应的国产标准设备，原价为订货合同价

D. 国产标准设备在计算原价时，一般按带有备件的出厂价计算

E. 非标准国产设备原价的计算方法应简便，并使估算价接近实际出厂价

【答案】B、C、D、E

（2）编制设计概算时，国产标准设备的原价一般选用（　　）。【2017年考过】

A. 不含备件的出厂价　　　　　　　B. 设备制造厂的成本价

C. 带有备件的出厂价　　　　　　　D. 设备制造厂的出厂价加运杂费

【答案】C

（3）非标准设备原价的计算方法包括（　　）。

A. 成本计算估价法　　　　　　　　B. 系列设备插入估价法

C. 分部组合估价法　　　　　　　　D. 定额估价法

E. 经济估计法

【答案】A、B、C、D

专项突破8　进口设备的交货方式

交货方式	卖方责任	买方责任
内陆交货类	在交货地点，及时提交合同规定的货物和有关凭证，并承担交货前的一切费用和风险	按时接受货物，交付货款，承担接货后的一切费用和风险，并自行办理出口手续和装运出口
目的地交货类	只有当卖方在交货点将货物置于买方控制下方算交货，方能向买方收取货款。这类交货价对卖方来说承担的风险较大，在国际贸易中卖方一般不愿意采用这类交货方式	
装运港交货类	负责在合同规定的装运港口和规定的期限内，将货物装上买方指定的船只并及时通知买方。 负责货物装船前的一切费用和风险。 负责办理出口手续。 提供出口国政府或有关方面签发的证件。 负责提供有关装运单据	负责租船或订舱，支付运费，并将船期、船名通知卖方。【2011年考过】 承担货物装船后的一切费用和风险。 负责办理保险及支付保险费，办理在目的港的进口和收货手续。【2011年考过】 接受卖方提供的有关装运单据，并按合同规定支付货款【2011年考过】

重点难点专项突破

1. 该采分点仅在2011年考查过一道多项选择题。重点掌握装运港交货类方式，卖方与买方的责任都是对应的，考生在记忆的时候只需要记忆一方的责任就可以推出另一方的责任了。比如装运港交货类中，卖方要将货物装上指定的船只，那么租船订舱就是买方的责任。

2. 掌握进口设备装运港交货价中的几个价格：

（1）装运港船上交货价（FOB），习惯称为离岸价；

（2）运费在内价（CFR）；

（3）运费、保险费在内价（CIF），习惯称为到岸价。

3. 本考点可能会这样命题：

（1）进口设备的交货方式有（　　　　）。

A. 内陆交货
B. 目的地交货
C. 场址交货
D. 装运港交货
E. 海上交货

【答案】A、B、D

（2）进口设备装运港交货价包括（　　　　）。

A. 离岸价
B. 到岸价
C. 船边交货价
D. 运费在内价
E. 完税后交货价

【答案】A、B、D

（3）进口设备采用装运港船上交货时，买方的责任有（　　　　）。

A. 承担货物装船前的一切费用
B. 承担货物装船后的一切费用
C. 负责租船或订舱，支付费用
D. 负责办理保险及支付保险费
E. 提供出口国有关方面签发的证件

【答案】B、C、D

专项突破 9　进口设备抵岸价的构成与计算

例题： 某企业拟进口一套机电设备，离岸价折合人民币为 1830 万元，国际运费和国外运输保险费为 22.53 万元，银行手续费为 15 万元，关税税率为 22%，增值税税率为 13%，则该进口设备的增值税为（　　　　）万元。**【2018 年考过】**

A. 240.83
B. 290.88
C. 293.81
D. 407.56

【答案】C

重点难点专项突破

1. 本考点还可以考核的题目有：

如果上述已知条件不变，则该进口设备的关税为（D）万元。

2. 该考点的计算公式比较多，在记忆上容易混淆，下面总结一个方法，可以快速的记忆。

记忆方法:

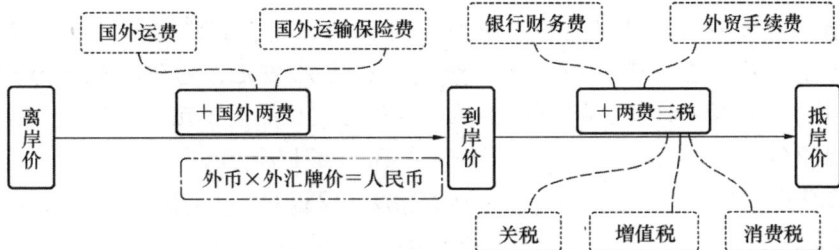

(1) 计算基数是离岸价的:(三费一价)货价、国外运费、国外运输保险费和银行财务费。

(2) 计算基数是到岸价的:(三税一费)外贸手续费、进口关税、增值税和消费税。

3. 上述题目的计算过程为:进口产品增值税额=组成计税价格×增值税率;组成计税价格=到岸价×人民币外汇牌价+进口关税+消费税;进口关税=到岸价×人民币外汇牌价×进口关税。到岸价=离岸价+国际运费+国外运输保险费=1830+22.53=1852.53万元;关税=到岸价×税率=1852.53×22%=407.56万元,增值税=(到岸价+关税+消费税)×税率=(1852.53+407.56)×13%=293.81万元。

4. 在考试时,该考点出题方式不外乎以下四种情况,都是对各项费用公式掌握情况的考查。

第一种情况是对各构成费用计算的考查,也就是上述例题题型,在2009年考核了到岸价的计算,2015年考查了国外运输保险费的计算,2018年考查了增值税的计算。

第二种情况是对于公式表述是否正确的考查。

第三种情况是对某项费用计算基数的考查。

第四种情况是对抵岸价构成及计算的考查。

5. 本考点可能会这样命题:

(1)关于进口设备外贸手续费的计算,下列公式中正确的是(　　　)。

A. 外贸手续费=FOB×人民币外汇汇率×外贸手续费率

B. 外贸手续费=CIF×人民币外汇汇率×外贸手续费率

C. 外贸手续费=FOB×人民币外汇汇率/(1−外贸手续费率)×外贸手续费率

D. 外贸手续费=CIF×人民币外汇汇率/(1−外贸手续费率)×外贸手续费率

【答案】B

(2)某进口设备,按人民币计算的离岸价为2000万元,国外运费160万元,国外运输保险费9万元,银行财务费8万元。则该设备进口关税的计算基数是(　　　)万元。

【2017年真题】

A. 2000
B. 2160

C. 2169
D. 2177

【答案】C

【解析】进口关税=到岸价×人民币外汇牌价×进口关税率,设备到岸价=离岸价+国外运费+国外运输保险费。则该设备进口关税的计算基数=2000+160+9=2169万元。

（3）按人民币计算，某进口设备离岸价为1000万元，到岸价为1050万元，银行财务费为5万元，外贸手续费为15万元，进口关税为70万元，增值税税率为13%，不考虑消费税和海关监管手续费，则该设备的抵岸价为（　　）万元。

A. 1260.00 　　　　　　　　　B. 1271.90

C. 1321.90 　　　　　　　　　D. 1285.60

【答案】D

【解析】进口设备抵岸价＝货价＋国外运费＋国外运输保险费＋银行财务费＋外贸手续费＋进口关税＋增值税＋消费税＋海关监管手续费，其中进口产品增值税额＝（到岸价×人民币外汇牌价＋进口关税＋消费税）×增值税率，到岸价＝货价＋国外运费＋国外运输保险费。本题的计算过程为：增值税＝（1050＋70）×13%＝145.6万元，设备的抵岸价＝1050＋5＋15＋70＋145.6＝1285.60万元。

（4）某进口设备采用装运港船上交货价（FOB），该设备的到岸价除货价外，还应包括（　　）。

A. 进口关税

B. 边境口岸至工地仓库的运费

C. 国外运费

D. 国外运输保险费

E. 进口产品增值税

【答案】C、D

专项突破10　设备运杂费的构成与计算

项目	内容
构成	（1）国产标准设备由设备制造厂交货地点起至工地仓库（或施工组织设计指定的需要安装设备的堆放地点）止所发生的运费和装卸费。【2015年考过】 　　进口设备则由我国到岸港口、边境车站起至工地仓库（或施工组织设计指定的需要安装设备的堆放地点）止所发生的运费和装卸费。 （2）在设备出厂价格中没有包含的设备包装和包装材料器具费；在设备出厂价或进口设备价格中如已包括了此项费用，则不应重复计算。 （3）供销部门的手续费，按有关部门规定的统一费率计算。 （4）建设单位（或工程承包公司）的采购与仓库保管费。它是指采购、验收、保管和收发设备所发生的各种费用，包括设备采购、保管和管理人员工资、工资附加费、办公费、差旅交通费、设备供应部门办公和仓库所占固定资产使用费、工具用具使用费、劳动保护费、检验试验费等。这些费用可按主管部门规定的采购保管费率计算【2011年考过】
计算	设备运杂费＝设备原价×设备运杂费率 　　一般来讲，沿海和交通便利的地区，设备运杂费率相对低一些；内地和交通不很便利的地区就要相对高一些，边远省则要更高一些。对于非标准设备来讲，应尽量就近委托设备制造厂，以大幅度降低设备运杂费。进口设备由于原价较高，国内运距较短，因而运杂费比率应当降低【2015年考过】

1. 本考点在考查时可能出现的干扰选项有：

（1）设备仓库所占用的固定资产使用费应计入设备运杂费。

（2）运费和装卸费是由设备制造厂交货地点至施工安装作业面所发生的费用。

（3）进口设备运杂费是由我国到岸港口或边境车站至工地仓库所发生的费用。

（4）采购与仓库保管费不含采购人员和管理人员的工资。

（5）国际运费应计入设备运杂费。

（6）运输保险费应计入设备运杂费。

2. 本考点除了会考查判断正确与错误说法的综合题目，还可能会在题干中给出某项费用，判断属于哪类费用。

3. 本考点可能会这样命题：

（1）某工程采用的进口设备拟由设备成套公司供应，则成套公司的服务费在估价时应计入（　　）。【2016年真题】

A. 建设管理费　　　　　　　　　　B. 设备原价

C. 进口设备抵岸价　　　　　　　　D. 设备运杂费

【答案】D

（2）关于国产设备运杂费估算的说法，正确的是（　　）。【2015年真题】

A. 国产设备运杂费包括由设备制造厂交货地点运至工地仓库所发生的运费

B. 国产设备运至工地后发生的装卸费不应包括在运杂费中

C. 运杂费在计取时不区分沿海和内陆，统一按运输距离估算

D. 工程承包公司采购设备的相关费用不应计入运杂费

【答案】A

专项突破 11　工程建设其他费用的组成

例题：下列费用中，属于"与项目建设有关的其他费用"的有（　　）。

A. 建设单位管理费【2013年考过】　　B. 工程监理费

C. 可行性研究费　　　　　　　　　　D. 专项评价费

E. 研究试验费　　　　　　　　　　　F. 勘察设计费

G. 场地准备和临时设施费　　　　　　H. 引进技术和进口设备材料其他费

I. 工程保险费　　　　　　　　　　　J. 特殊设备安全监督检验费

K. 市政公用配套设施费　　　　　　　L. 专利及专有技术使用费

M. 农用土地征用费　　　　　　　　　N. 取得国有土地使用费

O. 联合试运转费【2013年考过】　　　P. 生产准备费【2009年考过】

Q. 办公和生活家具购置费【2013年考过】

【答案】A、B、C、D、E、F、G、H、I、J、K、L

重点难点专项突破

1. 本考点还可以考核的题目有：

（1）属于工程建设其他费用的有（A、B、C、D、E、F、G、H、I、J、K、L、M、N、O、P、Q）。【2009年考过】

（2）建设项目投资组成中，建设管理费包括（A、B）。【2010年考过】

> 重点提示：
> 建设管理费除了A、B项外，还包括代建管理费、监造费、招标投标费、设计评审费、特殊项目定额研究及测定费、其他咨询费、印花税等。【2020年考过】

（3）属于建设用地费的有（M、N）。

（4）属于"与未来企业生产经营有关的其他费用"的有（O、P、Q）。【2013年考过】

（5）发包人为验证某结构构件的安全性，要求承包人对结构件进行破坏性试验发生的费用属于（E）。【2021年真题题干】

2. 本考点在2009—2022年每年都有考查，是每年的必考考点，要全面掌握。

（1）A选项，建设单位管理费的内容在2014年考核了，是这样命题的："下列工程建设其他费用中，属于建设单位管理费的有（   ）。"

> 重点提示：
> 总包管理费由建设单位与总包单位根据总包工作范围在合同中商定，从建设管理费中支出。

（2）H选项，引进技术和进口设备材料其他费的内容是多项选择题采分点，包括出国人员费用、国外工程技术人员来华费用、技术引进费、分期或延期付款利息、担保费以及进口设备检验费用。

（3）N选项，取得国有土地使用费包括：土地使用权出让金、城市建设配套费、房屋征收与补偿费等。一般会以多项选择题考查。

（4）G选项，场地准备费和临时设施的内容要重点掌握，在2015年、2017年、2018年、2019年都有考查。

（5）P选项，联合试运转费在2009年、2011年、2014年、2017年、2019年、2022年都有考查。下面通过一道题目来说明：

下列费用项目中，属于联合试运转费用的有（   ）。

A. 试运转所需的原料、燃料、油料和动力的费用

B. 机械使用费用

C. 低值易耗品及其他物料消耗【2022年考过】

D. 联合试运转人员工资

E. 施工单位参加联合试运转人员的工资【2009年、2021年、2022年考过】

F. 专家指导费【2009年、2017年、2019年、2021年考过】

G. 必要的工业炉烘炉费【2022年考过】

H. 由设备安装工程费开支的单台设备调试费

I. 在试运转中暴露出来的因施工原因发生的处理费【2014年、2019年考过】

J. 在试运转中暴露出来的因设备缺陷发生的处理费【2009年、2011年、2019年考过】

【答案】A、B、C、D、E、F、G

> 不属于联合试运转费用的有（H、I、J）。
>
> 除了上述题目，还需要掌握以下采分点：
>
> 联合试运转费是进行整个生产线或装置的负荷联合试运转或局部联动试车所发生的费用净支出。不发生试运转或试运转收入大于（或等于）费用支出的工程，不列此项费用。【2021年考过】
>
> 当联合试运转收入小于试运转支出时：联合试运转费＝联合试运转费用支出－联合试运转收入。【2021年考过】

（6）P选项，生产准备费内容包括：

① 生产职工培训费。自行培训、委托其他单位培训人员的工资、工资性补贴、职工福利费、差旅交通费、学习资料费、学费、劳动保护费。【2012年考过】

② 生产单位提前进厂参加施工、设备安装、调试等以及熟悉工艺流程及设备性能等人员的工资、工资性补贴、职工福利费、差旅交通费、劳动保护费等。

> 这部分内容可能会这样命题：
>
> 下列费用中，应计入建设工程项目费用中"生产准备费"的有（　　）。

专项突破12　预备费的构成与计算

例题：某建设工程项目建筑安装工程费为2000万元，设备及工器具购置费为800万元，工程建设其他费用为300万元，基本预备费率为8%，项目建设前期年限为1年，建设期两年，建设期内平均价格上涨指数为5%，该项目的基本预备费为（　　）万元。【2016年真题】

A: 160

B. 184

C. 248

D. 224

【答案】C

重点难点专项突破

1. 首先明确两个概念，就是基本预备费与价差预备费。

基本预备费是指在项目实施中可能发生难以预料的支出，需要预先预留的费用，又称不可预见费。主要指设计变更及施工过程中可能增加工程量的费用。【2012年、2013年、2017年考过】

价差预备费是指在建设期内利率、汇率或价格等因素的变化而预留的可能增加的费用，也称为价格变动不可预见费。

命题总结：

这两个概念在考试会有两种命题形式：

（1）在建设工程项目总投资组成中的基本预备费（价差预备费）主要是为（　　）而预留的。

（2）编制建设项目投资估算时，考虑项目在实施中可能会发生设计变更增加工程量，投资计划中需要事先预留的费用是（　　）。

---

2. 如果上述例题条件不变，投资分两年使用，比例为：第1年40%，第2年60%，项目的价差预备费为（　　）万元。

基本预备费＝（工程费用＋工程建设其他费用）×基本预备费费率

上述例题中，项目的基本预备费＝（2000＋800＋300）×8%＝248万元。

价差预备费的计算公式为：

$$P=\sum_{t=1}^{n} I_t\left[(1+f)^m(1+f)^{0.5}(1+f)^{t-1}-1\right]$$

式中　　P——价差预备费；

n——建设期年份数；

I_t——建设期第 t 年的投资计划额，包括工程费用（建筑安装工程费、设备及工器具购置费），工程建设其他费用及基本预备费之和；

f——投资价格指数；

t——建设期第 t 年；

m——建设前期年限。

第1年末的价差预备费＝（2000＋800＋300＋248）×40%×$\left[(1+5\%)^1(1+5\%)^{0.5}(1+5\%)^{1-1}-1\right]$＝101.69万元；

第2年末的价差预备费＝（2000＋800＋300＋248）×60%×$\left[(1+5\%)^1(1+5\%)^{0.5}(1+5\%)^{2-1}-1\right]$＝260.59万元；

该项目建设期的价差预备费＝101.69＋260.59＝362.28万元。

---

3. 计算题题型是考试的常考题型，题目难度不大，最关键的是掌握计算基础，注意价差预备费的计算基础以建筑安装工程费、设备工器具购置费、工程建设其他费用及基本预备费之和为计算基数。

4. 命题人在设置选项的时候并不是没有根据的，对公式的准确理解记忆非常关键。

5. 本考点可能会这样命题：

（1）在建设工程项目总投资组成中的基本预备费主要是为（　　）而预留的。【2017年真题】

A. 建设期内材料价格上涨增加的费用

B. 因施工质量不合格返工增加的费用

C. 设计变更增加工程量的费用

D. 因业主方拖欠工程款增加的承包商贷款利息

【答案】C

（2）某拟建项目，建筑安装工程费为11.2亿元，设备及工器具购置费为33.6亿元，工程建设其他费为8.4亿元，建设单位管理费为3亿元，基本预备费费率为5%，则拟建项目基本预备费为（ ）亿元。

A. 0.56

B. 2.24

C. 2.66

D. 2.81

【答案】C

【解析】工程费用＝建筑安装工程费＋设备及工器具购置费＝11.2＋33.6＝44.8亿元。基本预备费＝（44.8＋8.4）×5%＝2.66亿元。

（3）某建设项目工程费用5000万元，工程建设其他费用1000万元。基本预备费率为8%，年均投资价格上涨率5%，项目建设前期年限为1年，建设期两年，计划每年完成投资50%，则该项目建设期第2年价差预备费应为（ ）万元。

A. 242.98

B. 246.01

C. 420.31

D. 666.32

【答案】C

【解析】基本预备费＝（5000＋1000）×8%＝480万元；

静态投资＝5000＋1000＋480＝6480万元；

建设期第2年完成投资＝6480×50%＝3240万元；

第2年价差预备费＝$3240×[(1+5\%)×(1+5\%)^{0.5}×(1+5\%)^{2-1}-1]$＝420.31万元。

专项突破13　建设期利息的计算

例题：某项目建设期为2年，共向银行借款10000万元，借款年利率为6%。第1和第2年借款比例均为50%。借款在各年内均衡使用，建设期内只计息不付息。则编制投资估算时该项目建设期利息总和为（ ）万元。**【2018年真题题干】**

A. 150

B. 450

C. 459

D. 609

【答案】D

重点难点专项突破

1. 本考点还可以考核的题目有：

（1）上述已知条件不变，则建设期第1年应计利息为（A）万元。

（2）上述已知条件不变，则建设期第2年应计利息为（C）万元。

2. 本考点在2010年、2012年、2013年、2014年、2017年、2018年、2020年、2022年

都是考查的计算题目，考生应掌握公式。

3. 建设期利息的计算考查题型有两种：一种是应用公式计算，在案例分析题中也会出现；另一种是对公式的理解。我们首先来学习下这道题的解题过程：

解答本题需要用到的公式是：

$$Q = \sum_{j=1}^{n} (P_{j-1} + A_j/2) i$$

第1年利息：$10000/2/2 \times 6\% = 150$ 万元。

第2年利息：$(10000/2/2 + 10000/2 + 150) \times 6\% = 459$ 万元。

建设期利息 $= 150 + 459 = 609$ 万元。

4. 建设期利息的计算，考生在解答时应注意：① 审题，看清求利息总和还是哪一年的利息；② 除第1年外，其他年利息的计算，均要将之前的本金及利息加上。

1Z103020   建设工程定额

专项突破1   建设工程定额的分类

例题：按编制程序和用途分类，建设工程定额分为（   ）。

A. 人工定额　　　　　　　　　　B. 材料消耗定额
C. 施工机械台班使用定额　　　　D. 施工定额
E. 预算定额　　　　　　　　　　F. 概算定额
G. 概算指标　　　　　　　　　　H. 投资估算指标
I. 国家定额　　　　　　　　　　J. 行业定额
K. 地区定额　　　　　　　　　　L. 企业定额
M. 建筑工程定额　　　　　　　　N. 设备安装工程定额
O. 建筑安装工程费用定额　　　　P. 工器具定额
Q. 工程建设其他费用定额

【答案】D、E、F、G、H

重点难点专项突破

1. 本考点还可以考核的题目有：

（1）按生产要素内容分类，建设工程定额分为（A、B、C）。

（2）按编制单位和适用范围分类，建设工程定额分为（I、J、K、L）。

（3）按投资的费用性质分类，建设工程定额分为（M、N、O、P、Q）。

（4）以同一性质的施工过程——工序作为研究对象，表示生产产品数量与时间消耗综合关系的定额是（D）。【2010年、2013年、2020年考过】

（5）施工企业（建筑安装企业）为组织生产和加强管理在企业内部使用的一种定额是（D）。

（6）属于企业定额性质的是（D）。

（7）工程建设定额中分项最细、定额子目最多的一种定额是（D）。

（8）建筑安装施工企业进行施工组织、成本管理、经济核算和投标报价重要依据的一种定额是（D）。【2017年考过】

（9）施工企业直接应用于施工项目的施工管理，用来编制施工作业计划、签发施工任务单、签发限额领料单，以及结算计件工资或计量奖励工资的一种定额是（D）。【2016年考过】

（10）编制预算定额的基础是（D）。

（11）建设工程定额的基础性定额是（D）。

（12）以建筑物或构筑物各个分部分项工程为对象编制的定额是（E）。【2012年考过】

（13）（E）是以施工定额为基础综合扩大编制的，同时也是编制概算定额的基础。

（14）（E）是编制施工图预算的主要依据，是编制定额基价、确定工程造价、控制建设工程投资的基础和依据。

（15）以扩大的分部分项工程为对象编制的定额为（F）。

（16）以整个建筑物和构筑物为对象，以更为扩大的计量单位来编制的定额是（G）。

（17）（G）是设计单位编制设计概算或建设单位编制年度投资计划的依据，也可作为编制估算指标的基础。

（18）以独立的单项工程或完整的工程项目为计算对象编制确定的生产要素消耗的数量标准或项目费用标准，根据已建工程或现有工程的价格数据和资料，经分析、归纳和整理编制而成的定额为（H）。

（19）（H）是在项目建议书和可行性研究阶段编制投资估算、计算投资需要量时使用的一种指标，是合理确定建设工程项目投资的基础。【2011年考过】

> 命题总结：
> 上述题目几乎涵盖了可能会考查到的所有题目。题干（4）、（6）、（10）、（12）、（15）、（16）、（18）还会进行逆向命题，比如："施工定额的研究对象是（工序）。"

2. 施工定额的内容要特别关注，常考其研究对象、组成、性质及作用。

3. 关于A选项，人工定额也称劳动定额，是指在正常的施工技术和组织条件下，完成单位合格产品所必需的人工消耗量标准。【2009年考过】

4. 本考点的另一种考试题型是判断正误的题型，比如：

关于施工定额的说法，正确的有（　　　）。

A. 施工定额以同一性质的施工过程作为研究对象

B. 施工定额属于企业定额的性质

C. 施工定额是确定最高投标限价的重要依据

D. 施工定额能够反映行业施工技术和管理的平均水平

E. 施工定额是建设工程定额的基础性定额

【答案】A、B、E

专项突破 2　工人工作时间消耗的分类

例题：下列工人工作时间消耗中，属于工人工作必需消耗的时间有（　　　）。【2010年、2011年、2012年、2016年、2020年、2021年、2022年考过】

A. 基本工作时间

B. 辅助工作时间【2011年、2012年、2020年、2022年考过】

C. 准备与结束工作时间【2011年、2012年、2016年、2020年考过】

D. 休息时间【2020年考过】

E. 不可避免的中断时间【2011年、2012年、2016年考过】

F. 偶然工作时间【2016年考过】

G. 多余工作时间【2016年考过】

H. 施工本身造成的停工时间

I. 非施工本身造成的停工时间

J. 违背劳动纪律损失时间

【答案】A、B、C、D、E

重点难点专项突破

1. 本考点还可以考核的题目有：

（1）属于有效工作时间的有（A、B、C）。

（2）属于工人工作损失时间的有（F、G、H、I、J）。

（3）根据施工过程工时研究结果，与工人所担负的工作量大小无关的必须消耗时间是（C）。

（4）基本工作结束后整理劳动工具的时间应计入（C）。

（5）工人的工作时间中，熟悉施工图纸所消耗的时间属于（C）。

（6）工作地点、劳动工具和劳动对象的准备工作时间属于（C）。

2. 针对本考点，在学习过程中应该将这几项时间的具体内容进行针对性的学习。这些互相作为干扰选项。

3. 对每项时间的具体内容也要认真掌握，都有可能以备选项出现，比如：

下列工人工作时间消耗中，工人工作必需消耗的时间包括（　　　）。【2010年考过】

A. 由于材料供应不及时引起的停工时

B. 工人擅自离开工作岗位造成的时间损失

C. 准备工作时间

D. 由于施工工艺特点引起的工作中断所必需的时间

E. 工人下班前清洗整理工具的时间

F. 工人在工作过程中恢复体力所必需的休息时间

G. 工程技术人员和工人的差错而引起的工时损失

H. 工作班开始和午休后的迟到时间

I. 午饭前和工作结束前的早退时间

J. 擅自离开岗位的工时损失

K. 工作时间内聊天或办私事造成的工时损失

L. 施工组织不善造成的停工时间

【答案】C、D、E、F

4. 关于工人工作时间消耗的分类，可以参考下图记忆。

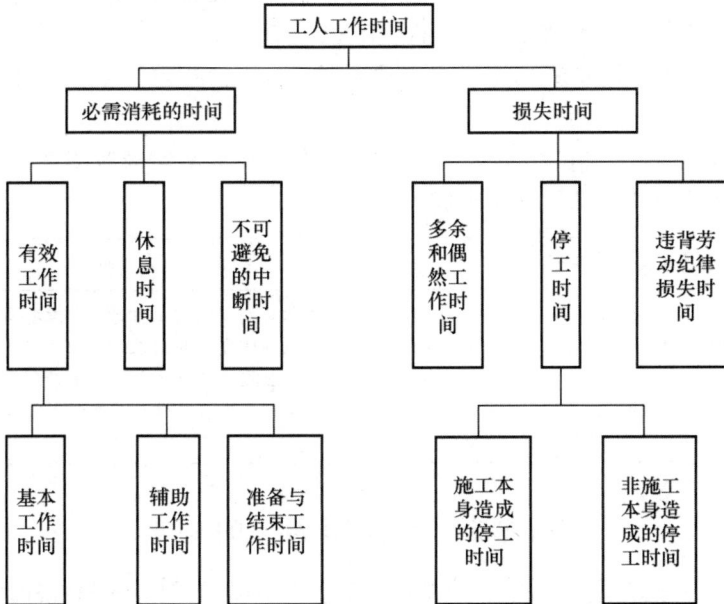

专项突破3 人工定额的编制方法

例题：某施工企业编制砌砖墙人工定额，该企业有近5年同类工程的施工工时消耗资料，则制定人工定额适合选用的方法是（   ）。【2015年真题题干】

A. 技术测定法

B. 比较类推法

C. 统计分析法

D. 经验估计法

【答案】C

重点难点专项突破

1. 本考点还可以考核的题目有：

（1）根据生产技术和施工组织条件，对施工过程中各工序采用一定的方法测出其工时消耗等资料，再对所获得的资料进行分析，制定出人工定额的方法是（A）。【2011年真题题干】

（2）对于同类型产品规格多、工序复杂、工作量小的施工过程，若已有部分产品施

工的人工定额，则其他同类型产品施工人工定额的制定适宜采用的方法是（B）。【2014年真题题干】

（3）根据定额专业人员、经验丰富的工人和施工技术人员的实际工作经验，参考有关定额资料，对施工管理组织和现场技术条件进行调查、讨论和分析制定定额的方法是（D）。

（4）编制人工定额时，通常作为一次性定额使用的是（D）。

（5）制定人工定额常用的方法有（A、B、C、D）。

2. 人工定额的编制方法在考查时，也就上述几种命题方式，一般不会出现逆向命题。

3. 编制人工定额主要包括拟定正常的施工条件及拟定定额时间两项工作，那这两项工作具体包括哪些内容呢？具体内容见下表：

拟定正常的施工条件【2015年考过】	拟定定额时间
（1）拟定施工作业的内容。 （2）拟定施工作业的方法。 （3）拟定施工作业地点的组织。 （4）拟定施工作业人员的组织	是在拟定基本工作时间、辅助工作时间、准备与结束时间、不可避免的中断时间，以及休息时间的基础上编制的。通过时间测定方法，得出相应的观测数据，经加工整理计算后得到的。计时测定的方法有测时法、写实记录法、工作日写实法等【2019年考过】

专项突破4　材料消耗定额的编制

例题： 编制材料消耗定额，主要包括确定直接使用在工程上的材料净用量和在施工现场内运输及操作过程中的不可避免的废料和损耗。确定材料净用量的方法有（　　　）。

A. 理论计算法　　　　　　　　B. 测定法

C. 图纸计算法　　　　　　　　D. 经验法

E. 观察法　　　　　　　　　　F. 统计法

【答案】A、B、C、D

重点难点专项突破

1. 本考点还可以考核的题目有：

（1）编制砖砌体材料消耗定额时，测定标准砖砌体中砖的净用量，宜采用的方法是（A）。

（2）材料损耗率可以通过（E、F）计算确定。

> 助记：经理测图

2. 该考点中还涉及材料消耗量的计算，公式为：

$$损耗率 = \frac{损耗量}{净用量} \times 100\%$$

$$总消耗量 = 净用量 + 损耗量 = 净用量 \times （1 + 损耗率）$$

这部分内容可能会这样命题：正常施工条件下，完成单位合格建筑产品所需某材料的不可避免损耗量为0.80kg。已知该材料损耗率为6.40%，则该材料的总消耗量为（ ）kg。

A. 13.50
B. 13.30
C. 12.50
D. 11.60

【答案】B

【解析】材料损耗率＝0.80kg/净用量×100%＝6.40%；

解得：材料净用量＝12.50kg。

材料消耗量＝12.50＋0.80＝13.30kg。

3. 材料消耗定额的内容在2009年考查了一道单项选择题。是这样命题的：测定材料消耗定额时，定额中的损耗量是指操作过程中不可避免的废料和损耗以及不可避免的（ ）。

专项突破5 周转性材料消耗定额的编制

例题： 编制工程周转性材料消耗定额时，影响周转材料消耗的因素主要有（ ）。

【2017年真题题干】

A. 一次使用量
B. 每周转使用一次材料的损耗【2017年考过】
C. 周转使用次数【2017年考过】
D. 周转材料的最终回收及其回收折价【2017年考过】
E. 摊销量

【答案】A、B、C、D

重点难点专项突破

1. 本考点还可以考核的题目有：
（1）定额中周转材料消耗量指标，应当用（A、E）两个指标表示。
（2）施工企业投标报价时，周转材料消耗量应按（E）计算。【2010年、2018年考过】
（3）施工企业成本核算时，周转材料消耗量应按（E）计算。【2010年、2018年考过】
（4）施工企业组织施工时，周转材料消耗量应按（A）计算。

2. A选项，一次使用量即第一次制造时的材料消耗。

3. 本考点还需要掌握一个采分点——周转使用量的计算。在2016年、2021年考试中都有考查，下面以2021年考试题目来详解。

某现浇混凝土结构施工采用的木模板，一次净用量为200m²，现场制作安装不可避免的损耗率为2%，可周转使用5次，每次补损率为5%。该模板的周转使用量为（ ）m²。【2021年真题】

A. 48.00
B. 48.96

C. 49.44　　　　　　　　　　　　　　　　D. 51.00

【答案】B

【解析】本题计算过程如下：

$$周转使用量=\frac{一次使用量\times\left[1+(周转次数-1)\times补损率\right]}{周转次数}$$

一次使用量＝净用量×（1＋操作损耗率）

一次使用量＝200×（1＋2%）＝204m²；

周转使用量＝［204×（1＋4×5%）］/5＝48.96m²。

专项突破6　机械工作时间消耗的分类

例题：下列机械工作时间中，属于机械工作必需消耗的时间有（　　　　）。【2019年、2020年考过】

A. 正常负荷下的工时消耗【2009年考过】

B. 有根据地降低负荷下的工时消耗【2009年考过】

C. 不可避免的无负荷工作时间【2009年、2013年、2019年、2020年考过】

D. 与工艺过程的特点有关的不可避免的中断工作时间

E. 与机器有关的不可避免的中断工作时间

F. 工人休息时间

G. 多余工作时间【2019年、2020年考过】

H. 停工时间【2020年考过】

I. 低负荷下的工作时间【2013年、2019年、2020年考过】

J. 违背劳动纪律所引起的损失时间

【答案】A、B、C、D、E、F

重点难点专项突破

1. 本考点还可以考核的题目有：

（1）下列机械工作时间中，属于有效工作时间的有（A、B）。

（2）编制施工机械台班使用定额时，属于机械工作时间中损失时间的有（G、H、I、J）。【2012年考过】

（3）汽车运输重量轻而体积大的货物时，不能充分利用载重吨位因而不得不在低于其计算负荷下工作的时间应计入（B）。【2016年真题题干】

（4）施工作业过程中，筑路机在工作区末端掉头消耗的时间应计入施工机械台班使用定额，其时间消耗的性质是（C）。【2011年、2021年考过】

（5）在机械工作时间消耗的分类中，由于工人装料数量不足引起的砂浆搅拌机不能满载工作的时间属于（I）。【2014年真题题干】

2. 机械工作必需消耗时间与损失时间在考题中相互作为干扰选项。可以参考下图记忆。

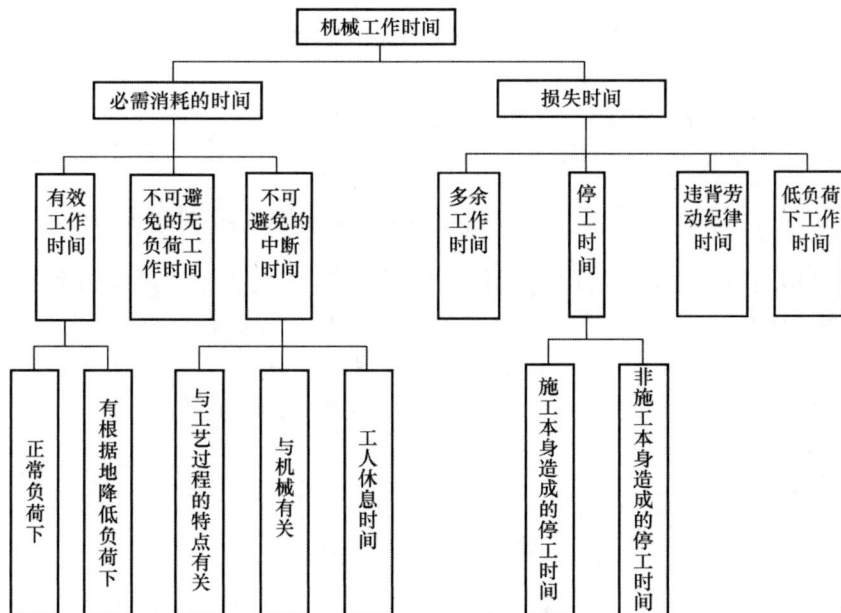

3. 该考点在考试时，还会以各项工作时间的具体内容作为备选项，判断具体是属于哪一类消耗时间。下面我们举例说明：

下列机械工作时间中，属于有效工作时间的是（　　　）。

A. 筑路机在工作区末端的掉头时间

B. 体积达标而未达到载重吨位的货物汽车运输时间

C. 机械在工作地点之间的转移时间

D. 因机械保养而中断使用的时间

E. 装车数量不足而在低负荷下工作的时间

F. 汽车在运送土方时没有装满导致的延长时间

G. 未及时供给机械燃料而导致的停工时间

H. 施工组织不好引起的停工时间

I. 暴雨时压路机被迫停工时间

J. 由于气候条件引起的机械停工时间

K. 装料不足时的机械空运转时间

L. 混凝土搅拌机搅拌混凝土超过规定的搅拌时间

M. 压路机操作人员擅离岗位引起的停工时间

【答案】B

机械工作时间中，属于不可避免的元负荷工作时间的是（A）。

机械工作时间中，属于有根据地降低负荷下的工作时间是（B）。

机械工作时间中，属于不可避免的中断工作时间的是（C、D）。

机械工作时间中，属于低负荷下的工作时间是（E、F）。

机械工作时间中，属于施工本身造成的停工时间是（G、H）。

专项突破7　施工机械台班使用定额的编制内容

例题：某出料容量750L的混凝土搅拌机，每循环一次的正常延续时间为9min，机械正常利用系数为0.9。按8h工作制考虑，该机械的台班产量定额为（　　）。

A. 36.02m³/台班　　　　　　　　　　B. 40m³/台班

C. 0.28台班/m³　　　　　　　　　　D. 0.25台班/m³

【答案】A

重点难点专项突破

1. 首先来看上述例题的计算过程：正常持续时间为9min＝0.15h；该搅拌机纯工作1h循环次数＝1/0.15＝6.67次；该搅拌机纯工作1h正常生产率＝6.67×750＝5002.5m³；该机械的台班产量定额＝机械净工作生产率×工作班延续时间×机械利用系数＝5.0025×8×0.9＝36.02m³。

2. 该考点还会考查公式的表述题，比如："确定施工机械台班定额消耗量前需计算机械时间利用系数，其计算公式正确的是（　　）。"

3. 机械台班使用定额的编制内容在2018年考查了一道多项选择题，关注一下。

4. 关于施工机械时间定额的计算在2010年、2013年考查过。

某机械台班产量为5m³，与之配合的工人小组由5人组成，则单位产品的人工时间定额为（　　）工日。**【2013年真题】**

A. 1.25　　　　　　　　　　　　　　B. 0.50

C. 0.80　　　　　　　　　　　　　　D. 1.20

【答案】A

【解析】单位产品人工时间定额（工日）$=\dfrac{\text{小组成员总人数}}{\text{台班产量}}=\dfrac{5}{4}=1.25$工日

专项突破8　施工定额和企业定额的编制

例题：关于施工定额作用的说法，正确的有（　　）。**【2011年真题题干】**

A. 是企业计划管理的依据

B. 是组织和指挥施工生产的有效工具**【2011年考过】**

C. 是计算工人劳动报酬的依据**【2011年考过】**

D. 有利于推广先进技术

E. 编制施工预算的基础**【2011年考过】**

F. 是施工企业进行成本管理、经济核算的基础**【2022年考过】**

G. 是施工企业计算和确定工程施工成本的依据

H. 是施工企业进行工程投标、编制工程投标价格的基础和主要依据

I. 是施工企业编制施工组织设计的依据【2011年考过】

【答案】A、B、C、D、E、F、I

重点难点专项突破

1. 本考点还可以考核的题目有：

（1）关于企业定额作用的说法，正确的有（F、G、H、I）。【2013年考过】

（2）编制和应用施工定额之所以有利于推广先进技术是因为施工定额（D）。【2012年考过】

2. 注意施工定额与企业定额均是企业编制施工组织设计的依据，是企业成本管理和经济核算的基础。

3. 施工定额的编制原则包括两方面：遵循平均先进原则【2022年考过】、定额结构形式简明适用原则。注意平均先进水平和简明适用的概念。

平均先进水平，是指在正常的生产条件下，多数施工班组或生产者经过努力可以达到，少数班组或劳动者可以接近，个别班组或劳动者可以超过的水平。【2021年考过】

简明适用是指定额结构合理，定额步距大小适当，文字通俗易懂，计算方法简便，易为群众掌握运用，具有多方面的适应性，能在较大的范围内满足不同情况、不同用途的需要。

4. 编制施工定额前的准备工作一般包括三方面：

（1）明确编制任务和指导思想；

（2）系统整理和研究日常积累的定额基本资料；

（3）拟定定额编制方案，确定定额水平、定额步距、表达方式等。【2022年考过】

5. 关于企业定额的编制需要掌握以下采分点：

（1）施工企业在编制企业定额时，应测定计算完成分项工程或工序所必需的人工、材料和机械台班的消耗量，准确反映本企业的施工生产力水平。【2019年考过】

（2）编制企业定额最关键的工作是确定人工、材料和机械台班的消耗量，以及计算分项工程单价或综合单价。

人工消耗量的确定：根据企业环境，拟定正常的施工作业条件，分别计算测定基本用工和其他用工的工日数，进而拟定施工作业的定额时间。【2019年、2020年考过】

材料消耗量的确定：通过企业历史数据的统计分析、理论计算、实验试验、实地考察等方法计算确定材料包括周转材料的净用量和损耗量，从而拟定材料消耗的定额指标。【2019年、2020年考过】

机械台班消耗量的确定：按照企业的环境，拟定机械工作的正常施工条件，确定机械净工作效率和利用系数，据此拟定施工机械作业的定额台班和与机械作业相关的工人小组的定额时间。【2019年考过】

人工价格的确定：按地区劳务市场价格计算。【2022年考过】日工资单价根据工种和技术等级的不同分别计算人工单价。【2020年考过】

材料价格的确定：按市场价格计算。

施工机械使用价格的确定：最常用的是台班价格，通过市场询价，根据企业和项目的具体情况计算。【2020年考过】

专项突破9 预算定额的编制

例题：编制预算定额人工消耗指标时，下列用工属于人工幅度差用工的有（　　　　）。【2014年考过】

A. 砌筑各种墙体工程的砌砖用工

B. 调制砂浆以及运输砖和砂浆的用工

C. 筛砂子增加的用工【2014年考过】

D. 淋石灰膏增加的用工量

E. 各工种间的工序搭接及交叉作业相互配合或影响所发生的停歇用工

F. 施工机械在场地单位工程质检变换位置的间歇时间

G. 施工过程移动临时水电线路引起的临时停水、停电所发生的不可避免的间歇时间

H. 施工过程中水电维修用工【2014年考过】

I. 隐蔽工程验收等工程质量检查影响的操作时间【2014年、2017年考过】

J. 现场内单位工程之间操作地点转移影响的操作时间

K. 施工过程中工种之间交叉作业造成的不可避免的剔凿、修复、清理等用工

L. 施工过程中不可避免的直接少量零星用工

【答案】E、F、G、H、I、J、K、L

重点难点专项突破

1. 本考点还可以考核的题目有：

（1）编制预算定额人工消耗指标时，应计入基本用工的有（A、B）。

（2）编制预算定额人工消耗指标时，应计入辅助用工的有（C、D）。

（3）编制预算定额人工消耗指标时，应计入其他用工的有（C、D、E、F、G、H、I、J、K、L）。

2. 预算定额是一项综合性定额，它是按组成分项工程内容的各工序综合而成的【2014年考过】。预算定额的各种用工量，应根据测算后综合取定的工程数量和人工定额进行计算。

3. 关于人工工日消耗量及人工幅度差的计算也应掌握，在2014年考查了人工工日消耗量的计算，在2019年考查了人工幅度差的计算，我们来看2019年的考试题目：

按照单位工程量和劳动定额中的时间定额计算出的基本用工数量为15工日，超运距用工量为3工日，辅助用工为2工日，人工幅度差系数为10%，则人工幅度差用工数量为（　　　　）工日。【2019年真题】

A. 1.5　　　　　　　　　　　　　　　　B. 1.7

C. 1.8　　　　　　　　　　　　　　　　D. 2.0

【答案】D

【解析】人工幅度差＝（基本用工＋辅助用工＋超运距用工）×人工幅度差系数＝（15＋3＋2）×10%＝2 工日。

> 如果上述条件不变，则人工工日消耗量为（　　　）。
>
> 人工工日消耗量＝基本用工＋超运距用工＋辅助用工＋人工幅度差＝15＋3＋2＋2＝22 工日。

下面再准备一道题目来练习：

完成某分部分项工程 1m³ 需基本用工 0.5 工日，超运距用工 0.05 工日，辅助用工 0.1 工日。如人工幅度差系数为 10%，则该工程预算定额人工工日消耗量为（　　　）工日/10m³。

A. 6.05　　　　　　　　　　　　　　　B. 5.85

C. 7.00　　　　　　　　　　　　　　　D. 7.15

【答案】D

【解析】人工幅度差＝（基本用工＋辅助用工＋超运距用工）×人工幅度差系数＝（0.5＋0.05＋0.1）×10%＝0.065 工日；人工工日消耗量＝基本用工＋超运距用工＋辅助用工＋人工幅度差＝0.5＋0.05＋0.1＋0.065＝0.715 工日/m³，即 7.15 工日/10m³。

下面我们分析其他备选项的解题思路：

A 选项在计算时，人工幅度差＝（0.5－0.05＋0.1）×10%＝0.055 工日，人工工日消耗量＝0.5＋0.05＋0.055＝0.605 工日/m³，即 6.05 工日/10m³。

B 选项在计算时，人工幅度差＝（0.5－0.05－0.1）×10%＝0.035 工日，人工工日消耗量＝0.5＋0.05＋0.035＝0.585 工日/m³，即 5.85 工日/10m³。

C 选项在计算时，人工幅度差没有考虑辅助用工和超运距用工，即 0.5×10%＝0.05 工日；人工工日消耗量＝0.5＋0.05＋0.1＋0.05＝0.700 工日/m³，即 7.00 工日/10m³。

4. 预算定额中的机械台班消耗量按合理的施工方法取定并考虑增加了机械幅度差。机械幅度差的内容可能会考核一道多项选择题，可能会这样命题：

机械幅度差是指在施工定额中未曾包括的，而机械在合理的施工组织条件下所必需的停歇时间，在编制预算定额时应予以考虑。其内容包括（　　　）。

A. 施工机械转移工作面及配套机械互相影响损失的时间

B. 机械维修引起的停歇

C. 检查工程质量影响机械操作的时间

D. 临时水、电线路在施工中移动位置所发生的机械停歇时间

E. 工程结尾时，工作量不饱满所损失的时间

【答案】A、C、D、E

1Z103030　建设工程项目设计概算

专项突破1　设计概算的内容和作用

例题：设计概算的"三级概算"是指单位工程概算、单项工程综合概算、建设工程项目总概算。下列属于单位建筑工程概算的有（　　）。**【2011年考过】**

A. 一般土建工程概算

B. 给水排水工程概算

C. 通风空调工程概算 **【2011年、2016年考过】**

D. 电气照明工程概算 **【2016年考过】**

E. 弱电工程概算 **【2016年考过】**

F. 特殊构筑物工程概算

G. 机械设备及安装工程概算 **【2011年考过】**

H. 电气设备及安装工程概算 **【2011年考过】**

I. 热力设备及安装工程概算

J. 工器具及生产家具购置费概算 **【2011年、2016年考过】**

【答案】A、B、C、D、E、F

重点难点专项突破

1. 本考点还可以考核的题目有：

（1）工程概算中，属于设备及安装工程概算的有（G、H、I、J）。

（2）工程概算中，属于单项工程综合概算的有（A、B、C、D、E、F、G、H、I、J）。

> 重点提示：
>
> 单位建筑工程概算、设备及安装工程概算会相互作为干扰选项。

2. 设计概算的概念会作为单项选择题采分点考查，也会作为判断正确与错误说法题目的备选项出现。

设计概算是由设计单位编制和确定的建设工程项目从筹建至竣工交付使用所需全部费用的文件。**【2010年、2012年、2021年考过】**

3. 三级概算的内容也是一个采分点，可能这样命题："设计概算的'三级概算'是指（　　）。"**【2013年考过】**

4. 建设工程项目总概算由各单项工程综合概算、工程建设其他费用概算、预备费、建设期利息概算和经营性项目铺底流动资金概算等汇总编制而成。

5. 本考点还需要掌握一个采分点——设计概算的作用。该采分点一般会以判断正确与错误的综合题型考查。以下是需要掌握的知识点：

（1）设计概算是制定和控制建设投资的依据。

（2）设计概算是编制固定资产投资计划的依据。

（3）设计概算是进行贷款的依据。

（4）设计概算是编制最高投标限价（招标标底）和投标报价的依据。

（5）设计概算是签订工程总承包合同的依据。

（6）设计概算是考核设计方案的经济合理性和控制施工图预算和施工图设计的依据。

（7）设计概算是考核和评价建设工程项目成本和投资效果的依据。

专项突破2　设计概算的编制依据、程序和步骤

项目	内容
编制依据	（1）国家、行业和地方有关规定。 （2）概算定额（或指标）、费用定额，工程造价指标。 （3）工程勘察与设计文件。 （4）拟定或常规的施工组织设计和施工方案。 （5）建设项目资金筹措方案。 （6）工程所在地编制同期的人工、材料、机械台班市场价格，以及设备供应方式及供应价格。 （7）建设项目的技术复杂程度，新技术、新材料、新工艺以及专利使用情况等。 （8）建设项目批准的相关文件、合同、协议等。 （9）政府有关部门、金融机构等发布的价格指数、利率、汇率、税率与工程建设其他费用，以及各类工程造价指数等。 （10）委托单位提供的其他技术经济资料等
程序和步骤	收集原始资料→确定有关数据→各项费用计算→单位工程概算书编制→单项工程综合概算书的编制→建设项目总概算的编制【2009年考过】

重点难点专项突破

1. 设计概算的编制依据是一个多项选择题采分点，程序和步骤考查题型有两种：一是，给出某项工作判断其前序或者后续工作；二是，给出各项工作内容，判断正确的顺序。

2. 本考点可能会这样命题：

（1）编制建设工程项目设计概算时，在收集原始资料后应进行的工作有：① 确定有关数据；② 单位工程概算书编制；③ 各项费用计算；④ 单项工程综合概算书编制。其正确顺序是（　　）。【2009年真题】

A. ③→①→②→④
B. ①→③→②→④
C. ③→②→①→④
D. ①→②→③→④

【答案】B

（2）编制建设工程项目设计概算时，在编制单位工程概算书前应进行的工作有（　　）。

A. 收集原始资料
B. 确定有关数据
C. 各项费用计算
D. 单项工程综合概算书的编制
E. 建设项目总概算的编制

（3）设计概算的编制依据包括（   ）。

A. 工程勘察与设计文件

B. 建设项目资金筹措方案

C. 市场预算价格

D. 建设项目的技术复杂程度

E. 拟定或常规的施工组织设计和施工方案

【答案】A、B、D、E

专项突破3　设计概算的编制方法

例题： 单位工程概算分建筑工程概算和设备及安装工程概算两大类。建筑工程概算的编制方法有（   ）。【2010年考过】

A. 概算定额法　　　　　　　B. 概算指标法

C. 类似工程预算法　　　　　D. 预算单价法

E. 扩大单价法

【答案】A、B、C

重点难点专项突破

1. 本考点还可以考核的题目有：

（1）设备安装工程概算的编制方法有（B、D、E）。【2018年真题题干】

（2）某单位建筑工程初步设计已达到一定深度，建筑结构明确，能够计算出概算工程量，则编制该单位建筑工程概算最适合的方法是（A）。【2010年、2013年考过】

（3）当初步设计深度不够，不能准确地计算工程量，但工程设计采用的技术比较成熟而又有类似工程概算指标可以利用时，可以采用（B）编制工程概算。【2012年、2015年、2018年考过】

（4）拟建工程初步设计与已完工程或在建工程的设计相类似且没有可用的概算指标的情况，但必须对建筑结构差异和价差进行调整时，可以采用（C）编制工程概算。

（5）当初步设计有详细设备清单时，编制设备及安装工程概算宜采用的编制方法是（D）。【2013年真题题干】

（6）当初步设计的设备清单不完备，或仅有成套设备的重量时，可采用（E）编制设备安装工程概算。

（7）编制设备安装工程概算，当初步设计的设备清单不完备，可供采用的安装预算单价及扩大综合单价不全时，适宜采用的概算编制方法是（B）。【2014年真题题干】

（8）当设备清单不完备时，编制设备安装工程概算宜采用的方法有（B、E）。【2020年考过】

2. 该考点在2012—2022年连续进行考查。考生应主要注意区分建筑工程概算编制方法与单位设备及安装工程概算编制方法的相互干扰。

3. 关于A选项，应掌握概算定额法编制设计概算的步骤。包括5项：① 按照概算定额分部分项顺序，列出各分项工程的名称。② 确定各分部分项工程项目的概算定额单价（基价）。③ 计算单位工程的人、料、机费用。④ 根据人、料、机费用，结合其他各项取费标准，分别计算企业管理费、利润、规费和税金。⑤ 计算单位工程概算造价。【2020年考过】

4. 关于B选项应注意，采用概算指标法编制设备安装工程概算时，可以采用以下几种指标：

（1）按占设备价值的百分比（安装费率）的概算指标计算。

设备安装费＝设备原价×设备安装费率【2022年考过】

（2）按每吨设备安装费的概算指标计算。

设备安装费＝设备总吨数×每吨设备安装费（元/t）【2022年考过】

（3）按座、台、套、组、根或功率等为计量单位的概算指标计算。如工业炉，按每台安装费指标计算；冷水箱，按每组安装费指标计算安装费等等。

（4）按设备安装工程每平方米建筑面积的概算指标计算。【2022年考过】

5. 本考点在考试时主要有两种命题形式：

一是编制方法的适用条件。这类题目就是上述例题题型，也可能会逆向命题，比如："宜采用扩大单价法编制建筑工程概算的是（ ）。"

二是考核计算题目。在2015年、2016年、2019年、2021年、2022年都考查了概算指标法编制单位建筑工程概算的计算；2016年、2017年考查了概算指标法编制设备及安装工程概算的计算。下面看下计算题目如何命题：

（1）某拟建砖混结构工程，结构特征与概算指标相比，仅外墙装饰面不同。概算指标中，外墙面为水泥砂浆抹面，单价为8.75元/m^2，每平方米建筑面积消耗量为0.62m^2；拟建工程外墙为贴釉面砖，单价为41.50元/m^2，每平方米建筑面积消耗量为0.84m^2。已知概算指标为508元/m^2，则该拟建工程修正后的概算指标为（ ）元/m^2。【2022年真题】

A. 467.72 　　　　　　　　　B. 537.44

C. 502.58 　　　　　　　　　D. 542.86

【答案】B

【解析】结构变化修正概算指标（元/m^2）＝原概算指标＋换入结构的工程量×换入结构的人、料、机费用单价－换出结构的工程量×换出结构的人料机费用单价。则该拟建工程修正后的概算指标为508＋41.50×0.84－8.75×0.62＝537.44元/m^2。

（2）某新建住宅的建筑面积为4000m^2，按概算指标和地区材料预算价格计算出一般土建工程单位造价为1304元/m^2（其中人、料、机费用为900元/m^2）。按照当地造价管理部门规定，企业管理费费率为8%；规费以人、料、机和企业管理费之和为计算基础，规费费率为15%；利润以人、料、机、企业管理费和规费之和为计算基础，利润率为7%；增值税税率为9%。由于土建工程与概算指标相比结构构件有部分变更，变更后每100m^2土建工程的人、料、机费用比概算指标对应部分的费用增加3000元。则修正后的土建工程单位造价为（ ）元/m^2。【2021年真题】

A. 1070　　　　　　　　　　　　B. 1155

C. 1236　　　　　　　　　　　　D. 1347

【答案】D

【解析】修正后的土建单位工程造价＝1304＋（3000/100）×（1＋8%）（1＋7%）×（1＋15%）×（1＋9%）＝1347元/m²。

（3）某建设工程项目拟订购5台国产设备，订货价格为50万元/台，设备运杂费率为8%，设备安装费率为20%，采用概算指标法确定该项目的设备安装费为（　　　）万元。【2016年真题】

A. 54　　　　　　　　　　　　　B. 24

C. 20　　　　　　　　　　　　　D. 50

【答案】D

【解析】在用概算指标法编制单位设备安装工程概算时，计算基数为设备原价，是不考虑设备运杂费的。故设备安装费＝5×50×20%＝50万元。

（4）利用概算指标法编制拟建工程概算，已知概算指标中每100m²建筑面积中分摊的人工消耗量为500工日。拟建工程与概算指标相比，仅楼地面做法不同，概算指标为瓷砖地面，拟建工程为花岗石地面。查预算定额得到铺瓷砖和花岗石地面的人工消耗量分别为37工日/100m²和24工日/100m²。拟建工程楼地面面积占建筑面积的65%，则对概算指标修正后的人工消耗量为（　　　）工日/100m²。

A. 316.55　　　　　　　　　　　B. 491.55

C. 508.45　　　　　　　　　　　D. 845.00

【答案】B

【解析】修正结构件指标人工、材料、机械台班消耗量的计算公式如下：

$$\begin{array}{l}\text{结构变化修正概算指标的}\\\text{人、材、机数量}\end{array}=\begin{array}{l}\text{原概算指标的}\\\text{人、材、机数量}\end{array}+\begin{array}{l}\text{换入结构件}\\\text{工程量}\end{array}×\begin{array}{l}\text{相应定额人、}\\\text{材、机消耗量}\end{array}-\begin{array}{l}\text{换出结构件}\\\text{工程量}\end{array}×\begin{array}{l}\text{相应定额人、}\\\text{材、机消耗量}\end{array}$$

即结构变化修正概算指标的人工消耗量＝500＋24×65%－37×65%＝491.55工日/100m²。

专项突破4　建设工程项目总概算的编制方法

例题：建设工程项目总概算文件的内容一般包括（　　　）。【2015年考过】

A. 封面、签署页及目录　　　　　　B. 编制说明

C. 总概算表　　　　　　　　　　　D. 工程建设其他费用概算表

E. 单项工程综合概算表　　　　　　F. 单位工程概算表

G. 补充估价表

【答案】A、B、C、D、E、F、G

重点难点专项突破

1. 本考点还可以考核的题目有：

编制设计概算文件时，各项投资的比重及各专业投资的比重等经济分析指标应放在项目总概算文件的（B）中。【2017年真题题干】

2. 建设工程项目总概算文件的内容是多项选择题考点。

3. C选项需要注意：总概算由以下四部分组成：① 工程费用；② 其他费用；③ 预备费；④ 应列入项目概算总投资的其他费用，包括建设期利息和铺底流动资金。【2020年考过】

4. 总概算价值＝工程费用＋其他费用＋预备费＋资金筹措费＋铺底流动资金－回收金额，会考查计算题，看下2015年这道考试题目：

某建设项目工程费用6800万元，其他费用1200万元，预备费500万元，建设期贷款利息370万元，铺底流动资金710万元。预计在建设中原房屋拆除变现收入100万元，试车收入大于支出金额150万元，则该项目总概算为（　　）万元。【2015年真题】

A. 9580
B. 9330
C. 9680
D. 9430

【答案】B

【解析】项目总概算＝6800＋1200＋500＋370＋710－100－150＝9330万元。

> 重点提示：
> 回收金额是原有房屋拆除所回收的材料和旧设备等的变现收入，试车收入大于支出部分的价值。

专项突破5　设计概算审查的内容

项目		内容
审查设计概算的编制依据	合法性审查	采用的各种编制依据必须经过国家或授权机关的批准，符合国家的编制规定
	时效性审查	对定额、指标、价格、取费标准等各种依据，都应根据国家有关部门的现行规定执行
	适用范围审查	各主管部门、各地区规定的各种定额及其取费标准均有其各自的适用范围，特别是各地区间的材料预算价格区域性差别较大，在审查时应给予高度重视
建筑工程概算的审查	工程量审查	根据初步设计图纸、概算定额、工程量计算规则的要求进行审查
	采用的定额或指标的审查	审查定额或指标的使用范围、定额基价、指标的调整、定额或指标缺项的补充等
	材料预算价格的审查	以耗用量最大的主要材料作为审查的重点，同时着重审查材料原价、运输费用及节约材料运输费用的措施
	各项费用的审查	审查各项费用所包含的具体内容是否重复计算或遗漏、取费标准是否符合国家有关部门或地方规定的标准

项目	内容
设备及安装工程概算的审查	审查的重点是设备清单与安装费用的计算。设备安装工程概算的审查，除编制方法、编制依据外，还应注意审查： （1）采用预算单价或扩大综合单价计算安装费时的各种单价是否合适、工程量计算是否符合规则要求、是否准确无误；【2021年考过】 （2）当采用概算指标计算安装费时采用的概算指标是否合理、计算结果是否达到精度要求；【2021年考过】 （3）审查所需计算安装费的设备数量及种类是否符合设计要求，避免某些不需安装的设备安装费计入在内【2021年考过】
综合概算的审查	（1）审查概算的编制是否符合国家经济建设方针、政策的要求，根据当地自然条件、施工条件和影响造价的各种因素，实事求是地确定项目总投资。 （2）审查概算的投资规模、生产能力、设计标准、建设用地、建筑面积、主要设备、配套工程、设计定员等是否符合原批准可行性研究报告或立项批文的标准。如概算总投资超过原批准投资估算10%以上，应进一步审查超估算的原因【2015年考过】

重点难点专项突破

1. 本考点在考试中的考核力度不大，重点掌握设计概算编制依据的审查及设计安装工程概算的审查。

2. 本考点可能会这样命题：

（1）根据现行规定，在审查概算的投资规模、生产能力等是否符合原批准的可行性研究报告或者立项批文时，若发现概算总投资超过原批准投资估算的（　　　）以上，需要进一步审查超估算的原因。【2015年真题】

A. 5%　　　　　　　　　　　　B. 10%

C. 3%　　　　　　　　　　　　D. 8%

【答案】B

（2）对设计概算编制依据的审查包括（　　　）。

A. 合法性审查　　　　　　　　B. 时效性审查

C. 适用范围审查　　　　　　　D. 全面性审查

E. 针对性审查

【答案】A、B、C

（3）关于设备安装工程概算审查内容的说法，正确的有（　　　）。【2021年真题】

A. 审查编制依据的合法性、时效性以及适用范围

B. 审查采用预算单价计算安装费时的单价是否合适、工程量计算是否符合规则要求

C. 审查采用概算指标计算安装费时的指标是否合理、计算结果是否达到精度要求

D. 审查设备采购流程及运输方式是否合理合规

E. 审查需计算安装费的设备数量及种类是否符合设计要求

【答案】A、B、C、E

专项突破6　设计概算审查的方法

例题：审查设计概算时，对一些关键设备和设施、重要装置、引进工程图纸不全、难以核算的较大投资宜采用的审查方法是（　　）。【2016年真题题干】

A. 对比分析法　　　　　　　　　B. 查询核实法

C. 联合会审法　　　　　　　　　D. 标准预算审查法

E. 筛选审查法　　　　　　　　　F. 专家意见法

G. 分组计算审查法

【答案】B

重点难点专项突破

本考点还可以考核的题目有：

（1）在对某建设项目设计概算审查时，找到了与其关键技术基本相同、规模相近的同类项目的设计概算和施工图预算资料，则该建设项目的设计概算最适宜的审查方法是（A）。【2009年真题题干】

（2）设计概算审查时，对图纸不全的复杂建筑安装工程投资，通过向同类工程的建设、施工企业征求意见判断其合理性，这种审查方法属于（B）。【2015年真题题干】

（3）设计概算审查时，由设计单位自审，主管、建设、承包单位初审，工程造价咨询公司评审，邀请同行专家预审，审批部门复审，这种审查方法属于（C）。

（4）设计概算审查的方法包括（A、B、C）。

> *重点提示：*
> *D、E、F、G是考试时会出现的干扰选项，属于施工图预算审查的方法。*

1Z103040　建设工程项目施工图预算

专项突破1　施工图预算的作用

例题：施工图预算对建设单位的作用有（　　）。

A. 是施工图设计阶段确定建设项目造价的依据【2018年考过】

B. 是编制最高投标限价的基础【2018年考过】

C. 在施工期间安排建设资金计划和使用建设资金的依据

D. 作为确定合同价款的基础

E. 拨付工程进度款、办理工程结算的基础【2018年考过】

F. 是确定投标报价的依据【2011年考过】

G. 进行施工准备的依据【2011年考过】

H. 编制进度计划、统计完成工作量、进行经济核算的参考依据

I. 控制施工成本的依据【2011年考过】

J. 是监督检查执行定额标准的依据【2020年考过】

K. 合理确定工程造价、测算造价指数及审定招标工程标底的重要依据【2020年考过】

【答案】A、B、C、D、E

重点难点专项突破

1. 本考点还可以考核的题目有：

（1）施工图预算对施工单位的作用有（F、G、H、I）。

（2）施工图预算对工程造价管理的作用有（J、K）。

2. 主要记忆对建设单位和对施工单位的作用，可能会单独考查对建设单位或施工单位的作用，也可能会综合考查说法正确与否的题目。

3. 施工图预算对其他方面的作用有：

（1）对工程咨询单位：尽可能客观、准确地为委托方做出施工图预算，是其业务水平、素质和信誉的体现。

（2）履行合同过程中，是有关仲裁、管理、司法机关按照法律程序处理、解决问题的依据。

专项突破2　施工图预算的编制依据及内容

项目		内容
施工图预算的编制内容		施工图预算根据建设项目实际情况可采用三级预算编制或二级预算编制形式。当建设项目有多个单项工程时，应采用三级预算编制形式，三级预算编制形式由建设项目总预算、单项工程综合预算、单位工程预算组成。当建设项目只有一个单项工程时，应采用二级预算编制形式，二级预算编制形式由建设项目总预算和单位工程预算组成【2018年、2020年考过】
施工图预算的内容	单位建筑工程预算	一般土建工程预算，给排水工程预算，采暖通风工程预算，煤气工程预算，电气照明工程预算，弱电工程预算，特殊构筑物如烟囱、水塔等工程预算以及工业管道工程预算等
	单位设备及安装工程预算	机械设备安装工程预算、电气设备安装工程预算、工业管道工程预算和热力设备安装工程预算等
施工图预算的编制依据【2013年、2014年、2015年考过】		（1）国家、行业和地方有关规定。 （2）预算定额或企业定额、单位估价表等。 （3）施工图设计文件及相关标准图集和规范。 （4）项目相关文件、合同、协议等。 （5）工程所在地的人工、材料、设备、施工机械市场价格、工程造价指标指数等。 （6）施工组织设计和施工方案。 （7）项目的管理模式、发包模式及施工条件。 （8）其他应提供的资料

重点难点专项突破

1. 区分"三级预算"与"二级预算"。在此可能出现的题目：

（1）施工图预算的二级预算编制形式是指（建设项目总预算和单位工程预算）。

（2）当建设项目有多个单项工程时，应采用三级预算编制形式，三级预算编制形式由（建设项目总预算、单项工程综合预算、单位工程预算）组成。

2. 施工图预算的编制依据是典型的多项选择题采分点，考试会设置的干扰选项有："建设单位的资金到位情况""施工投标单位的资质等级""中标通知书""现场签证"。

3. 本考点可能会这样命题：

（1）施工图预算的三级预算编制形式由（　　）组成。

A. 单位工程预算、单项工程综合预算、建设项目总预算

B. 静态投资、动态投资、流动资金

C. 建筑安装工程费、设备购置费、工程建设其他费

D. 单项工程综合预算、建设期利息、建设项目总预算

【答案】A

（2）关于施工图预算的编制，下列说法正确的有（　　）。

A. 施工图总预算应控制在已批准的设计总概算范围内

B. 当建设项目有多个单项工程时，应采用二级预算编制形式

C. 只有一个单项工程的建设项目应采用三级预算编制形式

D. 单项工程综合预算由组成该单项工程的各个单位工程预算汇总而成

E. 三级预算编制形式由建设项目总预算、单项工程综合预算、单位工程预算组成

【答案】A、D、E

（3）施工图预算的编制依据有（　　）。

A. 建设单位的资金到位情况

B. 施工投标单位的资质等级

C. 施工组织设计和施工方案

D. 项目管理模式、发包模式

E. 施工图设计文件

【答案】C、D、E

专项突破3　定额单价法编制单位工程施工图预算

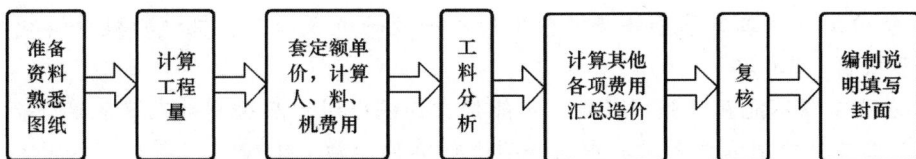

准备资料熟悉图纸 → 计算工程量 → 套定额单价，计算人、料、机费用 → 工料分析 → 计算其他各项费用汇总造价 → 复核 → 编制说明填写封面

重点难点专项突破

1. 定额单价法的编制步骤主要有两种命题形式，无论是哪种题型，考生需要掌握的就是其工作步骤的顺序。

一是，对其中某些顺序进行排序的题目，比如：

定额单价法编制施工图预算的工作主要有：① 按计价程序计取其他费用，并汇总造价；② 准备资料、熟悉施工图纸；③ 套用定额单价，计算人、料、机费用；④ 编制工料分析表；⑤ 计算工程量；⑥ 编制说明、填写封面；⑦ 复核。正确的步骤是（　　）。【2011年、2017年考过】

A. ②⑤③④①⑦⑥　　　　　　　　　B. ②⑤③①④⑦⑥

C. ⑤②①③④⑥⑦　　　　　　　　　D. ⑤②①④③⑥⑦

【答案】A

二是，判断某项工作的紧前工作或紧后工作，比如："采用定额单价法编制单位工程预算时，在进行工料分析后紧接着的下一步骤是（　　）。"

2. 在套用定额单价，计算人、料、机费时应注意的问题应特别关注，是命题者喜欢的命题素材。在2013年、2015年、2017年、2019年、2020年、2022年分别进行了考查，有两种出题方式。

（1）第一种出题方式是综合表述题目，比如：

关于采用定额单价法编制施工图预算时套用定额单价的说法，错误的是（　　）。

【2020年真题】

A. 当分项工程的名称、规格、计量单位与定额单价中所列内容完全一致时，可直接套用定额单价

B. 当分项工程施工工艺条件与定额单价不一致而造成人工、机械的数量增减时，应调价不换量

C. 当分项工程的主要材料品种与定额单价中规定材料不一致时，应按实际使用材料价格换算定额单价

D. 当分项工程不能直接套用定额、不能换算和调整时，应编制补充定额单价

【答案】B

【解析】计算人、料、机费用时需注意以下几项内容：

① 分项工程的名称、规格、计量单位与定额单价中所列内容完全一致时，可以直接套用定额单价。

② 分项工程的主要材料品种与定额单价中规定材料不一致时，不可以直接套用定额单价，需要按实际使用材料价格换算定额单价。

③ 分项工程施工工艺条件与定额单价不一致而造成人工、机械的数量增减时，一般调量不换价。

④ 分项工程不能直接套用定额、不能换算和调整时，应编制补充定额单价。

（2）第二种命题方式是对其中某一项进行单独命题，比如：

采用定额单价法编制施工图预算时，若分项工程的主要材料品种与定额单价中规定

的不一致，正确的处理方法是（　　）。【**2022年真题**】

A. 按照实际使用材料价格换算定额单价

B. 编制补充定额单价

C. 直接套用定额单价

D. 调量不换价

【答案】A

3. 编制工料分析表的依据：各分部分项工程项目实物工程量和预算定额项目中所列的用工及材料数量，计算各分部分项工程所需人工及材料数量。在2009年考核过多项选择题，注意掌握。

专项突破4　实物量法编制单位工程施工图预算

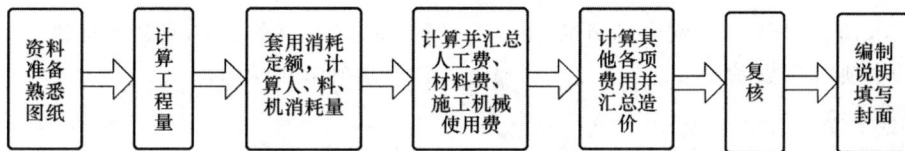

资料准备熟悉图纸 → 计算工程量 → 套用消耗定额，计算人、料、机消耗量 → 计算并汇总人工费、材料费、施工机械使用费 → 计算其他各项费用并汇总造价 → 复核 → 编制说明填写封面

重点难点专项突破

1. 实物量法的编制步骤会有两种命题形式：

一是，对其中某些顺序进行排序的题目，比如：

实物量法编制施工图预算的工作主要有：① 计算其他各项费用，汇总造价；② 准备资料、熟悉施工图纸；③ 套用消耗定额，计算人、料、机消耗量；④ 计算工程量。正确的步骤是（　　）。

A. ②③④①　　　　　　　　　　B. ②③①④

C. ②①③④　　　　　　　　　　D. ②④③①

【答案】D

二是，判断某项工作的紧前工作或紧后工作，比如：

实物量法编制施工图预算时，计算并复核工程量后紧接着进行的工作是（　　）。

【**2014年真题题干**】

A. 套消耗定额，计算人、料、机消耗量

B. 计算并汇总人工费、材料费、施工机械使用费

C. 计算其他各项费用，汇总造价

D. 准备资料、熟悉施工图纸

【答案】A

2. 实物量法与定额单价法在计算人工费、材料费和施工机具使用费及汇总三种费用之和方面有一定的区别【**2015年、2022年考过**】。另外实物量法采用的单价是当时当地的实际价格。【**2011年、2018年考过**】

3. 将设计概算和施工图预算的编制方法进行总结，如下图所示。

$$设计概算编制方法 \begin{cases} 建筑工程 \begin{cases} 概算定额法 \\ 概算指标法 \\ 类似工程预算法 \end{cases} \\ 安装工程 \begin{cases} 预算单价法 \\ 扩大单价法 \\ 概算指标法 \end{cases} \end{cases}$$

$$施工图预算编制方法 \begin{cases} 单价法 \begin{cases} 定额单价法 \\ 工程量清单单价法 \end{cases} \\ 实物量法 \end{cases}$$

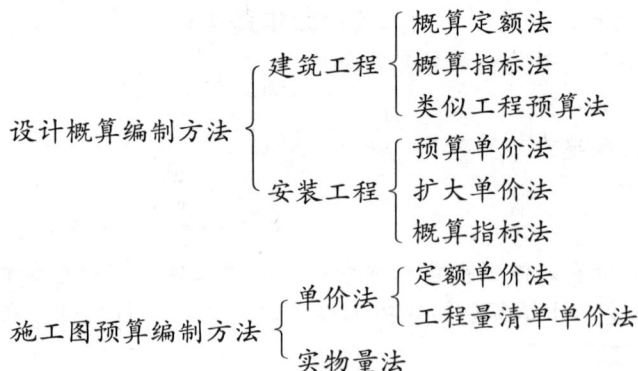

4. 本考点可能会这样命题：

（1）预算人工、材料、机械台班定额是在正常生产条件下分项工程所需的（　　）标准。

A. 人工、材料、机械台班消耗量　　　B. 人工、材料、机械台班价格

C. 分项工程数量　　　　　　　　　　D. 分项工程价格

【答案】A

（2）下列方法中，可以用于编制施工图预算的有（　　）。

A. 定额单价法　　　　　　　　　　　B. 工程量清单单价法

C. 扩大单价法　　　　　　　　　　　D. 实物量法

E. 综合单价法

【答案】A、B、D

专项突破5　施工图预算审查的方法

例题：拟建工程与已完工程预算采用同一施工图，但基础部分和现场施工条件不同，则施工图预算审查时对相同部分审查宜采用的方法是（　　）。【2018年、2019年、2020年考过】

A. 全面审查法【2009年、2012年、2015年考过】

B. 标准预算审查法【2013年、2021年考过】

C. 分组计算审查法【2014年考过】

D. 对比审查法【2011年、2016年、2018年、2019年、2020年考过】

E. "筛选"审查法【2010年、2019年考过】

F. 重点审查法

G. 分解对比审查法

【答案】D

重点难点专项突破

1. 本考点还可以考核的题目有：

（1）对于设计方案比较特殊，无同类工程可比，且审查精度要求高的施工图预算，

适宜采用的审查方法是（A）。【2015年真题题干】

（2）审查精度高、效果好，但工作量大、时间较长的施工图预算审查方法是（A）。【2012年真题题干】

（3）具有审查全面、细致，审查效果好等优点，但只适宜于规模较小、工艺较简单的工程预算审查的方法是（A）。【2009年真题题干】

（4）对采用通用图纸的多个工程施工图预算进行审查时，为节省时间，宜采用的审查方法是（B）。【2013年真题题干】

（5）有10项采用通用图纸施工的单位工程，上部结构和做法完全相同，但因地质条件差异其基础部分均有局部改变。审查这些工程上部结构的施工图预算时，宜采用的方法是（B）。【2021年真题题干】

（6）施工图预算审查时，利用房屋建筑工程标准层建筑面积数对楼面找平层、顶棚抹灰等工程量进行审查的方法，属于（C）。【2014年真题题干】

（7）当拟建工程与已完工程的建设条件和工程设计相同时，用已完工程的预算审查拟建工程的同类工程预算的方法是（D）。【2011年、2016年考过】

（8）施工图预算审查时，将分部分项工程的单位建筑面积指标总结归纳为工程量、价格、用工三个单方基本指标，然后利用这些基本指标对拟建项目分部分项工程预算进行审查的方法称为（E）。【2010年真题题干】

（9）能较快发现问题，审查速度快，但问题出现的原因还需继续审查的施工图预算审查方法是（E）。

（10）突出重点，审查时间短、效果好，审查重点一般是工程量大或者造价较高的各种工程、补充定额、计取的各种费用（计费基础、取费标准）的施工图预算审查方法是（F）。

（11）施工图预算的审查可采用（A、B、C、D、E、F、G）。

2. 本考点属于高频考点，要重点掌握。

3. 全面审查法又称为逐项审查法，考试时可能会将逐项审查法作为备选项。

4. 施工预算审查方法中，应能区分各方法的优缺点及适用范围，从历年考试情况来看，上述题型是考核的主要题型。

5. 最后再记住一句话：施工图预算审查的重点是工程量计算是否准确，定额套用、各项取费标准是否符合现行规定或单价计算是否合理等方面。【2017年考过】

1Z103050　工程量清单编制

专项突破1　工程量清单编制主体、作用及依据

例题：根据《建设工程工程量清单计价规范》GB 50500—2013，招标工程量清单由（　　）提供。【2010年、2012年考过】

A. 工程招标代理机构　　　　　　B. 投标人

C. 招标投标管理部门　　　　　　D. 招标人

【答案】D

重点难点专项突破

1. 本考点还可以考核的题目有：

根据《建设工程工程量清单计价规范》GB 50500—2013，采用工程量清单招标时，提供招标工程量清单并对其完整性和准确性负责的单位是（D）。**【2010年、2013年、2014年考过】**

2. 关于工程量清单的编制掌握"三个问题"：工程量清单由谁编制？谁提供？谁负责其准确性和完整性？

3. 工程量清单的编制要做到"七统一"：统一的项目编码、项目名称、计量单位、项目特征、分部分项清单工程量、暂估价和暂列金额。

4. 工程量清单的作用是多项选择题采分点，它是工程量清单计价的基础，贯穿于建设工程的招投标阶段和施工阶段**【2021年考过】**，是编制最高投标限价、投标报价、计算工程量、支付工程款、调整合同价款、办理竣工结算以及工程索赔等的依据。**【2010年考过】**

5. 招标工程量清单的编制依据也是一个多项选择题采分点，注意要与最高投标限价的计价依据、投标报价的编制依据区分。

招标工程量清单 编制依据	最高投标限价 编制依据	投标报价 编制依据
①《建设工程工程量清单计价规范》GB 50500—2013和相关工程的国家工程量计算标准。 ② 国家或省级、行业建设主管部门颁发的工程量计量计价规定。 ③ 建设工程设计文件及相关材料。 ④ 与建设工程有关的标准、规范、技术资料。 ⑤ 拟定的招标文件及相关资料。 ⑥ 施工现场情况、地勘水文资料、工程特点及合理的施工方案。 ⑦ 其他相关资料	①《建设工程工程量清单计价规范》GB 50500—2013。 ② 国家或省级、行业建设主管部门颁发的有关规定。 ③ 建设工程设计文件及相关资料。 ④ 招标文件(包括招标工程量清单)。 ⑤ 与建设项目相关的标准、规范、技术资料。 ⑥ 施工现场情况、工程特点及常规施工方案。 ⑦ 工程计价信息。 ⑧ 其他的相关资料	①《建设工程工程量清单计价规范》GB 50500—2013。 ② 招标文件、招标工程量清单及其补充通知、答疑纪要、异议澄清或修正。 ③ 建设工程设计文件及相关资料。 ④ 施工现场情况、工程特点及投标时拟定的施工组织设计或施工方案。 ⑤ 与建设项目相关的标准、规范等技术资料。 ⑥ 投标人企业定额、工程造价数据、自行调查的价格信息 ⑦ 其他的相关资料

命题总结：

在2019年考核了编制招标工程量清单和最高投标限价共同依据；在2019年考核了编制最高投标限价和投标报价的共同依据。

6. 本考点可能会这样命题：

（1）工程量清单为投标人的投标竞争提供了一个平等和共同的基础，其理由在于（　　）**【2022年真题】**

A. 投标人均应按工程量清单列出的项目不加修改地投标

B. 工程量清单列出的工程项目内容、数量和质量要求是投标人竞争的共同基础

C. 投标人均按工程量清单中确定的计量规则计算工程量

D. 工程量清单中的项目和综合单价是投标人平等竞争的基础和依据

【答案】B

（2）下列内容中，属于招标工程量清单编制依据的是（　　　　）。

A. 分部分项工程清单

B. 拟定的招标文件

C. 最高投标限价

D. 潜在投标人的资质及能力

【答案】B

（3）在工程招标投标阶段，工程量清单的主要作用有（　　　　）。

A. 为招标人编制投资估算文件提供依据

B. 为投标人投标竞争提供一个平等基础

C. 招标人可据此编制最高投标限价

D. 投标人可据此调整清单工程量

E. 投标人可按其表述的内容填报相应价格

【答案】B、C、E

专项突破2　分部分项工程项目清单的编制

项目	内容
项目编码的设置	（1）项目编码是分部分项工程和措施项目清单名称的阿拉伯数字标识。 （2）分部分项工程量清单项目编码分五级设置，用12位阿拉伯数字表示。 （3）同一招标工程的项目编码不得有重码。【2013年考过】 （4）项目编码结构如下图所示（以房屋建筑与装饰工程为例）。 01—01—01—003—××× 第五级为工程量清单项目顺序码 （由工程量清单编制人编制，从001开始） 第四级为分项工程顺序码，003表示挖沟槽土方 第三级为分部工程顺序码，01表示第一节土方工程 第二级为附录分类顺序码，01表示第一章土石方工程 第一级为工程分类顺序码，01表示房屋建筑与装饰工程
项目名称的确定	（1）分部分项工程量清单的项目名称应根据《计量规范》的项目名称结合拟建工程的实际确定。【2016年考过】 （2）《计量规范》中规定的"项目名称"为分项工程项目名称，一般以工程实体命名。【2016年考过】 （3）编制工程量清单时，应以附录中的项目名称为基础，考虑该项目的规格、型号、材质等特征要求。【2016年考过】

项目	内容
项目特征的描述	（1）项目特征是指构成分部分项工程量清单项目、措施项目自身价值的本质特征。【2019年、2020年考过】 （2）在编制的工程量清单中必须对其项目特征进行准确和全面的描述。 （3）项目特征是区分清单项目的依据。【2017年、2019年考过】 （4）项目特征是确定综合单价的前提。【2011年、2017年、2019年、2020年考过】 （5）项目特征是履行合同义务的基础。【2017年考过】 （6）项目特征应按《计量规范》的项目特征，结合拟建工程项目的实际予以描述。【2020年考过】 （7）清单项目特征主要涉及项目的自身特征、项目的工艺特征以及对项目施工方法可能产生影响的特征。【2019年、2020年、2021年、2022年考过】 （8）对清单项目特征不同的项目应分别列项【2020年考过】
计量单位的选择	（1）分部分项工程项目清单的计量单位应按《计量规范》的计量单位确定。 （2）在现行计量规范中有两个或两个以上计量单位的，应选择最适宜表述该项目特征并方便计量的单位
工程量的计算	（1）除另有说明外，所有清单项目的工程量以实体工程量为准，并以完成后的净值来计算。【2010年、2013年、2016年考过】 （2）在计算综合单价时应考虑施工中的各种损耗和需要增加的工程量，或在措施费清单中列入相应的措施费用。【2016年考过】 （3）采用工程量清单计算规则，工程实体的工程量是唯一的【2016年考过】
补充项目	（1）如果出现《计量规范》附录中未包括的项目，编制人应作补充，并报省级或行业工程造价管理机构备案。【2015年考过】 （2）补充项目的编码由现行计量规范的专业工程代码X（即01~09）与B和三位阿拉伯数字组成【2015年考过】

重点难点专项突破

1. 本考点采分点较多，可能会就某一句话单独命题，也可能会以判断正确与错误说法的综合题目考查。上表内容几乎涵盖了所有可能会考核的采分点，尤其是标记考题部分要重点关注。从历年考试情况来看，在命题时主要是对其中某一项内容来命题，命题形式是这样的："根据《建设工程工程量清单计价规范》GB 50500—2013，关于分部分项工程量清单中项目特征／项目名称／工程量计算的说法，正确的是（　　　　）。"

2. 关于项目编码还需要掌握项目编码的设置，主要有三种考查方式，下面举例说明：

（1）现行计量规范的项目编码由十二位数字构成，其中第五至第六位数字为（　　　　）。

A. 专业工程码　　　　　　　　B. 附录分类顺序码

C. 分部工程顺序码　　　　　　D. 清单项目名称顺序码

【答案】C

（2）根据《建设工程工程量清单计价规范》GB 50500—2013，某分部分项工程的项

目编码为01—02—03—004—005，其中004这一级编码的含义是（　　　）。【2017年真题】

A．工程分类顺序码 B．清单项目顺序码

C．分部工程顺序码 D．分项工程顺序码

【答案】D

（3）某分部分项工程的清单编码为01—03—02—004—014，则该分部分项工程的清单项目顺序码为（　　　）。【2014年真题】

A．01 B．014

C．03 D．004

【答案】B

3．本考点可能会这样命题：

（1）根据现行计量规范明确的工程量计算规则，清单项目工程量是以（　　　）为准，并以完成的净值来计算的。

A．实际施工工程量 B．形成工程实体

C．返工工程量及其损耗 D．工程施工方案

【答案】B

（2）根据《建设工程工程量清单计价规范》GB 50500—2013，关于分部分项工程量清单中项目名称的说法，正确的是（　　　）。【2016年真题】

A．《计量规范》中的项目名称是分项工程名称，以工程主要材料命名

B．编制清单时，项目名称应根据《计量规范》的项目名称综合拟建工程实际确定

C．《计量规范》中的项目名称是分部工程名称，以工程实体命名

D．编制清单时，《计量规范》中的项目名称不能变化，但应补充项目规格、材质

【答案】B

（3）关于招标工程量清单中分部分项工程项目清单的编制，下列说法中错误的是（　　　）。

A．招标人只负责项目编码、项目名称、计量单位和工程量四项内容的填写

B．同一招标工程的项目编码不得有重复

C．清单所列项目应是在单位工程施工过程中以其本身构成该工程实体的分项工程

D．当清单计价规范附录中有两个计量单位时，应结合实际情况选择其中一个

【答案】A

（4）根据《建设工程工程量清单计价规范》GB 50500—2013，关于招标工程量清单中项目特征的说法，正确的有（　　　）。【2019年真题】

A．项目特征是确定一个清单项目综合单价的重要依据

B．项目特征主要涉及项目的自身特征，不涉及项目的工艺特征

C．项目特征是区分清单项目的重要依据

D．项目特征决定了工程实体的实质内容，直接决定工程实体的自身价值

E．仅有分部分项工程量清单项目需要进行项目特征描述

【答案】A、C、D

4．关于计量单位的选择，有精力的考生可以再了解一下不同计量单位保留小数点的不同要求。

专项突破3　措施项目清单的编制

例题：根据《建设工程工程量清单计价规范》GB 50500—2013，某工程项目设计文件中的部分工作内容不足以写进施工方案，但要通过一定的技术手段才能实现。此情况在编制工程量清单时，应列入（　　）。【2018年真题题干】

A．分部分项工程项目清单　　　　B．其他项目清单

C．措施项目清单　　　　　　　　D．规费项目清单

【答案】C

重点难点专项突破

1. 本考点还可以考核的题目有：

（1）根据《建设工程工程量清单计价规范》GB 50500—2013，投标企业可以根据拟建工程的实际情况进行列项的清单是（C）。【2020年考过】

（2）根据《建设工程工程量清单计价规范》GB 50500—2013，投标企业可以根据拟建工程的具体施工方案进行列项的清单是（C）。【2009年、2014年考过】

2. 本考点主要掌握两个采分点：列项要求、编制时考虑的因素。

（1）能计量的措施项目（单价措施项目）：同分部分项工程量清单一样。【2020年考过】

（2）不能计量的措施项目（总价措施项目）：措施项目清单中仅列出了项目编码、项目名称，但未列出项目特征、计量单位的项目，编制措施项目清单时，应按现行计量规范附录（措施项目）的规定执行。【2020年考过】

（3）措施项目清单的编制应考虑的因素包括：

① 工程本身的因素；

② 水文、气象、环境、安全和施工企业的实际情况；

③ 参考拟建工程的常规施工组织设计；【2016年考过】

④ 参考拟建工程的常规施工技术方案；【2016年、2020年、2022年考过】

⑤ 参阅相关的施工规范与工程验收规范；

⑥ 确定设计文件中不足以写进施工方案，但要通过一定的技术措施才能实现的内容；【2022年考过】

⑦ 确定招标文件中提出的某些需要通过一定的技术措施才能实现的要求。【2016年考过】

专项突破4　其他项目清单与规费项目清单的编制

例题：根据《建设工程工程量清单计价规范》GB 50500—2013，下列清单项目中，应列入其他项目清单的有（　　）。【2017年真题题干】

A．暂列金额　　　　　　　　　　B．暂估价

C．计日工　　　　　　　　　　　D．总承包服务费

E. 社会保险费   F. 住房公积金

【答案】A、B、C、D

重点难点专项突破

1. 本考点还可以考核的题目有：

（1）《建设工程工程量清单计价规范》GB 50500—2013规定，招标时用于合同约定调整因素出现时的工程材料价款调整的费用应计入（A）中。

（2）招标人在工程量清单中提供的用于支付必然发生但暂时不能确定价格的材料价款、工程设备价款以及专业工程金额应计入（B）。

（3）工程总承包人按照合同的约定对招标人依法单独发包的专业工程承包人提供了现场垂直运输设备，由此发生的费用属于（D）。

（4）根据《建设工程工程量清单计价规范》GB 50500—2013，应计入规费项目清单的费用有（E、F）。【2018年真题题干】

> 命题总结：
>
> 本考点在考核时，还会逆向命题，比如："根据《建设工程工程量清单计价规范》GB 50500—2013，社会保险费应列入工程量清单中的（ ）。【2017年真题题干】"

2. 考生应能区分两个概念：暂列金额、暂估价。

3. B选项，暂估价包括材料暂估单价、工程设备暂估价、专业工程暂估价。

4. 计日工是为了解决现场发生的零星工作的计价而设立的。编制工程量清单时，计日工表中的人工应按工种，材料和机械应按规格、型号详细列项。【2015年考过】

5. 本考点可能会这样命题：

根据《建设工程工程量清单计价规范》GB 50500—2013，关于其他项目清单编制的说法，正确的是（ ）。【2022年真题】

A. 其他项目清单中应列出总承包服务费

B. 暂估价应列出材料暂估价和工程设备暂估价，不考虑专业工程暂估价

C. 暂列金额一般应尽可能列高，以避免在实际中超出该数量

D. 计日工应按照招标工程的复杂程度估算一个数量，该数量一般要比实际低

【答案】A

专项突破5　工程量清单总说明的编制

例题： 工程量清单编制总说明应包括（ ）。

A. 建设规模   B. 工程特征

C. 计划工期   D. 施工现场实际情况

E. 自然地理条件   F. 环境保护要求

G. 招标范围   H. 分包范围

I. 建设工程工程量清单计价规范   J. 计价文件

K．招标文件　　　　　　　　　　　L．施工现场情况

M．工程特点及常规施工方案　　　　N．工程质量、材料、施工的特殊要求

【答案】A、B、C、D、E、F、G、H、I、J、K、L、M、N

重点难点专项突破

1．本考点还可以考核的题目有：

（1）工程量清单总说明编制时，工程概况中要对（A、B、C、D、E、F）等作出描述。

（2）工程量清单的编制依据包括（I、J、K、L、M）。

2．关于工程量清单总说明的编制还要掌握以下几个采分点：

（1）建设规模是指建筑面积；

（2）工程特征应说明基础及结构类型、建筑层数、高度、门窗类型及各部位装饰、装修做法；

（3）施工现场实际情况是指施工场地的地表状况；

（4）自然地理条件是指建筑场地所处地理位置的气候及交通运输条件；

（5）环境保护要求是针对施工噪声及材料运输可能对周围环境造成的影响和污染所提出的防护要求；【**2018年考过**】

（6）工程质量的要求，是指招标人要求拟建工程的质量应达到合格或优良标准；【**2022年考过**】

（7）对材料的要求，是指招标人根据工程的重要性、使用功能及装饰装修标准提出，诸如对水泥的品牌、钢材的生产厂家、花岗石的出产地与品牌等的要求；

（8）施工要求，一般是指建设项目中对单项工程的施工顺序等的要求。

1Z103060　工程量清单计价

专项突破1　工程量清单的编制程序

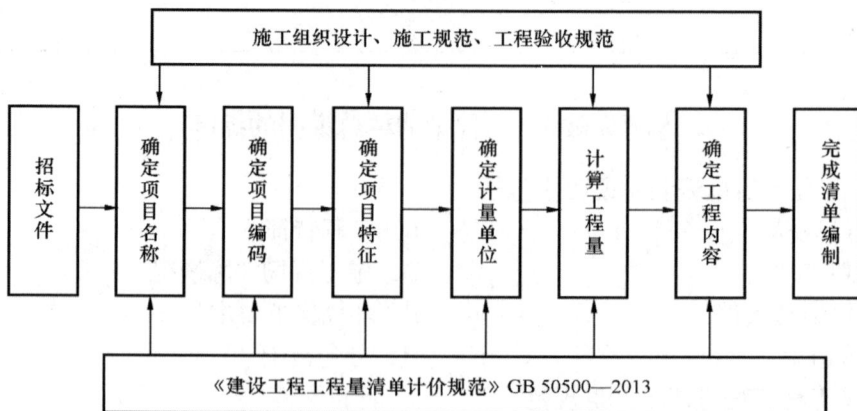

工程量清单的编制程序会有两种命题形式：

（1）给出几项工程量清单工作内容，判断正确的顺序。比如：

招标方编制工程量清单时有以下工作：① 确定项目编码；② 研究招标文件，确定清单项目名称；③ 确定计量单位；④ 计算工程数量；⑤ 确定项目特征。正确的顺序是（　　）。**【2018年真题】**

A. ②①⑤③④　　　　　　　　B. ①②③④⑤
C. ①②⑤③④　　　　　　　　D. ②③⑤④①

【答案】 A

（2）判断各项内容是根据《建设工程工程量清单计价规范》GB 50500—2013编制还是根据施工组织设计、施工规范、工程验收规范编制。比如：

下列编制工程量清单工作内容中，应根据施工组织设计、施工规范、工程验收规范编制的工作有（　　）。

A. 项目名称　　　　　　　　B. 项目编码
C. 项目特征　　　　　　　　D. 计量单位
E. 工程内容

【答案】 A、C、E

专项突破2　工程造价的计算

工料单价法	人工费＋材料费＋施工机具使用费
综合单价法	人工费＋材料费＋施工机具使用费＋管理费＋利润
全费用综合单价法	人工费＋材料费＋施工机具使用费＋管理费＋利润＋规费＋税金

利用综合单价法计价需分项计算清单项目，再汇总得到工程总造价。
分部分项工程费＝∑（分部分项工程量×分部分项工程综合单价）
措施项目费＝∑（措施项目工程量×措施项目综合单价）＋∑单项措施费
其他项目费＝暂列金额＋暂估价＋计日工＋总承包服务费＋其他
单位工程造价＝分部分项工程费＋措施项目费＋其他项目费＋规费＋税金
单项工程造价＝∑单位工程造价
总造价＝∑单项工程造价

关于公式的考查会有两种命题形式：

（1）判断公式表述是否正确。比如：

根据《建设工程工程量清单计价规范》GB 50500—2013，下列投标报价计算公式中，

正确的是（　　　）。【2021年真题】

A. 措施项目费＝∑（措施项目工程量×措施项目综合单价）

B. 分部分项工程费＝∑（分部分项工程量×分部分项工程综合单价）

C. 其他项目费＝暂列金额＋暂估价＋计日工＋总承包服务费＋规费

D. 单位工程报价＝分部分项工程费＋措施项目费＋其他项目费

【答案】B

（2）根据公式考查计算题目。比如：

施工企业拟投标一个单独招标的分部分项工程项目，清单工程量为10000m³。企业经测算完成该部分分项工程施工直接消耗的人、料、机费用为200万元（不含增值税进项税额）。估计管理费为16万元，风险费用为2万元，利润为30万元。为完成该分部分项工程的措施项目费估计为24万元（其中安全文明施工费18万元）（不含增值税进项税额）。估计全部规费20万元，税金9万元。不考虑其他因素，关于该分部分项工程的说法正确的有（　　　）。【2017年真题】

A. 工料单价为200元/m³

B. 按现行清单计价规范综合单价为248元/m³

C. 全费用综合单价为292元/m³

D. 按现行清单计价规范，为了中标规费和税金可降至20万元

E. 按现行清单计价规范，措施项目费报价不能低于18万元

【答案】A、B、E

【解析】工料单价＝人工费＋材料费＋施工机具使用费＝200×10000/10000＝200元/m³，故选项A正确。综合单价＝人工费＋材料费＋施工机具使用费＋管理费＋利润＋风险费＝（200＋16＋2＋30）×10000/10000＝248元/m³，故选项B正确。全费用综合单价＝人工费＋材料费＋施工机具使用费＋管理费＋利润＋规费＋税金＝（200＋16＋30＋20＋9＋2）×10000/10000＝277元/m³，故选项C错误。规费和税金应按国家或省级、行业建设主管部门的规定计算，不得作为竞争性费用。故选项D错误。措施项目清单中的安全文明施工费应按照国家或省级、行业建设主管部门的规定计价，不得作为竞争性费用。故选项E正确。

专项突破3　分部分项工程费计算

例题：某工程项目的土方工程采用机械挖土方、人工运输和机械运输，招标工程量清单中的挖土方数量为4000m³，投标人根据拟采用的施工方案计算的挖土方数量为7500m³，余土外运。投标人估算的挖土方费用为130000元，人工运土费用为30000元，机械运土费用50000元，管理费取人、料、机费用之和的15%，利润取人、料、机与管理费之和的6%。根据《建设工程工程量清单计价规范》GB 50500—2013，不考虑其他因素，投标人报价时挖土方综合单价为（　　　）元/m³。【2022年真题】

A. 34.13　　　　　　　　　　B. 64.00

C. 39.62　　　　　　　　　　D. 63.53

【答案】B

1. 本考点采分点非常多，是每年的必考考点，要求全面掌握。首先总结下本考点在 2009—2021 年考试分布情况（单位：分值）。

采分点	2009	2010	2011	2012	2013	2014	2015	2016	2017	2018	2019	2020	2021	2022
工程量的确定			1	1										
综合单价的编制步骤								1	1		1	1		1
综合单价的内容		2				1						2	2	
综合单价的计算	1			1			1	1	1		1		1	1
单位清单工程量										1				

命题总结：

通过上表可以看出，综合单价的计算是考核的重点，考生应多练习。

2. 上述例题的解题过程：

综合单价＝（人、料、机总费用＋管理费＋利润）/清单工程量＝（130000＋30000＋50000）×（1+15%）×（1+6%）÷4000＝63.9975＝64.00 元/m³。

重点提示：

单位清单工程量的计算在 2018 年考过，计算公式为：单位清单工程量＝投标人确定的挖土方量/清单挖土方量。

3. 利用综合单价法计算分部分项工程费需要解决两个核心问题，这两个核心问题是确定各分部分项工程的工程量及其综合单价。就这两个问题需要掌握以下采分点：

（1）招标文件中的工程量清单标明的工程量是招标人编制最高投标限价和投标人投标报价的共同基础。

（2）招标文件中的工程量清单标明的工程量是工程量清单编制人按施工图图示尺寸和工程量清单计算规则计算得到的工程净量。

（3）《建设工程工程量清单计价规范》GB 50500—2013 中的工程量清单综合单价是指完成一个规定计量单位的分部分项工程量清单项目或措施清单项目所需的人工费、材料费、施工机具使用费和企业管理费与利润，以及一定范围内的风险费用。【2010 年、2014 年、2020 年、2021 年、2022 年考过】

（4）综合单价的计算步骤有以下两种命题形式：

第一种：判断编制步骤顺序的题目，2016 年、2019 年、2022 年都是考核的这类型题目。

投标人编制分部分项工程综合单价的主要工作有：① 计算清单项目的管理费和利润；② 测算人、料、机消耗量；③ 确定组合定额子目并计算各子目工程量；④ 确定人、料、机单价。正确的顺序是（　　　　）。【2019 年真题】

A. ③①②④ 　　　　　　　　　　B. ②①③④

C. ③②④① 　　　　　　　　　　D. ③②①④

【答案】C

第二种：判断具体编制内容表述正确与否的题目。比如：

根据《建设工程工程量清单计价规范》GB 50500—2013，关于投标人采用定额组价方法编制综合单价的说法，正确的是（　　　）。

A. 清单工程量可以直接用于计价，因为与定额子目的工程量肯定相等

B. 人、料、机的消耗量根据政府颁发的消耗量定额确定，一般不能调整

C. 一个清单项目可能对应多个定额子目

D. 人、料、机的单价按照市场价格确定，一般不能调整

【答案】C

专项突破4　措施项目费计算

例题：根据《建设工程工程量清单计价规范》GB 50500—2013，适宜采用综合单价法计价的措施项目费有（　　　）。【2016年、2022年考过】

A. 混凝土模板费【2019年、2021年、2022年考过】

B. 脚手架工程费【2016年考过】

C. 垂直运输费【2019年、2021年考过】

D. 安全文明施工费【2022年考过】

E. 夜间施工增加费【2016年、2019年、2021年考过】

F. 二次搬运费【2016年、2022年考过】

G. 冬雨季施工费【2016年考过】

H. 已完工程及设备保护费【2022年考过】

I. 室内空气污染测试【2021年考过】

【答案】A、B、C

重点难点专项突破

1. 本考点还可以考核的题目有：

（1）工程量清单计价模式下，宜采用参数法计价的措施项目费是（D、E、F、G、H）。【2015年、2019年、2021年考过】

（2）工程量清单计价模式下，宜采用分包法计价的措施项目费是（I）。

（3）根据《建设工程工程量清单计价规范》GB 50500—2013，采用工程量清单招标的工程，投标人在投标报价时不得作为竞争性费用的是（D）。【2011年、2012年、2019年、2022年考过】

> **重要提示：**
> 规费和税金应按国家或省级、行业建设主管部门的规定计算，不得作为竞争性费用。

2. 区分三种计算法的含义。

综合单价法	→	适用于可以计算工程量的措施项目，主要是指一些与工程实体有紧密联系的项目
参数法计价	→	适用于施工过程中必须发生，但在投标时很难具体分项预测，又无法单独列出项目内容的措施项目
分包法计价	→	在分包价格的基础上增加投标人的管理费及风险费进行计价的方法，这种方法适合可以分包的独立项目

3. 措施项目费的计算方法还有另外一种命题形式，就是给出项目费用判断采用哪种方法，比如：

施工过程中必须发生，但在投标时很难具体分项预测，又无法单独列出项目费用，宜采用的计价方法是（　　）。【2017年真题】

A. 工料单价法　　　　　　　　　B. 参数法

C. 全费用综合单价法　　　　　　D. 分包法

【答案】B

专项突破5　最高投标限价及其规定

项目	内容
最高投标限价的概念	最高投标限价是对招标工程项目限定的最高工程造价【2013年、2021年考过】
编制规定	（1）国有资金投资的建设工程招标，招标人必须编制最高投标限价。【2013年、2016年、2022年考过】 （2）最高投标限价超过批准的概算时，招标人应将其报原概算审批部门审核。【2011年、2013年、2022年考过】 （3）投标人的投标报价高于最高投标限价的，其投标应予以拒绝。【2011年、2013年、2016年、2022年考过】 （4）最高投标限价应由具有编制能力的招标人或受其委托具有相应资质的工程造价咨询人编制和复核。【2011年、2016年、2021年、2022年考过】 （5）最高投标限价应在招标文件中公布，不应上调或下浮。【2011年、2013年、2016年、2022年考过】 （6）最高投标限价的作用决定了最高投标限价不同于标底，无需保密。【2013年、2021年考过】 （7）招标人公布的最高投标限价未按照规定进行编制的，应在最高投标限价公布后5d内向招投标监督机构和工程造价管理机构投诉。【2014年、2017年、2016年、2020年考过】投诉人投诉时，应当提交由单位盖章和法定代表人或其委托人签名或盖章的书面投诉书。【2021年考过】 （8）工程造价管理机构在接到投诉书后应在2个工作日内进行审查。 （9）当最高投标限价复查结论与原公布的最高投标限价误差大于±3%时，应责成招标人改正。 （10）当重新公布最高投标限价时，若重新公布之日起至原投标截止期不足15d的应延长投标截止期【2018年考过】

重点难点专项突破

1. 从历年考试情况来看，一般会以判断正确与错误说法的题目考查，考试时可能会设置的干扰选项：

（1）招标人不得拒绝高于最高投标限价的投标报价。

（2）最高投标限价只能由具有编制能力的招标人自行编制。

（3）最高投标限价可以进行上浮或下调。

2. 第（7）（8）（9）（10）条中的数据应熟记，会考查单项选择题。这里特别说明下第（10）条，在2018年考查了一道这样的题目：

根据《建设工程工程量清单计价规范》GB 50500—2013，某工程在2018年5月15日发布招标公告，规定投标文件提交截止日期为2018年6月15日。在2018年6月6日招标人公布了修改后的最高投标限价（没有超过批准的投资概算）。对此情况招标人应采取的做法是（　　）。【2018年真题】

A. 将投标文件提交的截止日期仍确定为2018年6月15日

B. 将投标文件提交的截止日期延长到2018年6月18日

C. 将投标文件提交的截止日期延长到2018年6月21日

D. 宣布此次招标失败，重新组织招标

【答案】C

命题总结：

这是一道小案例形式的选择题，这种命题形式新颖，难度增加了，但是只要考生能记住数据也是可以快速选出正确选项。关于几个数据掌握下图内容：

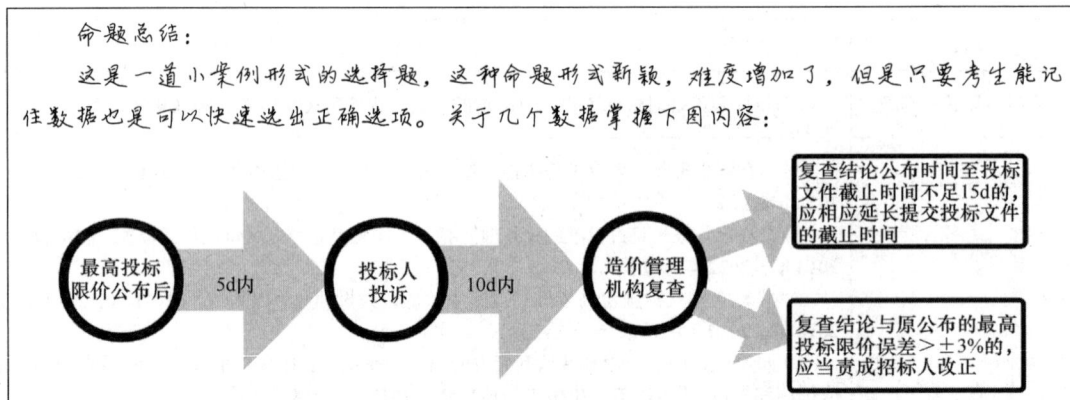

3. 本考点可能会这样命题：

（1）关于最高投标限价及其编制，下列说法中正确的是（　　）。

A. 招标人不得拒绝高于最高投标限价的投标报价

B. 当重新公布最高投标限价时，原投标截止期不变

C. 经复核认为最高投标限价误差大于±3%时，投标人应责成招标人改正

D. 投标人经复核认为最高投标限价未按规定编制的，应在最高投标限价公布后5日内提出投诉

【答案】D

（2）根据《建设工程工程量清单计价规范》GB 50500—2013，关于使用国有资金投资的工程项目最高投标限价的说法，正确的是（　　）。

A. 最高投标限价是对招标工程项目限定的最高工程造价

B. 最高投标限价可以根据需要在开标时适当上调或者下浮

C. 最高投标限价必须由工程造价咨询人编制，不得由招标人自行编制

D. 最高投标限价性质与标底相同，必须保密

【答案】A

（3）根据《建设工程工程量清单计价规范》GB 50500—2013，投标人认为最高投标限价没有按照规范编制的，应在最高投标限价公布后（   ）d内提交书面投诉书。

【2020年真题】

A. 14   B. 10

C. 7   D. 5

【答案】D

专项突破6　最高投标限价的编制内容

项目		内容
分部分项工程费		采用的分部分项工程量应是招标文件中工程量清单提供的工程量；综合单价应根据招标文件中的分部分项工程量清单的特征描述及有关要求、行业建设主管部门颁发的计价定额和计价办法等编制依据进行编制
措施项目费		可以计算工程量的措施项目，应按分部分项工程量清单的方式采用综合单价计价；其余的措施项目可以以"项"为单位的方式计价，应包括除规费、税金外的全部费用。措施项目费中的安全文明施工费应当按照国家或地方行业建设主管部门的规定标准计价
其他项目费	暂列金额	应按招标工程量清单中列出的金额填写
	暂估价	暂估价中的材料、工程设备单价、控制价应按招标工程量清单列出的单价计入综合单价；暂估价专业工程金额应按招标工程量清单中列出的金额填写
	计日工	编制最高投标限价时，对计日工中的人工单价和施工机械台班单价应按省级、行业建设主管部门或其授权的工程造价管理机构公布的单价计算。 材料应按工程造价管理机构发布的工程造价信息中的材料单价计算，工程造价信息未发布材料单价的材料，其价格应按市场调查确定的单价计算
	总承包服务费	编制最高投标限价时，总承包服务费应按照省级或行业建设主管部门的规定，并根据招标文件列出的内容和要求估算
规费和税金		规费和税金必须按国家或省级、行业建设主管部门规定的标准计算，不得作为竞争性费用

重点难点专项突破

1. 本考点一般会考查判断正确与错误说法的题目。

2. 总承包服务费的计算标准要掌握，具体内容如下图所示。

仅要求对分包的专业工程进行总承包管理和协调时	→	按发包的专业工程估算造价的1.5%计算
要求对分包的专业工程进行总承包管理和协调，并同时要求提供配合服务时	→	按发包的专业工程估算造价的3%～5%计算
招标人自行供应材料、设备的	→	按招标人的供应材料、设备价值的1%计算

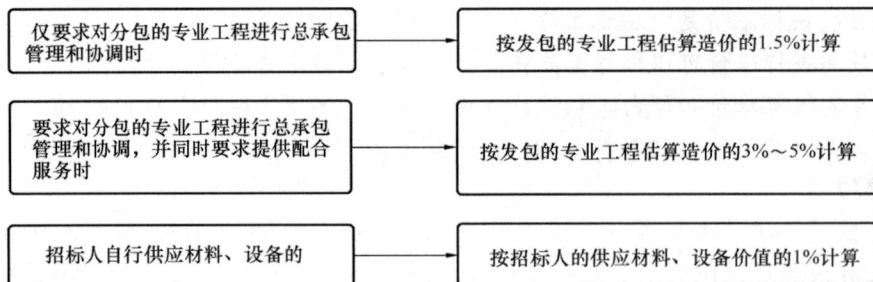

3. 本考点可能会这样命题：

（1）根据《建设工程工程量清单计价规范》GB 50500—2013，编制最高投标限价时，总承包服务费应按照（　　）计算。

A. 省级或行业建设主管部门规定或参考相关规范

B. 国家统一规定或参考相关规范

C. 工程所在地同类项目总承包服务费平均水平

D. 最高投标限价编制单位咨询潜在投标人的报价

【答案】A

（2）最高投标限价中暂列金额一般按分部分项工程费的一定比率参考计算，这一比率的范围是（　　）。

A. 3%～5% 　　　　　　　　　B. 5%～10%

C. 10%～15% 　　　　　　　　D. 15%～20%

【答案】C

（3）招标人要求总承包人对专业工程进行统一管理和协调的，总承包人可计取总承包服务费，其取费基数为（　　）。

A. 专业工程估算造价

B. 投标报价总额

C. 分部分项工程费用

D. 分部分项工程费与措施费之和

【答案】A

（4）关于编制最高投标限价时总承包服务费的可参考标准，下列说法正确的是（　　）。

A. 招标人仅要求对分包专业工程进行总承包管理和协调时，按分包专业工程估算造价的0.5%计算

B. 招标人仅要求对分包专业工程进行总承包管理和协调时，按分包专业工程估算造价的1%计算

C. 招标人要求对分包专业工程进行总承包管理和协调，且要求提供配合服务时，按分包专业工程估算造价的1%～3%计算

D. 招标人要求对分包专业工程进行总承包管理和协调，且要求提供配合服务时，按分包专业工程估算造价的3%～5%计算

【答案】D

专项突破7　投标报价的编制原则

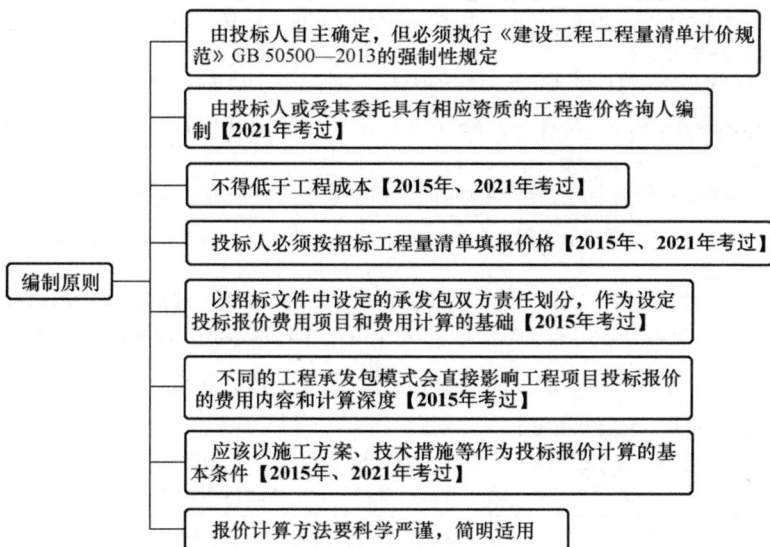

```
                  ┌─ 由投标人自主确定，但必须执行《建设工程工程量清单计价规
                  │  范》GB 50500—2013的强制性规定
                  │
                  ├─ 由投标人或受其委托具有相应资质的工程造价咨询人编
                  │  制【2021年考过】
                  │
                  ├─ 不得低于工程成本【2015年、2021年考过】
                  │
                  ├─ 投标人必须按招标工程量清单填报价格【2015年、2021年考过】
                  │
    编制原则 ──────┤  以招标文件中设定的承发包双方责任划分，作为设定
                  ├─ 投标报价费用项目和费用计算的基础【2015年考过】
                  │
                  │  不同的工程承发包模式会直接影响工程项目投标报价
                  ├─ 的费用内容和计算深度【2015年考过】
                  │
                  │  应该以施工方案、技术措施等作为投标报价计算的基
                  ├─ 本条件【2015年、2021年考过】
                  │
                  └─ 报价计算方法要科学严谨，简明适用
```

重点难点专项突破

1. 本考点一般会考核判断正确与错误说法的综合题目。

2. 本考点可能会这样命题：

关于工程量清单计价下施工企业投标报价原则的说法，正确的是（　　　）。

A. 为了鼓励竞争，投标报价可以略低于成本

B. 投标报价高于最高投标限价的必须下调后采用

C. 确定投标报价时不需要考虑发承包模式

D. 应该以施工方案、技术措施等作为投标报价计算的基本条件

【答案】D

专项突破8　投标报价的编制与审核

项目	内容
综合单价	综合单价中应包括招标文件中划分的应由投标人承担的风险范围及其费用，招标文件中没有明确的，应提请招标人明确
单价项目	（1）在招标投标过程中，当出现招标工程量清单特征描述与设计图纸不符时，投标人应以招标工程量清单的项目特征描述为准，确定投标报价的综合单价。【2011年、2012年、2016年、2017年、2020年、2022年考过】 　（2）若在施工中施工图纸或设计变更导致项目特征与招标工程量清单项目特征描述不一致时，发承包双方应按实际施工的项目特征依据合同约定重新确定综合单价。 　（3）企业定额是施工企业投标报价确定综合单价的依据。【2011年考过】 　（4）招标文件中要求投标人承担的风险费用，投标人应在综合单价中给予考虑，通常以风险费率的形式进行计算。【2011年、2018年考过】

项目	内容
单价项目	（5）在施工过程中，当出现的风险内容及其范围（幅度）在招标文件规定的范围内时，合同价款不作调整。【2018年考过】 （6）招标工程量清单中提供了暂估单价的材料、工程设备，按暂估的单价计入综合单价【2011年考过】
总价项目	（1）措施项目中的总价项目应采用综合单价方式报价，包括除规费、税金外的全部费用。【2015年考过】 （2）措施项目中的安全文明施工费应按照国家或省级、行业主管部门的规定计算确定
其他项目费	（1）暂列金额应按照招标工程量清单中列出的金额填写，不得变动。【2014年、2018年、2019年、2022年考过】 （2）暂估价中的材料、工程设备必须按照暂估单价计入综合单价。【2015年、2018年考过】 （3）专业工程暂估价必须按照招标工程量清单中列出的金额填写。【2014年、2015年、2018年、2019年考过】 （4）计日工应按照招标工程量清单列出的项目和估算的数量，自主确定各项综合单价并计算费用。【2014年、2018年、2022年考过】 （5）总承包服务费应根据招标工程量列出的专业工程暂估价内容和供应材料、设备情况，按照招标人提出协调、配合与服务要求和施工现场管理需要自主确定【2014年、2017年、2018年、2019年考过】
规费和税金	规费和税金必须按国家或省级、行业建设主管部门规定的标准计算，不得作为竞争性费用【2013年、2015年、2022年考过】
投标总价	投标人在进行工程项目工程量清单招标的投标报价时，不能进行投标总价优惠（或降价、让利），投标人对投标报价的任何优惠（或降价、让利）均应反映在相应清单项目的综合单价中【2015年、2018年考过】

重点难点专项突破

1. 本考点采分点较多，可能会就某一句话单独命题，也可能会以判断正确与错误说法的综合题目考查，这部分知识点要全面掌握。

2. 在编制投标报价之前，需要先对工程量清单进行复核。复核工程量的目的是什么，可能会考查多项选择题。【2016年考过】

（1）选择施工方法。

（2）安排人力和机械。

（3）准备材料。

（4）分项工程的单价报价。

3. 应能区分在什么情况下以分部分项工程量清单的项目特征描述为准，什么情况下按实际施工的项目特征。一般会考查单项选择题。

4. 关于其他项目费报价也是需要重点掌握的采分点，可能会考查判断正确与错误说法的综合题目。

根据《建设工程工程量清单计价规范》GB 50500—2013，关于投标人其他项目费编制的说法，正确的有（　　）。

A. 专业工程暂估价必须按照招标工程量清单中列出的金额填写

B. 暂列金额应按照招标工程量清单中列出的金额填写，不得变动

C. 计日工应按照招标工程量清单列出的项目和数量自主确定各项综合单价

D. 总承包服务费应根据招标人要求提供的服务和现场管理需要自主确定

E. 材料暂估价由投标人根据市场价格变化自主测算确定

【答案】A、B、C、D

5. 本考点可能会这样命题：

（1）在招投标过程中，当出现招标工程量清单特征描述与设计图纸不符时，投标人应以（　　）为准，确定投标报价的综合单价。

A. 实际施工的项目特征　　　　　B. 招标工程量清单的项目特征描述

C. 预算定额　　　　　　　　　　D. 设计图纸说明

【答案】B

（2）根据《建设工程工程量清单计价规范》GB 50500—2013，关于单价项目中风险及其费用的说法，正确的有（　　）。【2018年真题】

A. 对于招标文件中要求投标人承担的风险，投标人应在综合单价中给予考虑

B. 投标人在综合单价中考虑风险费时通常以风险费率的形式进行计算

C. 对于风险范围和风险费用的计算方法应在专用合同条款中作出约定

D. 招标文件中没有提到的风险，投标人在综合单价中不予考虑

E. 施工中出现的风险内容及其范围在招标文件规定的范围内时，综合单价不得变动

【答案】A、B、C、E

6. 在本考点中还会涉及计算题目，在2018年考试中是这样命题的：

（1）某施工企业投标一个单独招标的分部分项工程项目，招标清单工程量为3000m³。经测算：该分部分项工程直接消耗的人、料、机费用（不含增值税进项税额）为300万元，管理费为45万元，利润为40万元，风险费用为3万元，措施费（不含增值税进项税额）为60万元（其中：安全文明施工费为15万元），规费为30万元，税金为10万元。不考虑其他因素，根据《建设工程工程量清单计价规范》GB 50500—2013，关于该工程投标报价的说法，正确的有（　　）。【2018年真题】

A. 为了中标，可将综合单价确定为990.00元/m³

B. 综合单价为1293.33元/m³

C. 安全文明施工费应按国家或省级、行业主管部门的规定计算确定

D. 投标总价为488.00万元

E. 若竞争激烈，标书中可将各项费用下调10%

【答案】B、C、D

【解析】选项B正确，综合单价＝（人、料、机总费用＋管理费＋利润＋风险）/清单工程量＝（300＋45＋40＋3）×10000/3000＝1293.33元/m³；选项A错误，措施费中除了安全文明施工费以外的45万元（60万元－15万元）可调；选项E错误，规费及安全文明费为不可竞争性费用，不能下调；选项D正确，投标总价＝300＋45＋40＋3＋30＋10＋60＝488万元。

（2）根据《建设工程工程量清单计价规范》GB 50500—2013，某工程项目的钢筋由发包人在施工合同签订后与承包人一起招标采购。编制招标工程量清单时，招标人将HR335钢筋暂估价定为4200元/t，已知市场平均价格为3650元/t。若甲投标人自行采购，

专项突破9　合同价款的约定

项目	内容
一般规定	（1）实行招标的工程合同价款应在中标通知书发出之日起30d内，由发承包双方依据招标文件和中标人的投标文件在书面合同中约定。 （2）招标文件与中标人投标文件不一致的地方应以投标文件为准【2012年、2017年、2019年考过】
约定内容 【2015年考过】	（1）预付工程款的数额、支付时间及抵扣方式。 （2）安全文明施工费的支付计划、使用要求。 （3）工程计量与支付工程价款的方式、额度及时间。 （4）工程价款的调整因素、方法、程序、支付及时间。 （5）施工索赔与现场签证的程序、金额确认与支付时间。 （6）承担计价风险的内容、范围以及超出约定内容、范围的调整办法。 （7）工程竣工价款结算编制与核对、支付及时间。 （8）工程质量保证金的数额、预留方式及时间。 （9）违约责任以及发生工程价款争议的解决方法及时间。 （10）与履行合同、支付价款有关的其他事项

重点难点专项突破

1. 招标文件与中标人投标文件不一致时的处理一般会考查单项选择题。

2. 承发包双方合同中约定的合同价款事项可能会考查多项选择题，还会考查判断正确与错误说法的综合题目。

3. 本考点可能会这样命题：

（1）在招标工程的合同价款约定中，若招标文件与中标人投标文件不一致，应以（ ）中的价格为准。

    A. 投标文件   B. 招标文件

    C. 工程造价咨询机构确认书   D. 审计报告

【答案】A

（2）关于合同价款约定的说法，正确的有（ ）。

    A. 实行招标的工程合同价款应在中标通知书发出之日起28日内由发承包双方约定

    B. 招标文件与投标文件合同价款约定不一致的，应以招标文件为准

    C. 承发包双方应在合同条款中约定工程质量保证金的数额、预留方式及时间

1Z103070　计量与支付

专项突破1　工程计量的原则、依据和方法

例题：对于工程量清单中的某些项目，如保养气象记录设备、保养测量设备等，一般采用（　　　）进行计量支付。

A. 均摊法
B. 凭据法
C. 估价法
D. 断面法
E. 图纸法
F. 分解计量法

【答案】A

重点难点专项突破

1. 本考点还可以考核的题目有：

（1）对建筑工程险保险费、第三方责任险保险费、履约保证金等项目，一般按（B）进行计量支付。

（2）为监理工程师提供测量设备、天气记录设备、通信设备等项目，一般按（C）进行计量支付。

（3）主要用于取土坑或填筑路堤土方的计量方法是（D）。

（4）对混凝土构筑物的体积，钻孔桩的桩长等项目，一般按（E）进行计量支付。

（5）为了解决一些包干项目或较大的工程项目的支付时间过长，影响承包人的资金流动等问题，一般采用（F）进行计量支付。

> 命题总结：
> 工程计量方法的适用情况有两种命题形式：
> 一是给出某项目费用，判断采用哪种计量方法。
> 二是选项中给出项目费用，判断计量方法。
> 助记：
> 每月均摊、保险凭据、设备估价、土方断面、图纸尺寸、包干分解。

2. 工程计量的原则要特别关注，尤其是不予计量的工程量。【2014年、2021年、2022年考过】

$$工程计量原则 \begin{cases} 按照合同约定计算规则、图纸及变更指示计量 \\ 不符合合同要求的工程，不予计量 \\ 承包人超出施工图纸范围的工程量，不予计量 \\ 承包人原因造成返工的工程量，不予计量 \end{cases}$$

命题总结：

就该采分点而言，命题形式就会有两种：

一是，作为备选项考查判断正确与错误说法的综合题目。在2022年是与单价合同计量程序结合，考查的此类型题目。

二是，会单独出题，根据题干中的条件，判断可计量的工程量有多少，在2015年、2018年都是考核的这种类型。下面看下2018年考试题目：

某土方工程根据《建设工程工程量清单计价规范》GB 50500—2013签订了单价合同，招标清单中土方开挖工程量为8000m³。施工过程中承包人采用了放坡的开挖方式。完工计量时，承包人因放坡增加土方开挖量1000m³，因工作面增加土方开挖量1600m³，因施工操作不慎塌方增加土方开挖量500m³，则应予结算的土方开挖工程量为（　　）m³。

【2018年真题】

A. 8000　　　　　　　　　　　　B. 9000

C. 10600　　　　　　　　　　　 D. 11100

【答案】A

【解析】本题工程量计量应以招标清单中的土方开挖工程量为准。

3. 计量依据一般有质量合格证书、《计量规范》和技术规范和设计图纸【2014年、2016年考过】。在考查时，干扰选项可能会设置"招标工程量清单""支付凭证""造价管理机构发布的价格信息"。

4. 工程计量项目包括：工程量清单中的全部项目；合同文件中规定的项目；工程变更项目。不仅会考查多项选择题，还会结合不予计量的工程量考查判断正确与错误说法的综合题目。

专项突破2　工程计量的程序

承包人应于每月25日向监理人报送上月20日至当月19日已完成的工程量报告，并附具进度付款申请单、已完成工程量报表和有关资料

↓

监理人应在收到承包人提交的工程量报告后7d内完成对承包人提交的工程量报表的审核并报送发包人，以确定当月实际完成的工程量【2022年考过】

↓

监理人未在收到承包人提交的工程量报告后的7d内完成审核的，承包人报送的工程量报告中的工程量视为承包人实际完成的工程量，据此计算工程价款【2022年考过】

重点难点专项突破

1. 掌握两个时间点："每月25日报送上月20日至当月19日已完成的工程量报告""7d"。

2. 如果监理人对工程量有异议的应采取的处理措施是：

有权要求承包人进行共同复核或抽样复测【2021年考过】。承包人应协助监理人进行复核或抽样复测，并按监理人要求提供补充计量资料。承包人未按监理人要求参加复核或抽样复测的，监理人复核或修正的工程量视为承包人实际完成的工程量【2022年考过】。

3.《建设工程施工合同（示范文本）》GF—2017—0201中规定的单价合同与总价合同的计量程序是一样的。

4. 本考点可能会这样命题：

（1）单价合同履行过程中，发现招标工程量清单中出现工程量偏差引起工程量增加，则该合同工程量应按（　　）计量。

A. 原招标工程量清单中的工程量

B. 招标文件中所附的施工图纸的工程量

C. 承包人在履行合同义务中完成的工程量

D. 承包人提交的已完工程量报告中的数量

【答案】C

（2）关于单价合同工程计量的说法，正确的有（　　）。

A. 承包人已完成的质量合格的全部工程都应予以计量

B. 监理工程师计量的工程量应等于承包人实际施工量

C. 单价合同应按照招标工程量清单中的工程量计量

D. 招标工程量清单缺项的，应按承包人履行合同义务中完成的工程量计量

E. 监理人对已完工程量有异议的，有权要求承包人进行共同复核或抽样复测

【答案】D、E

专项突破3　法律法规变化引起的价款调整

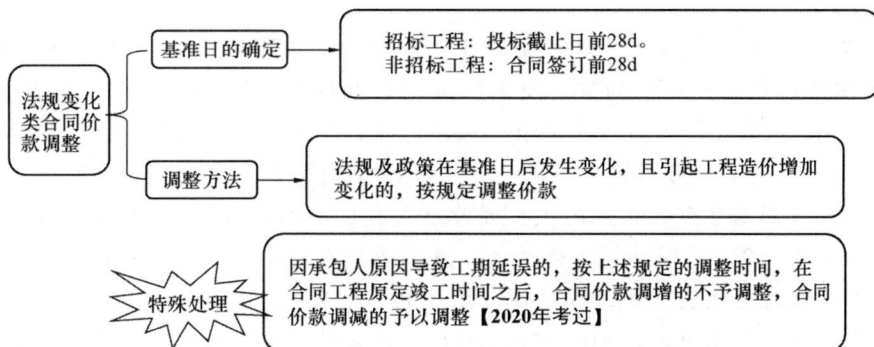

法规变化类合同价款调整

- 基准日的确定 → 招标工程：投标截止日前28d。非招标工程：合同签订前28d

- 调整方法 → 法规及政策在基准日后发生变化，且引起工程造价增加变化的，按规定调整价款

- 特殊处理 → 因承包人原因导致工期延误的，按上述规定的调整时间，在合同工程原定竣工时间之后，合同价款调增的不予调整，合同价款调减的予以调整【2020年考过】

重点难点专项突破

1. 基准日的确定有两个采分点：

（1）"28"会考查单项选择题，在此设置干扰选项有"14""42""56"。

（2）"投标截止日前"会与"合同签订前"互为干扰选项，也可能还会设置"招标截止日前"、"中标通知书发出前"等干扰选项。

2. 如果对基准日的约定不好记忆的话，可以这样来理解：对于招标工程，提交了投标文件后就不可更改合同价款；对于不招标工程，签订合同后就不可更改合同价款。因此基准日就按"不可更改合同价款"时间点来约定。

3. 本考点可能会这样命题：

（1）根据现行《建设工程工程量清单计价规范》GB 50500—2013，对于不实行招标的建设工程，以建设工程施工合同签订前（　　　）d作为基准日。

A. 28　　　　　　　　　　　　　　　B. 30

C. 35　　　　　　　　　　　　　　　D. 42

【答案】A

（2）某工程原定2020年9月20日竣工，因承包人原因，致使工程延至2020年10月20日竣工，但在2020年10月因法规的变化导致工程造价增加120万元，工程合同价款应（　　　）。

A. 调增60万元　　　　　　　　　　　B. 调增90万元

C. 调增120万元　　　　　　　　　　D. 不予调整

【答案】D

【解析】这道题目两个关键点：承包人原因、造价增加，属于调增，不予调整。

（3）某工程施工时处于当地正常的雨季，导致工期延误，在工期延误期间又出现政策变化。根据《建设工程工程量清单计价规范》GB 50500—2013，对由此增加的费用和延误的工期，正确的处理方式是（　　　）。

A. 费用、工期均由发包人承担

B. 费用由发包人承担，工期由承包人承担

C. 费用、工期均由承包人承担

D. 费用由承包人承担，工期由发包人承担

【答案】C

（4）某工程项目施工合同约定竣工日期为2018年6月30日，在施工中因天气持续下雨导致甲供材料未能及时到货，使工程延误至2018年7月30日竣工。但由于2018年7月1日起当地计价政策调整，导致承包人额外支付了300万元工人工资。关于这300万元的责任承担的说法，正确的是（　　　）。【2018年真题】

A. 发包人原因导致的工期延误，因此政策变化增加的300万元应由发包人承担

B. 增加的300万元因政策变化造成，属于承包人的责任，应由承包人承担

C. 因不可抗力原因造成工期延误，增加的300万元应由承包人承担

D. 工期延误是承包人原因，增加的300万元是政策变化造成，应由双方共同承担

专项突破4 工程量清单缺项引起的价款调整

项目	内容
导致工程量清单缺项的原因 【2015年真题】	（1）设计变更。 （2）施工条件改。 （3）工程量清单编制错误
价款调整规定 【2016年、2021年真题】	（1）合同履行期间，由于招标工程量清单中缺项，新增分部分项工程量清单项目的，应按照规范中工程变更相关条款确定单价，并调整合同价款。 （2）新增分部分项工程量清单项目后，引起措施项目发生变化的，应按照规范中工程变更相关规定，在承包人提交的实施方案被发包人批准后调整合同价款。 （3）由于招标工程量清单中措施项目缺项，承包人应将新增措施项目实施方案提交发包人批准后，按照规范相关规定调整合同价款

重点难点专项突破

1. 导致工程量清单缺项的原因可能会考查多项选择题。考试时可能会设置的干扰选项有："承包人投标漏项""施工技术进步"。

2. 工程量清单缺项引起的合同价款调整规定会考查判断正确与错误说法的综合题目。例如：

根据《建设工程工程量清单计价规范》GB 50500—2013，在合同履行期间，由于招标工程量清单缺项，新增了分部分项工程量清单项目，关于其合同价款确定的说法，正确的是（　　）。

A. 新增清单项目的综合单价应由监理工程师提出

B. 新增清单项目导致新增措施项目的，承包人应将新增措施项目实施方案提交发包人批准

C. 新增清单项目的综合单价应由承包人提出，但相关措施项目费不能再做调整

D. 新增清单项目应按额外工作处理，承包人可选择做或者不做

【答案】B

专项突破5 工程量偏差引起的价款调整

《建设工程工程量清单计价规范》GB 50500—2013对这部分内容的规定：

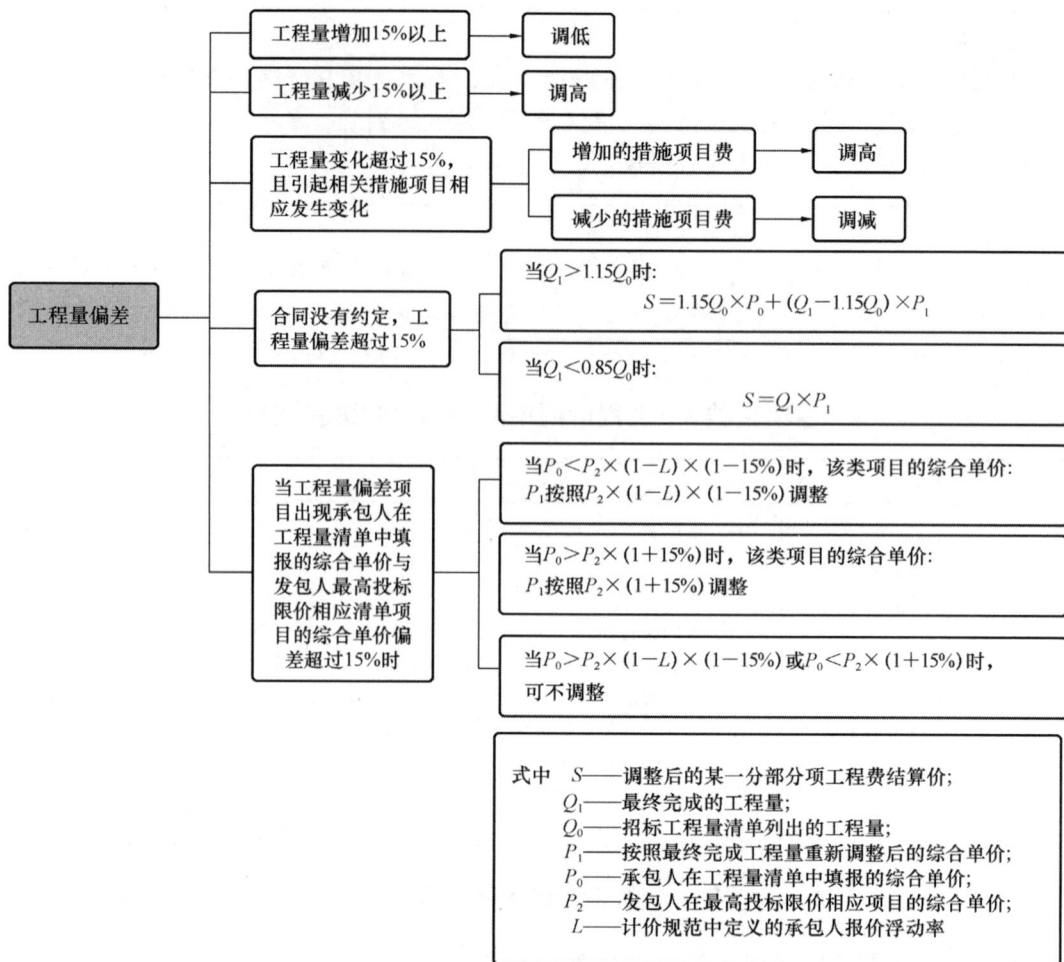

```
                    ┌─ 工程量增加15%以上 ──→ 调低
                    │
                    ├─ 工程量减少15%以上 ──→ 调高
                    │
                    │  工程量变化超过15%,    ┌─ 增加的措施项目费 ──→ 调高
                    ├─ 且引起相关措施项目相 ──┤
                    │  应发生变化             └─ 减少的措施项目费 ──→ 调减
                    │
```

$$当 Q_1 > 1.15Q_0 时:$$
$$S = 1.15Q_0 \times P_0 + (Q_1 - 1.15Q_0) \times P_1$$

合同没有约定,工程量偏差超过15%

$$当 Q_1 < 0.85Q_0 时:$$
$$S = Q_1 \times P_1$$

当工程量偏差项目出现承包人在工程量清单中填报的综合单价与发包人最高投标限价相应清单项目的综合单价偏差超过15%时

当 $P_0 < P_2 \times (1-L) \times (1-15\%)$ 时,该类项目的综合单价:P_1 按照 $P_2 \times (1-L) \times (1-15\%)$ 调整

当 $P_0 > P_2 \times (1+15\%)$ 时,该类项目的综合单价:P_1 按照 $P_2 \times (1+15\%)$ 调整

当 $P_0 > P_2 \times (1-L) \times (1-15\%)$ 或 $P_0 < P_2 \times (1+15\%)$ 时,可不调整

式中　S——调整后的某一分部分项工程费结算价;
　　　Q_1——最终完成的工程量;
　　　Q_0——招标工程量清单列出的工程量;
　　　P_1——按照最终完成工程量重新调整后的综合单价;
　　　P_0——承包人在工程量清单中填报的综合单价;
　　　P_2——发包人在最高投标限价相应项目的综合单价;
　　　L——计价规范中定义的承包人报价浮动率

工程量偏差＝应予计量的工程量－招标工程量

重点难点专项突破

1. "15%"这个数据一定要牢记,在2013年、2014年考查过数字题目。

根据《建设工程工程量清单计价规范》GB 50500—2013,当合同中没有约定时,对于任一招标工程量清单项目,如果因工程变更等原因导致工程量偏差超过(　　)时,合同单价应进行调整。【2014年真题】

A. 20%　　　　　　　　　　　　　B. 15%

C. 10%　　　　　　　　　　　　　D. 5%

【答案】B

2. 在2016年、2017年、2019年、2021年考查过工程价款的计算题。

(1)某土方工程招标文件中清单工程量为3000m³,合同约定:土方工程综合单价为80元/m³,当实际工程量增加15%以上时,增加部分的工程量综合单价为72元/m³,工程结束时实际完成并经发包人确认的土方工程量为3600m³,则该土方工程价款为

（　　　）元。【2021年真题】

    A. 259200   B. 286800

    C. 283200   D. 288000

【答案】B

【解析】合同约定范围内（15%以内）的工程款为：3000×（1＋15%）×80＝276000元；超过15%之后部分工程量的工程款为：（3600－3000×1.15）×72＝10800元。

则土方工程价款＝276000＋10800＝286800元。

（2）某混凝土工程招标清单工程量为200m³，合同约定的综合单价为600元/m³，当实际完成并经监理工程师确认的工程量超过清单工程量15%时可调整综合单价，调价系数为0.9。施工过程中，因设计变更导致实际工程量为250m³。则该混凝土工程的工程价款为（　　　）万元。【2019年真题】

    A. 12.00   B. 14.74

    C. 14.88   D. 15.00

【答案】C

【解析】合同范围内（15%以内）的工程款为：

200×（1＋15%）×600＝138000元＝13.8万元；

超过15%之后的部分工程量的工程款为：

[250－200×（1＋15%）]×600×0.9＝10800元＝1.08万元；

则混凝土工程的工程价款＝13.8＋1.08＝14.88万元。

3. 还有一类计算题需要注意，就是与最高投标限价相联系的计算，在2014年、2016年都考查过。

某分项工程招标工程量清单数量为4000m²，施工中由于设计变更调减为3000m²，该项目最高投标限价综合单价为600元/m²，投标报价为450元/m²。合同约定实际工程量与招标工程量偏差超过±15%时，综合单价以最高投标限价为基础调整。若承包人报价浮动率为10%，该分项工程费结算价为（　　　）万元。

    A. 137.70   B. 155.25

    C. 186.30   D. 207.00

【答案】A

【解析】本题中，由于（4000－3000）/4000＝25%＞15%，因此，根据合同要求，需调整单价。根据条件带入 P_2×（1－L）×（1－15%）＝600×（1－10%）×（1－15%）＝459元＞450元。因此，P_1 按照 P_2×（1－L）×（1－15%）进行调整，即 P_1＝459×3000＝1377000元＝137.7万元。

4. 本考点可能会这样命题：

根据《建设工程工程量清单计价规范》GB 50500—2013，当实际工程量比招标工程量清单中的工程量增加15%以上时，对综合单价进行调整的方法是（　　　）。

    A. 增加后整体部分的工程量的综合单价调低

    B. 增加后整体部分的工程量的综合单价调高

    C. 超出约定部分的工程量的综合单价调低

专项突破6 计日工引起的价款调整

发包人通知承包人以计日工方式实施的零星工作，承包人应予执行。

需要采用计日工方式的，经发包人同意后，由监理人通知承包人以计日工计价方式实施相应的工作，其价款按列入已标价工程量清单或预算书中的计日工计价项目及其单价进行计算。【2015年考过】

采用计日工计价的任何一项工作，承包人应在该项工作实施过程中，每天提交报表和有关凭证报送监理人审查

重点难点专项突破

1. 首先要清楚计日工的概念——它是合同范围以外的零星项目或工作。

2. 施工过程中发生的计日工是如何计价的，会作为单项选择题进行考查。

3. 本考点可能会这样命题：

根据《建设工程工程量清单计价规范》GB 50500—2013，施工过程中发生的计日工，应按照（ ）进行计算。

A. 已标价工程量清单或预算书中的计日工计价项目及其单价

B. 计日工发生时承包人提出的综合单价

C. 计日工发生当月市场人工工资单价

D. 计日工发生当月造价管理部门发布的人工指导价

【答案】A

专项突破7 采用价格指数进行价格调整

例题： 某工程施工合同约定根据价格调整公式调整合同价。已知不调值部分占合同总价的比例为15%，可参与调值部分的费用类型、占合同总价的比例和相关价格指数见下表。若结算当月完成的合同额为1000万元，则调整后的合同金额为（ ）万元。【2014年真题】

	占合同总价的比例	基准日期价格指数	合同签订时价格指数	结算时价格指数
人工	30%	101	103	106
钢筋	20%	101	110	105
混凝土	25%	105	109	115
木材	10%	102	102	105

A. 1000
B. 1017

C. 1034
D. 1050

【答案】D

重点难点专项突破

1. 价格调整公式：

$$\Delta P = P_0 \left[A + \left(B_1 \times \frac{F_{t1}}{F_{01}} + B_2 \times \frac{F_{t2}}{F_{02}} + B_3 \times \frac{F_{t3}}{F_{03}} + \cdots + B_n \times \frac{F_{tn}}{F_{0n}} \right) - 1 \right]$$

本题中，调整后的合同金额＝$1000 \times 15\% + 1000 \times 30\% \times 106/101 + 1000 \times 20\% \times 105/101 + 1000 \times 25\% \times 115/105 + 1000 \times 10\% \times 105/102 = 1050$万元。

> 重点提示：
>
> 如果在题目中明确了"约定采用价格指数及价格调整公式调整价格差额"，我们就可以直接套用该公式。

2. 该考点还需要掌握以下几个采分点：

（1）价格调整公式中的各可调因子、定值和变值权重，以及基本价格指数及其来源在投标函附录价格指数和权重表中约定。

> 重点提示：
>
> "投标函附录价格指数"会作为采分点考查单项选择题，可能会设置的干扰选项是：合同专用条款、合同补充条款、投标报价说明。

（2）因承包人原因未按期竣工的，对合同约定的竣工日期后继续施工的工程，在使用价格调整公式时，应采用计划竣工日期与实际竣工日期的两个价格指数中较低的一个作为现行价格指数。【2019年考过】

> 命题总结：
>
> 第一种题型：判断因承包人原因未按期竣工或发包人原因导致延误，应采用的价值指数，考查单项选择题。比如：
>
> 由于发包人设计变更原因导致承包人未按期竣工，需对原约定竣工日期后继续施工的工程进行价格调整时，宜采用的价格指数是（　　）。【2021年真题】
>
> A. 原约定竣工日期与实际竣工日期的两个价格指数中较低的一个
>
> B. 原约定竣工日期与实际竣工日期的两个价格指数中较高的一个
>
> C. 原约定竣工日期与实际竣工日期的两个价格指数的平均值
>
> D. 承包人与发包人协商新的价格指数
>
> 【答案】B
>
> 第二种题型：根据题干中的条件，判断延误责任，采用的价格。第二种题型我们举个例子：
>
> 某室内装饰工程根据《建设工程工程量清单计价规范》GB 50500—2013签订了单价合同，约定采用价格指数调整价格差额方法调整价格；原定4月竣工的项目因承包人原因推迟至当年10月；该项目主材为发包人确认的可调价材料，价格由350元/m²变为400元/m²。关于该工程工期延误责任和主材结算价格的说法，正确的是（　　）。

A. 发包人承担延误责任，材料价格按350元/m² 计算

B. 承包人承担延误责任，材料价格按400元/m² 计算

C. 承包人承担延误责任，材料价格按350元/m² 计算

D. 发包人承担延误责任，材料价格按400元/m² 计算

【答案】C

专项突破8　采用造价信息进行价格调整

例题：根据《建设工程工程量清单计价规范》GB 50500—2013，当承包人在已标价工程量清单中载明的材料单价低于基准单价时，施工期间材料单价跌幅以（　　　）为基础，超过合同约定的风险幅度值时，其超过部分按实调整。

A. 基准单价　　　　　　　　　　B. 载明的材料单价

C. 定额单价　　　　　　　　　　D. 最高投标限价

【答案】B

重点难点专项突破

1. 本考点还可以考核的题目有：

（1）根据《建设工程工程量清单计价规范》GB 50500—2013，当承包人在已标价工程量清单中载明材料单价低于基准单价时，施工期间材料单价涨幅以（A）为基础，超过合同约定的风险幅度值时，其超过部分按实调整。

（2）根据《建设工程工程量清单计价规范》GB 50500—2013，当承包人在已标价工程量清单中载明材料单价高于基准单价时，施工期间材料单价跌幅以（A）为基础，超过合同约定的风险幅度值时，其超过部分按实调整。

（3）根据《建设工程工程量清单计价规范》GB 50500—2013，当承包人在已标价工程量清单中载明材料单价高于基准单价时，施工期间材料单价涨幅以（B）为基础，超过合同约定的风险幅度值时，其超过部分按实调整。

总结：

条件	材料单价	计算基础	调整
已标价工程量清单或预算书中载明材料单价＜基准单价	跌幅	以在已标价工程量清单或预算书中载明材料单价为基础超过5%时	超过部分据实调整
	涨幅	以基准价格为基础超过5%时	
已标价工程量清单或预算书中载明材料单价＞基准单价	跌幅	以基准价格为基础超过5%时	
	涨幅	以在已标价工程量清单或预算书中载明材料单价为基础超过5%时	
已标价工程量清单或预算书中载明材料单价＝基准单价	跌幅或涨幅	以基准价格为基础超过±5%时	

2. 本考点中还应掌握以下采分点：

（1）人工单价发生变化且符合省级或行业建设主管部门发布的人工费调整规定，合同当事人应按省级或行业建设主管部门或其授权的工程造价管理机构发布的人工费等文件调整合同价格，但承包人对人工费或人工单价的报价高于发布价格的除外。

（2）施工机械台班单价或施工机械使用费发生变化超过省级或行业建设主管部门或其授权的工程造价管理机构规定的范围时，按其规定调整合同价款。

3. 本考点可能会这样命题：

（1）某工程施工合同约定采用造价信息进行价格调整。施工期间，项目所在地省级造价管理机构发布了工人工资指导价上调10%的通知并即时生效，该工程在颁布通知当月完成的合同价款为300万元，其中人工费为60万元（已知该人工费单价比发布的指导价高出30%）。则该工程当月人工费结算的做法是（　　）。【2018年真题】

　　A. 按照通知要求上调10%　　　　　　B. 由总监理工程师确定新的单价

　　C. 由发承包双方协商后适当调整　　　D. 不予上调

【答案】D

（2）承包人应在采购材料前将采购数量和新的材料单价报（　　）核对，确认用于本合同工程时，应确认采购材料的数量和单价。

　　A. 发包人　　　　　　　　　　　　　B. 承包人

　　C. 监理单位　　　　　　　　　　　　D. 设计单位

【答案】A

（3）某工程采用的预拌混凝土由承包人提供，双方约定承包人承担的价格风险系数≤5%。承包人投标时对预拌混凝土的投标报价为308元/m³，招标人的基准价格为310元/m³，实际采购价为327元/m³。发包人在结算时确认的单价应为（　　）元/m³。

　　A. 308.00　　　　　　　　　　　　　B. 309.49

　　C. 310.00　　　　　　　　　　　　　D. 327.00

【答案】B

【解析】$327 \div 310 - 1 = 5.48\% > 5\%$，承包人投标报价低于基准单价，按基准价算，并且超过合同中约定的风险系数，应予以调整，则 $308 + 310 \times (5.48\% - 5\%) = 309.49$ 元/m³。

专项突破9　暂估价引起的价款调整

例题：根据《建设工程工程量清单计价规范》GB 50500—2013，工程量清单计价的某分部分项工程综合单价为500元/m³，其中暂估材料单价300元，管理费率5%，利润率7%。工程实施后，暂估材料的单价确定为350元。结算时该分部分项工程综合单价为（　　）元/m³。【2019年真题】

　　A. 350.00　　　　　　　　　　　　　B. 392.00

　　C. 550.00　　　　　　　　　　　　　D. 556.18

【答案】C

本考点只需要掌握两点：

（1）因发包人原因导致暂估价合同订立和履行迟延的，由此增加的费用和（或）延误的工期由发包人承担，并支付承包人合理的利润。因承包人原因导致暂估价合同订立和履行迟延的，由此增加的费用和（或）延误的工期由承包人承担。

（2）暂估材料或工程设备的单价确定后，在综合单价中只应取代原暂估单价，不应再在综合单价中涉及企业管理费或利润等其他费的变动。【2015年、2019年考过】

上述例题题目的计算过程为：暂估材料的单价确定为350元，替换原暂估材料单价300元，材料单价多出50元，则该分部分项工程综合单价＝500＋50＝550元/m³。

专项突破10　不可抗力的价款调整

例题：根据《建设工程施工合同（示范文本）》GF—2017—0201，下列因不可抗力造成的损失中，属于发包人承担的有（　　　）。

A. 永久工程的损坏

B. 已运至施工现场材料的损坏

C. 已运至施工现场工程设备的损坏

D. 因工程损害导致第三方人员伤亡和财产损失

E. 发包人人员伤亡和财产的损失

F. 承包人施工设备的损坏

G. 承包人人员伤亡和财产的损失

H. 停工期间工程照管费

I. 工程清理费

J. 修复工程的费用

【答案】A、B、C、D、E、H、I、J

1. 本考点还可以考核的题目有：

根据《建设工程施工合同（示范文本）》GF—2017—0201，下列因不可抗力造成的损失中，属于承包人承担的有（F、G）。【2013年、2017年考过】

2. 本考点在考试有三种命题形式：

（1）判断备选项中给出因不抗力造成的损失，判断是由发包人承担还是承包人承担，上述例题题型。

（2）题干中给出不可抗力造成的损失，计算监理机构批准的索赔金额，在2019年、2020年、2022年考试中考核的是这类型题目，下面来看下这两道题目：

① 某施工项目因新冠疫情停工两个月，承包人在停工期间发生如下费用和损失：按照发包人要求照管工程发生费用5万元，承包人施工机具损坏损失2万元，已经建成

的永久工程损坏损失3万元，疫情过后发包人要求赶工增加的赶工费用10万元。根据《建设工程施工合同（示范文本）》GF—2017—0201，上述产生的费用和损失中，发包人应承担（   ）万元。【2022年真题】

A. 18   B. 5

C. 8   D. 20

【答案】A

【解析】按照发包人要求照管工程发生费用由发包人承担；承包人施工机具损坏损失由承包人承担；已经建成的永久工程损坏损失由发包人承担；发包人要求赶工增加的费用由发包人承担。则发包人承担的费用＝5＋3＋10＝18万元。

② 某施工项目因80年一遇的特大暴雨停工10d，承包人在停工期间按照发包人要求照管工程发生费用2万元，承包人施工机具损坏损失10万元，已经建成的永久工程损坏损失20万元，之后应发包人要求修复被暴雨冲毁的道路花费2.5万元，修复道路时因施工质量问题发生返工费用1万元。根据《建设工程施工合同（示范文本）》GF—2017—0201，以上事件产生的费用和损失中，承包人应承担（   ）万元。【2020年真题】

A. 21.0   B. 13.5

C. 11.0   D. 10.0

【答案】C

【解析】这里需要注意的就是修复道路时因施工质量问题发生返工费用1万元应由承包人承担。故承包人应承担10＋1＝11万元。

（3）以判断正确与错误说法的形式考查综合题目，比如：

施工合同履行期间，关于因不可抗力事件导致合同价款和工期调整的说法，正确的有（   ）。

A. 工程修复费用由承包人承担

B. 承包人的施工机械设备损坏由发包人承担

C. 已运至施工现场的材料和工程设备的损坏由发包人承担

D. 发包人要求赶工的，赶工费用由发包人承担

E. 工程所需清理费用由发包人承担

【答案】C、D、E

专项突破11 提前竣工（赶工补偿）引起的价款调整

重点难点专项突破

1. 本考点在历年考试中多以判断正确与错误说法的综合题目考查。

2. "20%"会作为采分点考查单项选择题，可能设置的干扰选项有："5%""10%""15%"。

3. "征得承包人同意"处会设置陷阱，可能设置的干扰选项有：工程实施过程中，发包人要求合同工程提前竣工的，承包人必须采取加快工程进度的措施。

4. 赶工费用包括人工费、材料费、机械费的增加。【2017年考过】

5. 本考点可能会这样命题：

（1）根据《建设工程工程量清单计价规范》GB 50500—2013，某工程定额工期为25个月，合同工期为20个月。合同实施中，发包人要求该工程提前1个月竣工，征得承包人同意后，调整了合同工期。则关于该工程工期和赶工费用的说法，正确的是（   ）。【2018年真题】

A. 发包人要求合同工期比定额工期提前6个月竣工，应承担提前竣工6个月的赶工费用

B. 发包人要求压缩的工期天数超过定额工期的20%，应承担提前竣工5个月的赶工费用

C. 发包人要求压缩的工期天数未超过定额工期的30%，不支付赶工费用

D. 发包人要求合同工程提前1个月竣工，应承担提前竣工1个月的赶工费用

【答案】D

（2）根据《建设工程工程量清单计价规范》GB 50500—2013，赶工费用主要包括（   ）。

A. 人工费　　　　　　　　　　　B. 管理费

C. 材料费　　　　　　　　　　　D. 机械费

E. 利润

【答案】A、C、D

专项突破12　暂列金额引起的合同价款调整

项目	内容
概念	暂列金额是指招标人在工程量清单中暂定并包括在合同价款中的一笔款项
用途	用于工程合同签订时尚未确定或者不可预见的所需材料、工程设备、服务的采购，施工中可能发生的工程变更、合同约定调整因素出现时的合同价款调整以及发生的索赔、现场签证确认等的费用【2020年、2021年考过】
使用	已签约合同价中的暂列金额由发包人掌握使用。发包人按照合同的规定做出支付后，如有剩余，则暂列金额余额归发包人所有【2020年、2021年考过】

重点难点专项突破

1. 区分暂列金额与暂估价。
2. 暂列金额的用途单项选择题、多项选择题都有可能考查。
3. 暂列金额的使用一般会考查单项选择题。
4. 本考点可能会这样命题：

（1）根据《建设工程工程量清单计价规范》GB 50500—2013，关于暂列金额的说法，正确的是（   ）。【2021年真题】

A. 暂列金额应由投标人根据招标工程量清单列出的内容和要求估算
B. 暂列金额应包括在签约合同价中，属承包人所有
C. 暂列金额不能用于施工中发生的工程变更的费用支付
D. 暂列金额可用于施工过程中索赔、现场签证确认的费用支付

【答案】D

（2）已签约合同价中的暂列金额由（   ）负责掌握使用。

A. 承包人　　　　　　　　　B. 监理人
C. 贷款人　　　　　　　　　D. 发包人

【答案】D

专项突破13　工程变更相关的规定

项目	内容
变更的范围	（1）增加或减少合同中任何工作，或追加额外的工作。 （2）取消合同中任何工作，但转由他人实施的工作除外。 （3）改变合同中任何工作的质量标准或其他特性。 （4）改变工程的基线、标高、位置和尺寸。 （5）改变工程的时间安排或实施顺序
变更权	发包人和监理人均可以提出变更。【2018年考过】 变更指示均通过监理人发出，监理人发出变更指示前应征得发包人同意【2018年考过】
变更程序	发包人提出变更→监理人提出变更建议→变更执行
变更估价	（1）已标价工程量清单或预算书有相同项目的，按照相同项目单价认定。 （2）已标价工程量清单或预算书中无相同项目，但有类似项目的，参照类似项目的单价认定。【2022年考过】 （3）变更导致实际完成的变更工程量与已标价工程量清单或预算书中列明的该项目工程量的变化幅度超过15%的，或已标价工程量清单或预算书中无相同项目及类似项目单价的，按照合理的成本与利润构成的原则，由合同当事人协商确定变更工作的单价
变更估价程序	承包人应在收到变更指示后14d内，向监理人提交变更估价申请。监理人应在收到承包人提交的变更估价申请后7d内审查完毕并报送发包人，监理人对变更估价申请有异议，通知承包人修改后重新提交。发包人应在承包人提交变更估价申请后14d内审批完毕【2020年考过】

重点难点专项突破

1. 关于变更的范围和内容可以这样记：

一取消——取消一项工作，但被他人实施。

一追加——追加额外工作。

三改变——改变质量、特性；改变基线、标高、位置、尺寸；改变时间、工艺顺序。

2. 本考点可能会这样命题：

（1）根据《建设工程施工合同（示范文本）》GF—2017—0201，没有（　　）的变更指示，承包人不得擅自进行工程变更。

A. 发包人　　　　　　　　　　B. 设计人

C. 监理人　　　　　　　　　　D. 建设主管部门

【答案】C

（2）根据《建设工程施工合同（示范文本）》GF—2017—0201，当合同履行期间出现工程变更时，该变更在已标价的工程量清单中无相同项目，但有类似项目的，其变更估价的原则是（　　）。【2022年真题】

A. 参照类似项目的单价认定

B. 按照直接成本加适当利润的原则，由发包人确定变更单价

C. 按照合理成本加利润的原则，由承包人确定变更工作的单价

D. 根据合理成本加适当利润的原则，由监理人确定新的变更单价

【答案】A

（3）根据《建设工程施工合同（示范文本）》GF—2017—0201，下列事项应纳入工程变更范围的有（　　）。

A. 改变工程的标高

B. 改变工程的实施顺序

C. 提高合同中的工作质量标准

D. 将合同中的某项工作转由他人实施

E. 工程设备价格的变化

【答案】A、B、C

（4）根据《建设工程施工合同（示范文本）》GF—2017—0201，关于变更权的说法，正确的有（　　）。【2018年真题】

A. 承包人可以根据施工的需要对工程非重要的部分做出适当变更

B. 监理人发出变更指示一般无需征得发包人的同意

C. 发包人和监理人均可以提出变更

D. 设计变更超过原批准的建设规模时，承包人应先办理规划变更审批手续

E. 变更指示均通过监理人发出

【答案】C、E

专项突破14　措施项目费的调整

重点难点专项突破

1. 不管是由于什么原因提出调整措施项目费的，承包人都应事先将实施方案报发包人批准。考试时也会以此作为采分点考查单项选择题，比如："根据《建设工程工程量清单计价规范》GB 50500—2013，工程变更引起施工方案改变并使措施项目发生变化时，承包人提出调整措施项目费用的，应事先将（　　）提交发包人确认。"【2015年真题题干】

2. 本考点还会涉及计算题目，就是承包人报价浮动率的计算，下面通过2018年考试题目来讲解：

某工程采用工程量清单招标，招标人公布的最高投标限价为1亿元。中标人的投标报价为8900万元，经调整计算错误后的中标价为9100万元。所有合格投标人的报价平均为9200万元，则该中标人的报价浮动率为（　　）。【2018年真题】

A. 8.0% 　　　　　　　　　　　B. 8.5%

C. 9.0% 　　　　　　　　　　　D. 11.0%

【答案】C

【解析】

承包人报价浮动率的计算分为两种情况：

① 招标工程：承包人报价浮动率 L ＝（1－中标价/最高投标限价）×100%。

② 非招标工程：承包人报价浮动率 L ＝（1－报价值/施工图预算）×100%。

本题属于招标工程，所以要选用公式①，承包人报价浮动率 L ＝1－9100/10000＝9%。

3. 本考点可能会这样命题：

（1）根据《建设工程工程量清单计价规范》GB 50500—2013，工程变更引起施工方案改变并使措施项目发生变化时，承包人提出调整措施项目费用的，应事先将（　　）提交发包人确认。【2015年真题】

A. 拟实施的施工方案 　　　　　B. 索赔意向通知

C. 拟申请增加的费用明细 　　　D. 工程变更的内容

【答案】A

（2）根据《建设工程工程量清单计价规范》GB 50500—2013规定，采用单价计算的措施项目费，按照（　　）确定单价。

A. 实际发生的措施项目，考虑承包人报价浮动因素

B. 实际发生变化的措施项目及已标价工程量清单项目的规定

C. 实际发生变化的措施项目并考虑承包人报价浮动

D. 类似的项目单价及已标价工程量清单的规定

【答案】B

（3）某工程根据《建设工程施工合同（示范文本）》GF—2017—0201订立了承包合同，约定措施项目费为300万元。工程实施过程中，由于工程变更引起施工方案改变，项目经理部编制的变更施工方案经本单位技术负责人审批后即组织实施。工程完成后，承包人提出由于施工方案改变应增加措施项目费30万元的索赔，其中按单价计算的18万元，按总价计算的12万元。则应结算的措施项目费为（   ）万元。

A. 312 　　　　　　　　　　　　　　　B. 318

C. 330 　　　　　　　　　　　　　　　D. 300

【答案】D

【解析】工程变更引起施工方案改变并使措施项目发生变化时，承包人提出调整措施项目费的，应事先将拟实施的方案提交发包人确认，并应详细说明与原方案措施项目相比的变化情况。如果承包人未事先将拟实施的方案提交给发包人确认，则视为工程变更不引起措施项目费的调整或承包人放弃调整措施项目费的权利。故仍按合同约定的300万元措施项目费进行结算。

专项突破15　工程变更价款调整方法的应用

例题：某工程采用工程量清单计价。施工过程中，业主将屋面防水变更为PE高分子防水卷材（1.5mm）。清单中无类似项目，工程所在地造价管理机构发布该卷材单价为 18 元 $/m^2$，该地区定额人工费为 3.5 元 $/m^2$，机械使用费为 0.3 元 $/m^2$，除卷材外的其他材料费为 0.6 元 $/m^2$，管理费和利润为 1.2 元 $/m^2$。若承包人报价浮动率为6%，则发承包双方协商确定该项目综合单价的基础为（   ）元 $/m^2$。【2017年真题】

A. 25.02 　　　　　　　　　　　　　　B. 23.60

C. 22.18 　　　　　　　　　　　　　　D. 21.06

【答案】C

重点难点专项突破

本考点内容不多，只需要掌握四点：

（1）直接采用适用的项目单价的前提是其采用的材料、施工工艺和方法相同，也不因此增加关键线路上工程的施工时间。

（2）采用适用的项目单价的前提是其采用的材料、施工工艺和方法基本类似，不增加关键线路上工程的施工时间，可仅就其变更后的差异部分，参考类似的项目单价由承发包双方协商新的项目单价。

（3）无法找到适用和类似的项目单价时，应采用招投标时的基础资料和工程造价管

理机构发布的信息价格，按成本加利润的原则由发承包双方协商新的综合单价。

（4）无法找到适用和类似的项目单价、工程造价管理机构也没有发布此类信息价格，由发承包双方协商确定。

2017年这道题目考核的就是第（3）条，项目综合单价＝（3.5＋18＋0.3＋0.6＋1.2）×（1－6%）＝22.18元/m²。

专项突破16　施工索赔的程序

例题：根据《建设工程施工合同（示范文本）》GF—2017—0201，如果索赔事件具有持续影响的，承包人应按合理时间间隔继续递交（　　　）。

A. 索赔意向通知书　　　　　　B. 延续索赔通知
C. 索赔报告　　　　　　　　　D. 最终索赔报告
【答案】B

重点难点专项突破

1. 本考点还可以考核的题目有：

（1）根据《建设工程施工合同（示范文本）》GF—2017—0201，承包人应在知道或应当知道索赔事件发生后28d内，向监理人递交（A）。

（2）根据《建设工程施工合同（示范文本）》GF—2017—0201，承包人必须在发出索赔意向通知后的28d内，向监理人正式递交（C）。

（3）根据《建设工程施工合同（示范文本）》GF—2017—0201，在索赔事件影响结束后的28d内，承包人应向监理人递交（D）。

（4）根据《建设工程施工合同（示范文本）》GF—2017—0201，发包人应在知道或应当知道索赔事件发生后28d内通过监理人向承包人提出（A）。

（5）根据《建设工程施工合同（示范文本）》GF—2017—0201，发包人应在发出索赔意向通知书后28d内，通过监理人向承包人正式递交（C）。

2. 关于索赔程序需要注意两个采分点：时间和递交的文件。除了上述题型，还可能会以判断正确与错误说法的题目考查，比如2021年这道题目：

根据《建设工程施工合同（示范文本）》GF—2017—0201，关于承包人索赔的说法，正确的有（　　　）。**【2021年真题】**

A. 承包人应在发出索赔意向通知书28d后，向监理人正式递交索赔报告
B. 承包人应在知道或应当知道索赔事件发生后28d内，向监理人递交索赔意向通知书
C. 监理人应在收到索赔报告后28d内完成审查并报送发包人
D. 承包人接受索赔处理结果的，索赔款项应在竣工结算时进行支付
E. 具有持续影响的索赔事件，承包人应按合理时间间隔持续递交延续索赔通知
【答案】B、E

3. 关于索赔的期限需要掌握在什么时候无权再提出索赔。

（1）承包人按"竣工结算审核"条款约定接收竣工付款证书后，应被视为已无权再提出在工程接收证书颁发前所发生的任何索赔。

　　（2）承包人按"最终结清"条款提交的最终结清申请单中，只限于提出工程接收证书颁发后发生的索赔。提出索赔的期限自接受最终结清证书时终止。

专项突破17　索赔费用的组成与计算方法

　　例题： 某建设工程施工过程中，由于发包人设计变更导致承包人暂停施工，致使承包人自有机械窝工10个台班，该机械的台班单价为400元/台班，台班折旧费为300元/台班；承包人的租赁机械窝工10个台班，台班租赁费用为500元，工作时每台班燃油动力费100元；人员窝工20个工作日，人工工资单价300元/工日，人工窝工补贴100元/工日。不考虑其他因素，则承包人可以索赔的费用为（　　）元。【2022年真题】

　　A．14000　　　　　　　　　　　B．15000

　　C．16000　　　　　　　　　　　D．10000

　　【答案】 D

重点难点专项突破

　　1．2016年、2019年、2020年、2022年考查都是这类型的计算题目，难度不大，考生主要掌握分部分项工程量清单费用索赔内容，应能区分人工费、材料费、机械设备使用费的索赔内容，需要特别注意的一点是，机械设备自有与租赁的计算标准。考生可根据下图进行学习。

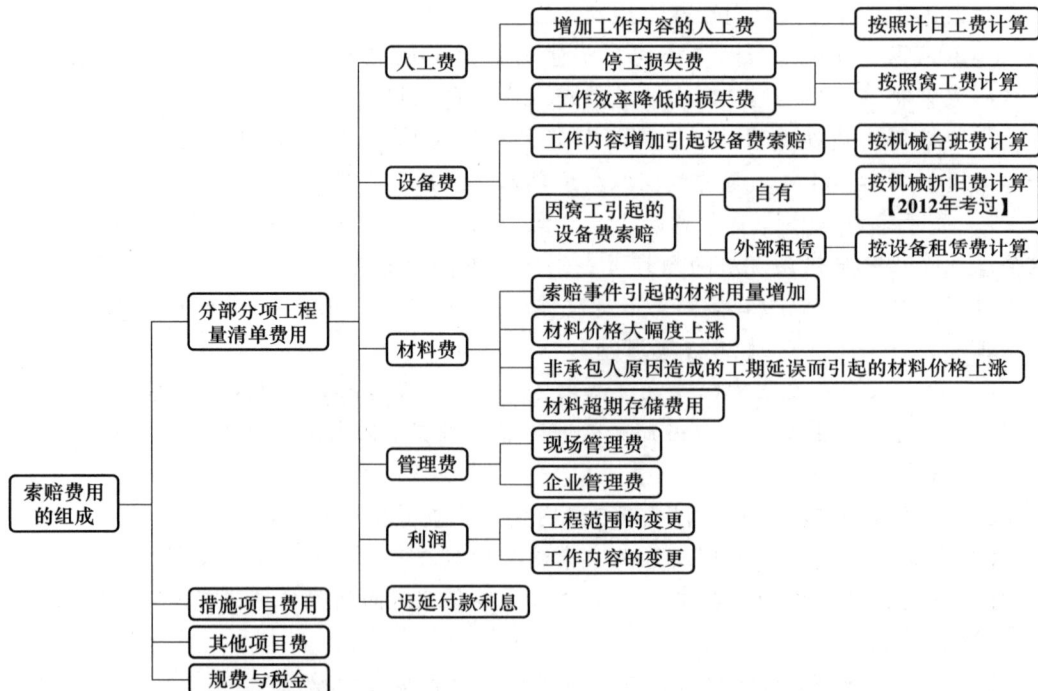

命题总结：

（1）关于人工费、材料费索赔内容可以这样命题："在建设工程施工索赔中，可索赔的合理人工费/材料费包括（　　）。"

在考查材料费时经常会出现的干扰选项是：承包人管理不善造成损失的材料费。考试时不会将其他索赔费用的内容相互作为干扰选项。

（2）计算题目的考查，一般会考查人工费、施工机具使用费的索赔费用。

（3）设备窝工费的考查，在考查时可能会这样命题："因修改设计导致现场停工而引起施工索赔时，承包商自有施工机械的索赔费用宜按机械（　　）计算。"【2012年真题题干】

2. 掌握了上面知识点，再来看上述例题的解题过程：

人工费索赔：$20 \times 100 = 2000$元。

自有机械索赔：$10 \times 300 = 3000$元；

租赁机械索赔：$10 \times 500 = 5000$元。

所以承包人可以索赔的费用 $= 3000 + 5000 + 2000 = 10000$元。

3. 掌握索赔费用的三个主要计算方法。

（1）实际费用法：最常用的一种方法。【2018年考过】

（2）总费用法。

（3）修正的总费用法。

4. 本考点可能会这样命题：

（1）某建设工程项目在施工中发生下列人工费：完成业主要求的合同外工作花费3万元；由于业主原因导致工效降低，使人工费增加3万元；施工机械故障造成人员窝工损失1万元。则施工单位可向业主索赔的合理人工费为（　　）万元。

A. 3   B. 4

C. 6   D. 7

【答案】C

【解析】对于索赔费用中的人工费部分而言，可以索赔的有完成业主要求的合同外工作花费3万元；由于业主原因导致工效降低，使人工费增加3万元。则可向业主索赔的合理人工费为$3 + 3 = 6$万元。

（2）因修改设计导致现场停工而引起施工索赔时，承包商自有施工机械的索赔费用宜按机械（　　）计算。【2012年真题】

A. 租赁费   B. 台班费

C. 折旧费   D. 大修理费

【答案】C

专项突破18 《标准施工招标文件》中可以补偿承包人索赔的条款

例题：根据《标准施工招标文件》，承包人可同时索赔费用、延误的工期和相应利润的情形有（　　）。【2021年、2022年考过】

A. 发包人提供材料和工程设备不符合合同要求【2022年考过】

B. 发包人提供资料错误导致承包人的返工或造成工程损失【2017年考过】

C. 发包人的原因造成工期延误

D. 发包人原因引起的暂停施工【2017年考过】

E. 发包人原因引起造成暂停施工后无法按时复工

F. 发包人原因造成工程质量达不到合同约定验收标准的

G. 监理人对隐蔽工程重新检查，经检验证明工程质量符合合同要求的

H. 发包人在全部工程竣工前，使用已接收的单位工程导致承包人费用增加的

I. 发包人向承包人提前交付材料和工程设备【2014年、2017年、2019年、2021年考过】

J. 发包人要求承包人提前竣工

K. 法律变化引起的价格调整【2019年考过】

L. 施工过程发现文物、古迹以及其他遗迹、化石、钱币或物品【2017年、2019年、2021年考过】

M. 承包人遇到不利物质条件【2014年、2017年、2019年、2022年考过】

N. 不可抗力【2013年、2022年考过】

O. 发包人的原因导致工程试运行失败

P. 发包人原因导致的工程缺陷和损失【2014年、2021年考过】

Q. 异常恶劣的气候条件【2014年、2017年、2019年、2021年考过】

R. 提供图纸延误

S. 延迟提供施工场地【2022年考过】

T. 采取合同未约定的安全作业环境及安全施工措施

U. 因发包人原因造成承包人人员工伤事故

【答案】A、C、D、E、F、G、H、R、S

重点难点专项突破

1. 本考点还可以考核的题目有：

（1）根据《标准施工招标文件》的合同通用条件，承包人通常只能获得费用补偿，但不能得到利润补偿和工期顺延的事件有（I、K、T、U）。

（2）根据《标准施工招标文件》通用合同条款，引起承包人索赔的事件中，只能获得工期补偿的是（Q）。

（3）根据《标准施工招标文件》通用合同条款，承包人可能同时获得工期和费用补偿，但不能获得利润补偿的索赔事件有（B、L、M、N）。【2014年、2019年考过】

（4）根据《标准施工招标文件》，承包人可以得到费用和利润补偿而不能得到工期补偿的事件有（J、O、P）。

（5）事件的发生，已经或将造成工期延误，则按照《标准施工招标文件》中相关合同条件，可以获得工期补偿的有（A、B、C、D、E、F、G、H、L、M、N、Q、R、S）。

（6）根据《标准施工招标文件》中的合同条款，引起承包人索赔的事件中，可以获

得费用补偿的有（A、B、C、D、E、F、G、H、I、J、K、L、M、N、O、P、T、U）。

（7）根据《标准施工招标文件》，索赔事件引起的费用索赔中，可以获得利润补偿的有（A、C、D、E、F、G、H、J、O、P）。

> 命题总结：
>
> 考试时还可能会逆向命题，比如2013年的考试是这样命题的："根据《标准施工招标文件》，在施工过程中遭遇不可抗力，承包人可以要求合理补偿（　　）。"

2. 只可索赔工期，只可索赔费用，只可索赔工期和费用，只可索赔费用和利润，可索赔工期，可索赔费用，可索赔利润的索赔事件互相作为干扰选项。

3. 从历年考试情况来看，合理补偿承包人索赔条款考查较多就是 I、L、M、Q 四项，考生要特别的关注。

4. 关于合理补偿承包人索赔条款还会有两种命题形式：

一是，关于合理补偿承包人索赔表述的题目，比如：

根据《标准施工招标文件》中的合同条款，关于合理补偿承包人索赔的说法，正确的是（　　）。

A. 承包人遇到不利物质条件可进行利润索赔

B. 发生不可抗力能进行工期索赔

C. 异常恶劣天气导致的停工通常可以进行费用索赔

D. 发包人原因引起的暂停施工只能进行工期索赔

【答案】B

二是，计算题目，这类型题目主要就是根据《标准施工招标文件》中的合同条款分析题干中的条件是否应索赔费用，看下2017年这道考试题目：

某施工项目6月份因异常恶劣的气候条件停工3d，停工费用8万元；之后因停工待图损失3万元；因施工质量不合格，返工费用4万元。根据《标准施工招标文件》，施工承包商可索赔的费用为（　　）万元。【2017年真题】

A. 15　　　　　　　　　　　　B. 11

C. 7　　　　　　　　　　　　D. 3

【答案】D

【解析】异常恶劣的气候条件停工3d，停工费用8万元，只可索赔工期3d。因施工质量不合格，返工费用4万元这属于承包人的原因，不可索赔费用。因停工待图损失3万元，属于发包人的责任，可索赔费用3万元。

专项突破19　保障农民工工资支付的规定

《保障农民工工资支付条例》规定：

（1）农民工有按时足额获得工资的权利。任何单位和个人不得拖欠农民工工资。

（2）农民工工资应当以货币形式，通过银行转账或者现金支付给农民工本人，不得以实物或者有价证券等其他形式替代。【2021年、2022年考过】

（3）建设单位应当有满足施工所需要的资金安排。没有满足施工所需要的资金安排的，工程建设项目不得开工建设；依法需要办理施工许可证的，相关行业工程建设主管部门不予颁发施工许可证。政府投资项目所需资金，应当按照国家有关规定落实到位，不得由施工单位垫资建设。

（4）建设单位应当向施工单位提供工程款支付担保。建设单位与施工总承包单位依法订立书面工程施工合同，应当约定工程款计量周期、工程款进度结算办法以及人工费用拨付周期，并按照保障农民工工资按时足额支付的要求约定人工费用。人工费用拨付周期不得超过1个月【2022年考过】。建设单位与施工总承包单位应当将工程施工合同保存备查。

（5）施工总承包单位与分包单位依法订立书面分包合同，应当约定工程款计量周期、工程款进度结算办法。

（6）施工总承包单位应当按照有关规定开设农民工工资专用账户，专项用于支付该工程建设项目农民工工资。开设、使用农民工工资专用账户有关资料应当由施工总承包单位妥善保存备查。【2021年考过】

（7）金融机构应当优化农民工工资专用账户开设服务流程，做好农民工工资专用账户的日常管理工作；发现资金未按约定拨付等情况的，及时通知施工总承包单位，由施工总承包单位报人力资源社会保障行政部门和相关行业工程建设主管部门，并纳入欠薪预警系统。

（8）施工总承包单位或者分包单位应当依法与所招用的农民工订立劳动合同并进行用工实名登记，具备条件的行业应当通过相应的管理服务信息平台进行用工实名登记、管理。施工总承包单位、分包单位应当建立用工管理台账，并保存至工程完工且工资全部结清后至少3年。【2022年考过】

（9）建设单位应当按照合同约定及时拨付工程款，并将人工费用及时足额拨付至农民工工资专用账户，加强对施工总承包单位按时足额支付农民工工资的监督。

（10）分包单位对所招用农民工的实名制管理和工资支付负直接责任。施工总承包单位对分包单位劳动用工和工资发放等情况进行监督【2021年考过】。分包单位拖欠农民工工资的，由施工总承包单位先行清偿，再依法进行追偿。工程建设项目转包，拖欠农民工工资的，由施工总承包单位先行清偿，再依法进行追偿。【2022年考过】

（11）工程建设领域推行分包单位农民工工资委托施工总承包单位代发制度。分包单位应当按月考核农民工工作量并编制工资支付表，经农民工本人签字确认后，与当月工程进度等情况一并交施工总承包单位。

（12）施工总承包单位应当按照有关规定存储工资保证金，专项用于支付为所承包工程提供劳动的农民工被拖欠的工资。【2021年考过】

（13）除法律另有规定外，农民工工资专用账户资金和工资保证金不得因支付为本项目提供劳动的农民工工资之外的原因被查封、冻结或者划拨。

（14）建设单位与施工总承包单位或者承包单位与分包单位因工程数量、质量、造价等产生争议的，建设单位不得因争议不按照本条例的规定拨付工程款中的人工费用，施工总承包单位也不得因争议不按照规定代发工资。

（15）建设单位或者施工总承包单位将建设工程发包或者分包给个人或者不具备合法经营资格的单位，导致拖欠农民工工资的，由建设单位或者施工总承包单位清偿。施工单位允许其他单位和个人以施工单位的名义对外承揽建设工程，导致拖欠农民工工资的，由施工单位清偿。

（16）工程建设项目违反国土空间规划、工程建设等法律法规，导致拖欠农民工工资的，由建设单位清偿。【2022年考过】

重点难点专项突破

1. 本考点在考查时主要是判断正确与错误说法的综合题目。

2. 本考点可能会这样命题：

（1）根据《保障农民工工资支付条例》，关于农民工工资的说法，正确的是（　　）。【2021年真题】

A. 施工总承包单位应按照规定存储工资保证金

B. 农民工工资可以以部分实物或者有价证券的方式发放给农民工本人

C. 开设和使用农民工工资专用账户的有关资料应当由建设单位保存备查

D. 施工总承包单位应对分包单位所招用农民工的实名制管理和工资支付负直接责任

【答案】A

（2）根据《保障农民工工资支付条例》，因建设单位未按照合同约定及时拨付工程款导致农民工工资拖欠的，建设单位应当以未结清的工程款为限（　　）拖欠的农民工工资。

A. 支付　　　　　　　　　　　　B. 清偿

C. 先行垫付　　　　　　　　　　D. 代发

【答案】C

专项突破20　预付款支付

项目	内容
支付时间	预付款的支付按照专用合同条款约定执行，但至迟应在开工通知载明的开工日期7d前支付。【2021年考过】 发包人逾期支付预付款超过7d的，承包人有权向发包人发出要求预付的催告通知，发包人收到通知后7d内仍未支付的，承包人有权暂停施工【2022年考过】
预付款担保	预付款担保可采用银行保函、担保公司担保等形式，具体由合同当事人在专用合同条款中约定。在预付款完全扣回之前，承包人应保证预付款担保持续有效【2022年考过】
预付款的抵扣	除专用合同条款另有约定外，预付款在进度付款中同比例扣回。在颁发工程接收证书前，提前解除合同的，尚未扣完的预付款应与合同价款一并结算【2022年考过】

重点难点专项突破

本考点内容不多，考查力度也不大，具体掌握以下题目即可。

（1）工程预付款的支付应按照专用合同的约定执行，但最迟支付的时间是（　　）。

A. 签订施工合同后30d内　　　　B. 开工通知载明的开工日期7d前

C. 收到中标通知书并确认后30d内　　　D. 实际开工日前14d

【答案】B

（2）关于施工合同工程预付款，下列说法中正确的是（　　）。

A. 发包人逾期支付预付款超过7d的，承包人可立即暂停施工

B. 预付款担保必须采用银行保函形式

C. 发包人要求承包人提供预付款担保的，承包人应在发包人支付预付款14d前提供预付款担保

D. 在预付款完全扣回之前，承包人应保证预付款担保持续有效

【答案】D

专项突破21　安全文明施工费支付

项目	内容
承担人员	安全文明施工费由发包人承担，发包人不得以任何形式扣减该部分费用。因基准日期后合同所适用的法律或政府有关规定发生变化，增加的安全文明施工费由发包人承担【2020年考过】
支付时间及额度	除专用合同条款另有约定外，发包人应在工程开工后28d内预付安全文明施工费总额的50%，其余部分与进度款同期支付【2020年考过】
使用规定	承包人对安全文明施工费应专款专用，在财务账目中单独列项备查，不得挪作他用，否则发包人有权要求其限期改正【2020年考过】；逾期未改正的，可以责令其暂停施工，由此增加的费用和（或）延误的工期由承包人承担

重点难点专项突破

1. 该考点内容虽少，但每一句话都可以作为一个采分点出现。

2. 支付时间、金额会考查单项选择题，可能会设置的干扰选项有：工程开工前、14、21、42，60%、80%等。

3. 没有按时支付超过7d的，有权发出预付的催告通知，发包人收到通知后7d内仍未支付的，承包人有权暂停施工。

4. 本考点可能会这样命题：

（1）发包人应当开始支付不低于当年施工进度计划的安全文明施工费总额50%的期限是工程开工后的（　　）d内。

A. 7　　　　　　　　　　　　　B. 14

C. 21　　　　　　　　　　　　D. 28

【答案】D

（2）根据《建设工程施工合同（示范文本）》GF—2017—0201，关于安全文明施工费的说法，正确的是（　　）。

A. 承包人对安全文明施工费应专款专用，并在财务账目中单独列项备查

B. 基准日期后合同所适用的法律发生变化，由此增加的安全文明施工费由承包人承担

C. 经发包人同意，承包人采取合同约定以外的安全措施所产生的费用，由承包人承担

D. 发包人应在开工后42d内预付安全文明施工费总额的60%

【答案】A

专项突破22 工程进度款支付

例题： 某工程合同价6000万元。合同约定：工期6个月；预付款120万元，每月进度款按实际完成工程价款的80%支付；每月再单独支付安全文明施工费50万元；质量保证金按进度款的3%逐月扣留；预付款在最后两个月等额扣回。承包人每月实际完成工程价款金额见下表，则第2个月发包人实际应支付的工程款金额为（　　）万元。【2018年真题】

月份	1	2	3	4	5	6
实际完成工程价款金额（万元）	800	1000	1000	1200	1200	800

A. 776.0   B. 824.5

C. 826.0   D. 850.0

【答案】C

重点难点专项突破

1. 进度付款清单的内容，包括六方面内容，可能会考查多项选择题。分别是：

（1）截至本次付款周期已完成工作对应的金额。

（2）根据"变更"条款应增加和扣减的变更金额。

（3）根据"预付款"条款约定应支付的预付款和扣减的返还预付款。

（4）根据"质量保证金"条款约定应扣减的质量保证金。

（5）根据"索赔"条款应增加和扣减的索赔金额。

（6）对已签发的进度款支付证书中出现错误的修正，应在本次进度付款中支付或扣除的金额。

2. 在该考点内容中，会出现两个时间："7d""14d"，考生要牢记只有发包人支付的时间是"14d"内，其他的都为"7d"。

> 重点提示：
>
> 除专用合同条款另有约定外，发包人应在进度款支付证书或临时进度款支付证书签发后14d内完成支付，发包人逾期支付进度款的，应按照中国人民银行发布的同期同类贷款基准利率支付违约金。

3. 上述例题的计算过程为：第2个月发生的费用包括：进度款、每年单独支付的安全文明施工费、质量保证金。所以第2个月发包人实际应支付的工程款金额＝（1000×80％＋50）－1000×80％×3％＝826.0万元。

专项突破23　竣工结算的编制与审核

项目		计价原则
单价项目		分部分项工程和措施项目中的单价项目应依据双方确认的工程量与已标价工程量清单的综合单价计算；如发生调整的，应以发承包双方确认调整的综合单价计算
总价项目		措施项目中的总价项目应依据已标价工程量清单的项目和金额计算；发生调整的，应以发承包双方确认调整的金额计算，其中安全文明施工费应按国家或省级、行业建设主管部门的规定计算
其他项目	计日工	按发包人实际签证确认的事项计算
	暂估价	按计价规范相关规定计算
	总承包服务费	依据已标价工程量清单的金额计算；发生调整的，应以发承包双方确认调整的金额计算
	索赔费用	依据发承包双方确认的索赔事项和金额计算
	现场签证费用	依据发承包双方签证资料确认的金额计算
	暂列金额	应减去工程价款调整（包括索赔、现场签证）金额计算，如有余额归发包人
规费和税金		按国家或省级、建设主管部门的规定计算
工程计量结果和合同价款		发承包双方在合同工程实施过程中已经确认的工程计量结果和合同价款，在竣工结算办理中应直接进入结算

重点难点专项突破

1. 该考点在考试时，一般会考查判断正确与错误说法的综合题目。

2. 掌握工程竣工结算由谁编制？谁核对？在2012年、2019年都有考查过。

承包人或受其委托具有相应资质的工程造价咨询人编制，发包人或受其委托具有相应资质的工程造价咨询人核对。

3. 关于竣工结算的审核方法，只需要记住一句话：除非已有约定，竣工结算应采用全面审查的方法，严禁采用抽样审查、重点审查、分析对比审查和经验审查的方法，避免审查疏漏现象发生。

4. 本考点可能会这样命题：

（1）工程竣工结算书编制与核对的责任分工是（　　　）。【2019年真题】

A. 发包人编制，承包人核对　　　　　B. 承包人编制，发包人核对

C. 监理人编制，发包人核对　　　　　D. 工程造价咨询机构编制，承包人核对

【答案】B

（2）关于工程竣工结算计价原则的说法，正确的有（　　　）。

A. 计日工按发包人实际签证确认的事项计算

B. 总承包服务费按已标价工程量清单的金额计算，不应调整

C. 现场签证费用应依据发承包双方签证资料确认的金额计算

D. 工程实施过程中发承包双方已经确认的工程计量结果和合同价款，应直接进入结算

E. 总价措施项目应依据合同约定的项目和金额计算，不得调整

【答案】A、C、D

专项突破24　竣工结算款支付

例题：根据《建设工程施工合同（示范文本）》GF—2017—0201，除专用合同条款另有约定外，承包人应在工程竣工验收合格后（　　）d内向发包人和监理人提交竣工结算申请单，并提交完整的结算资料。

A. 7

B. 14

C. 28

D. 56

【答案】C

重点难点专项突破

1. 本考点还可以考核的题目有：

（1）根据《建设工程施工合同（示范文本）》GF—2017—0201，发包人在收到承包人提交竣工结算申请书后（C）d内未完成审批且未提出异议的，视为发包人认可承包人提交的竣工结算申请单。

> **注意：**
> 自发包人收到承包人提交的竣工结算申请单后第29d起视为已签发竣工付款证书。

（2）根据《建设工程施工合同（示范文本）》GF—2017—0201，除专用合同条款另有约定外，发包人应在签发竣工付款证书后的（B）d内，完成对承包人的竣工付款。

（3）根据《建设工程施工合同（示范文本）》GF—2017—0201，发包人逾期支付竣工付款超过（D）d的，按照中国人民银行发布的同期同类贷款基准利率的两倍支付违约金。

（4）根据《建设工程施工合同（示范文本）》GF—2017—0201，承包人对发包人签认的竣工付款证书有异议的，对于有异议部分应在收到发包人签认的竣工付款证书后（A）d内提出异议，并由合同当事人按照专用合同条款约定的方式和程序进行复核，或按照争议解决约定处理。

2. 本考点中还应掌握一个采分点是竣工结算申请单的内容，2020年在此考查了一道多项选择题。具体内容包括：

（1）竣工结算合同价格。

（2）发包人已支付承包人的款项。

（3）应扣留的质量保证金。已缴纳履约保证金的或提供其他工程质量担保方式的除外。

（4）发包人应支付承包人的合同价款。

3．接下来再补充一个采分点——最终结清。我们也根据上述例题中的数字，将这个采分点可能考核的题目作总结。

（1）根据《建设工程施工合同（示范文本）》GF—2017—0201，除专用合同条款另有约定外，承包人应在缺陷责任期终止证书颁发后（A）d内，按专用合同条款约定的份数向发包人提交最终结清申请单，并提供相关证明材料。

> 注意：
> 最终结清申请单应列明质量保证金、应扣除的质量保证金、缺陷责任期内发生的增减费用。

（2）根据《建设工程施工合同（示范文本）》GF—2017—0201，除专用合同条款另有约定外，发包人应在收到承包人提交的最终结清申请单后（B）d内完成审批并向承包人颁发最终结清证书。

> 注意：
> 发包人逾期未完成审批，又未提出修改意见的，视为发包人同意承包人提交的最终结清申请单，且自发包人收到承包人提交的最终结清申请单后15d起视为已颁发最终结清证书。

（3）根据《建设工程施工合同（示范文本）》GF—2017—0201，除专用合同条款另有约定外，发包人应在颁发最终结清证书后（A）d内完成支付。

专项突破25　质量保证金的处理

例题：承包人在发包人签发竣工付款证书后（　　　）d内提交质量保证金保函，发包人应同时退还扣留的作为质量保证金的工程价款。

A．7
B．14
C．28
D．42

【答案】C

重点难点专项突破

1．本考点还可以考核的题目有：

（1）发包人在接到承包人返还保证金申请后，应于（B）d内会同承包人按照合同约定的内容进行核实。

（2）对于返还期限没有约定或者约定不明确的，发包人应在核实后（B）d内将保证金返还承包人。

（3）发包人在接到承包人返还保证金申请催告后（B）d内仍不予答复，视同认可承包人的返还保证金申请。

重点提示：

注意时间数据"14""28"，只有在提交质量保证金保函的时间是"28"。

2. 关于质量保证金的处理主要掌握以下知识点：

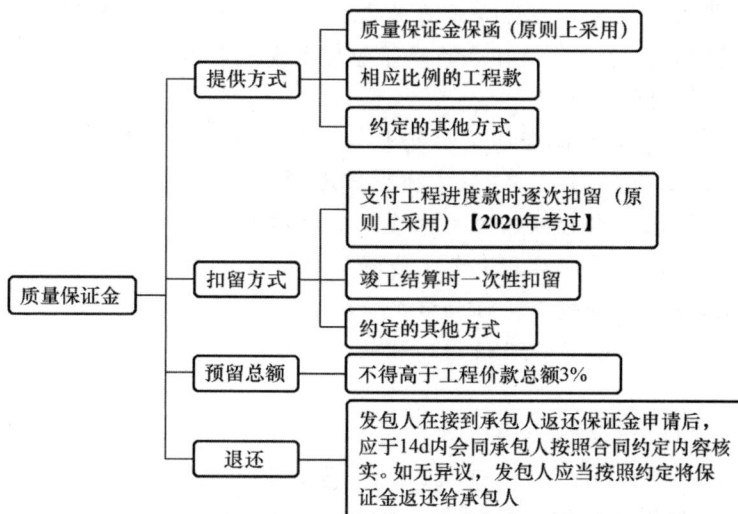

```
                        ┌── 质量保证金保函（原则上采用）
                        │
              提供方式 ──┼── 相应比例的工程款
                        │
                        └── 约定的其他方式

                        ┌── 支付工程进度款时逐次扣留（原
                        │   则上采用）【2020年考过】
                        │
质量保证金 ──── 扣留方式 ──┼── 竣工结算时一次性扣留
                        │
                        └── 约定的其他方式

              预留总额 ──── 不得高于工程价款总额3%

                        ┌── 发包人在接到承包人返还保证金申请后，
                        │   应于14d内会同承包人按照合同约定内容核
              退还     ──┤   实。如无异议，发包人应当按照约定将保
                        │   证金返还给承包人
```

3. 质量保证金的扣留额度会作为采分点考查单项选择题。

专项突破26 工 程 保 修

项目	内容
保修责任	（1）工程保修期从工程竣工验收合格之日起算。【2018年、2020年考过】 （2）发包人未经竣工验收擅自使用工程的，保修期自转移占有之日起算。【2018年、2020年、2022年考过】 （3）具体分部分项工程的保修期由合同当事人在专用合同条款中约定，但不得低于法定最低保修年限【2018年、2020年、2022年考过】
修复费用	（1）保修期内，因承包人原因造成工程的缺陷、损坏，承包人应负责修复，并承担修复的费用以及因工程的缺陷、损坏造成的人身伤害和财产损失。【2019年、2021年、2022年考过】 （2）保修期内，因发包人使用不当造成工程的缺陷、损坏，可以委托承包人修复，但发包人应承担修复的费用，并支付承包人合理利润。【2019年、2021年、2022年考过】 （3）因其他原因造成工程的缺陷、损坏，可以委托承包人修复，发包人应承担修复的费用，并支付承包人合理的利润，因工程的缺陷、损坏造成的人身伤害和财产损失由责任方承担【2021年、2022年考过】
修复通知	在保修期内，发包人在使用过程中，发现已接收的工程存在缺陷或损坏必须立即修复的，发包人可以口头通知承包人并在口头通知后48h内书面确认，承包人应在专用合同条款约定的合理期限内到达工程现场并修复缺陷或损坏【2019年考过】
未能修复	因承包人原因造成工程的缺陷或损坏，承包人拒绝维修，且经发包人书面催告后仍未修复的，发包人有权自行修复或委托第三方修复，所需费用由承包人承担

重点难点专项突破

1. 保修期的起算日期会考查单项选择题，干扰选项设置会是："提交竣工验收申请报告之日""发包人签发工程接收证书之日"。

2. 对修复费用的约定，要区分是谁的责任，由谁承担修复费用。如果修复范围超出缺陷或损坏范围的，超出范围部分的修复费用由发包人承担。

3. 本考点可能会这样命题：

（1）根据《建设工程施工合同（示范文本）》GF—2017—0201，关于工程保修期和保修责任的说法，正确的是（　　　）。【2022年真题】

A. 单位工程中各分部分项工程的保修期必须相同

B. 保修期内，承包人应承担全部工程损坏的维修责任

C. 工程保修期从工程竣工验收合格之日起算

D. 发包人未经竣工验收擅自使用工程的，保修期自使用之日起算

【答案】C

（2）根据《建设工程施工合同（示范文本）》GF—2017—0201，关于工程保修期内修复费用的说法，正确的是（　　　）。【2021年考过】

A. 因承包人原因造成的工程缺陷，承包人应负责修复，并承担修复费用，但不承担因工程缺陷导致的人身伤害

B. 因第三方原因造成的工程损坏，可以委托承包人修复，发包人应承担修复费用，并支付承包人合理利润

C. 因发包人不当使用造成的工程损坏，承包人应负责修复，发包人应承担合理的修复费用，但不额外支付利润

D. 因不可抗力造成的工程损坏，承包人应负责修复，并承担相应的修复费用

【答案】B

专项突破27　合同解除的价款结算与支付

例题：根据《建设工程施工合同（示范文本）》GF—2017—0201，下列可能引起合同解除的事件中，属于发包人违约的情形有（　　　）。【2018年考过】

A. 因不可抗力导致合同无法履行连续超过84d

B. 因不可抗力导致合同无法履行连续累计超过140d

C. 因发包人原因未能在计划开工日期前7d内下达开工通知的【2018年考过】

D. 因发包人原因未能按合同约定支付合同价款的

E. 发包人违反"变更范围"条款约定，自行实施被取消的工作或转由他人实施的

F. 发包人提供的材料、工程设备的规格、数量或质量不符合合同约定

G. 因发包人原因导致交货日期延误或交货地点变更

H. 因发包人违反合同约定造成暂停施工

I. 发包人无正当理由没有在约定期限内发出复工指示，导致承包人无法复工的

J. 发包人明确表示或者以其行为表明不履行合同主要义务的

K. 承包人违反合同约定进行转包或违法分包的

L. 承包人违反合同约定采购和使用不合格的材料和工程设备的

M. 因承包人原因导致工程质量不符合合同要求的

N. 承包人违反"材料与设备专用要求"条款的约定，未经批准，私自将已按照合同约定进入施工现场的材料或设备撤离施工现场的

O. 承包人未能按施工进度计划及时完成合同约定的工作，造成工期延误的【2018年考过】

P. 承包人在缺陷责任期及保修期内，未能在合理期限对工程缺陷进行修复，或拒绝按发包人要求进行修复的

Q. 承包人明确表示或者以其行为表明不履行合同主要义务的

【答案】C、D、E、F、G、H、I、J

重点难点专项突破

1. 本考点还可以考核的题目有：

根据《建设工程施工合同（示范文本）》GF—2017—0201，下列可能引起合同解除的事件中，属于发包人违约的情形有（K、L、M、N、O、P、Q）。

2. A、B选项是因不可抗力解除合同的情形，注意两个时间。

3. 本考点可能会这样命题：

根据《建设工程施工合同（示范文本）》GF—2017—0201，因不可抗力导致合同无法履行连续超过84d时，关于施工合同解除的说法，正确的是（　　　）。

A. 仅发包人有权提出解除合同

B. 发包人和承包人均有权提出解除合同

C. 仅承包人有权提出解除合同

D. 发包人和承包人均无权提出解除合同

【答案】B

专项突破28　建设工程造价鉴定

项目	内容
计量争议的鉴定	在鉴定项目图纸完备，当事人就计量依据发生争议，鉴定人应以现行相关工程国家计量规范规定的工程量计算规则计量；无国家标准的，按行业标准或地方标准计量。但当事人在合同专用条款中明确约定了计量规则的，除外。 一方当事人对双方当事人已经签认的某一工程项目的计量结果有异议的，鉴定人应按以下规定进行鉴定： （1）当事人一方仅提出异议未提供具体证据的，按原计量结果进行鉴定； （2）当事人一方既提出异议又提出具体证据的，应复核或进行现场勘验，按复核后的计量结果进行鉴定。 当事人就总价合同计量发生争议的，总价合同对工程计量有约定的，按约定进行鉴定，没有约定的，仅就工程变更部分进行鉴定
计价争议的鉴定	鉴定项目的一方当事人以工程变更导致工程量数量变化为由，要求调整综合单价发生争议；或对新增工程项目组价发生争议的，鉴定人应按以下规定进行鉴定：

项目	内容
计价争议的鉴定	（1）合同中约定了调整内容的，应按合同约定进行鉴定； （2）合同中没有约定或约定不明的，应提请委托人决定并按其决定进行鉴定，委托人不决定的，按现行国家计价规范的相关规定进行鉴定。 　　鉴定项目的一方当事人以物价波动为由，要求调整合同价款发生争议的，鉴定人应按以下规定进行鉴定： （1）合同中约定了计价风险范围和幅度的，按合同约定进行鉴定；合同中约定了物价波动可以调整，但没有约定风险范围和幅度的，按现行国家计价规范的相关规定进行鉴定。但已经采用价格指数法进行了调整的，除外。 （2）合同中约定物价波动不予调整的，应对实行政府定价或政府指导价的材料按合同法的规定进行鉴定。 　　鉴定项目的一方当事人以政策性调整文件为由，要求调整人工费发生争议的，如合同中约定不执行政策性调整的，鉴定人应提请委托人注意此约定与国家强制性标准相悖，由委托人作出是否适用的决定，鉴定人应按照委托人的决定进行鉴定。委托人要求鉴定人判断的，鉴定人应分析鉴别：如人工费的形成在招标或合同谈判时，是以鉴定项目所在地工程造价管理部门发布的人工费为基础在合同中约定的，应按工程所在地人工费调整文件进行鉴定；如不是，则应作出否定性鉴定。 　　鉴定项目的发包人对承包人材料采购价格高于合同约定不予认可的，应按以下规定进行鉴定： （1）材料采购前经发包人或其代表签批认可的，应按签批的材料价格进行鉴定； （2）材料采购前未报发包人或其代表认质认价的，应按合同约定的价格进行鉴定； （3）发包人认为承包人采购的原材料、零配件不符合质量要求，不予认价的，应按双方约定的价格进行鉴定，质量方面的争议应告知发包人另行申请质量鉴定。 　　鉴定项目的发包人以工程质量不合格为由，拒绝办理工程结算发生争议的，应按以下规定进行鉴定： （1）已竣工验收或已竣工未验收，但发包人已投入使用的工程，工程结算按合同约定进行鉴定； （2）已竣工未验收且发包人未投入使用的工程以及停工、停建工程，鉴定人应对无争议、有争议的项目分别按合同约定进行鉴定
索赔争议的鉴定	当事人一方提出索赔，因对方当事人不答复发生争议的，鉴定人应按以下规定进行鉴定： （1）当事人一方在合同约定的期限后提出索赔的，鉴定人应以超过索赔时效作出否定性鉴定； （2）当事人一方在合同约定的期限内提出索赔，对方当事人未在合同约定的期限内答复的，鉴定人应对此索赔作出肯定性鉴定。 　　当事人一方在合同约定的期限内提出索赔，对方当事人也在合同约定的期限内答复，但双方未能达成一致，鉴定人应按以下规定进行鉴定： （1）对方当事人以不符合事实为由不同意索赔的，鉴定人应在厘清证据的基础上作出鉴定； （2）对方当事人以该索赔事项存在，但认为不存在赔偿的，或认为索赔过高的，鉴定人应根据专业判断作出鉴定。 　　当事人对暂停施工索赔费用有争议的，鉴定人应按以下规定进行鉴定： （1）因非承包人原因引起的暂停施工，费用由发包人承担，包括：保管暂停工程的费用、施工机具租赁费、现场生产工人与管理人员工资、承包人为复工所需的准备费用等。 （2）因承包人原因引起的暂停施工，费用由承包人承担。 　　因非承包人原因，发包人删减了工程合同中的某项工作或工程项目，承包人提出应由发包人给予合理的费用及利润补偿，委托人认定该事实成立的，鉴定人进行鉴定时，其费用可按相关工程企业管理费的一定比例，利润按相关工程项目的报价或工程所在地建筑企业统计年报的利润率计算
签证争议的鉴定	当事人因现场签证费用发生争议，鉴定人应按以下规定进行鉴定： （1）现场签证明确了人工、材料、机械台班数量及其价格的，按签证的数量和价格计算； （2）现场签证只有用工数量没有人工单价的，其人工单价按照工作技术要求比照鉴定项目相应工程人工单价适当上浮计算； （3）现场签证只有材料和机械台班用量没有价格的，其材料和台班价格按照鉴定项目相应工程材料和台班价格计算； （4）现场签证只有总价款而无明细表述的，按总价款计算。

项目	内容
签证争议 的鉴定	当事人因现场签证存在瑕疵发生争议的，鉴定人应按以下规定进行鉴定： （1）现场签证发包人只签字证明收到，但未表示同意，承包人有证据证明该签证已经完成，鉴定人可作出鉴定并单列，供委托人判断认定。 （2）现场签证既无数量，又无价格，只有工作事项的，由当事人双方协商，协商不成的，鉴定人可根据该事项进行专业分析，作出推断性意见。 当事人一方仅以对方当事人口头指令完成了某项零星工作，要求费用支付，而对方当事人又不认可，且无实证证据的，鉴定人应以法律证据缺失，作出否定性鉴定。
合同解除 争议 的鉴定	工程合同解除后，当事人就价款结算发生争议，如送鉴的证据材料满足鉴定要求的，按送鉴的证据材料进行鉴定，不能满足鉴定要求的，鉴定人应提请委托人组织现场勘验，会同当事人采取以下措施进行鉴定： （1）清点已完工程部位、测量工程量； （2）清点施工现场人、材、机数量； （3）核对现场签证、索赔所涉及的有关资料； （4）将清点结果汇总造册，请当事人签认，当事人不签认的，及时报告委托人； （5）分别计算价款。 因发包人违约导致合同解除的费用争议，鉴定意见应包括以下费用： （1）完成永久工程的价款； （2）已付款的材料设备等物品的金额（付款后归发包人所有）； （3）临时设施的摊销费用； （4）现场签证、索赔以及其他应支付的费用； （5）撤离现场及遣散人员的费用； （6）赔偿承包人的违约费用。 因承包人违约导致合同解除的费用争议，鉴定意见应包括以下费用： （1）完成永久工程的价款； （2）已付款的材料设备等物品的金额（付款后归发包人所有）； （3）临时设施的摊销费用； （4）现场签证、索赔以及其他应支付的费用； （5）赔偿发包人的违约费用。 因不可抗力导致合同解除的费用争议，鉴定人应按合同约定，合同没有约定或约定不明的，按国家标准计价规范的规定进行鉴定

重点难点专项突破

1. 本考点在2019年、2020年、2021年连续考查了三年，题型主要是判断正确与错误说法的综合题目，不排除继续考查的可能性，对这部分内容还要继续关注。

2. 本考点可能会这样命题：

（1）根据《建设工程造价鉴定规范》GB/T 51262—2017，鉴定项目的发包人对承包人材料采购价格高于合同约定不予认可的，鉴定的原则是（　　）。【2021年真题】

A. 材料采购前经发包人或其代表签批认可的，应按签批的材料价格进行鉴定

B. 材料采购前未报发包人或其代表认质认价的，应按材料实际采购价格进行鉴定

C. 发包人认为承包人采购的原材料不符合质量要求，不予认价的，应在质量鉴定后再进行价格鉴定

D. 材料采购前未报监理人签批的，应按当地材料市场平均价格进行鉴定

【答案】A

（2）根据《建设工程造价鉴定规范》GB/T 51262—2017，关于计量争议鉴定的说法，正确的有（　　）。【2019年真题】

A. 在鉴定项目图纸完备，当事人对计量依据存在争议，合同专用条款没有明确约定且无国家标准的，鉴定人应以相关工程行业标准或地方标准规定计量

B. 当事人一方对另一方的计量结果提出异议但未提供具体证据的，鉴定人应按原计量结果进行鉴定

C. 当事人签订的总价合同对工程计量没有约定的，鉴定人应对整个工程的工程量进行鉴定

D. 当事人一方对另一方的计量结果提出异议又提出具体证据的，鉴定人应复核并依据复核结果进行鉴定

E. 合同当事人签订的总价合同对工程计量有约定的，鉴定人应按约定进行鉴定

【答案】A、B、D、E

（3）关于工程签证争议的鉴定，下列做法正确的有（　　）。

A. 签证明确了人工材料、机具台班数量及价格的，按签证的数量和价格计算

B. 签证只有用工数量没有人工单价的，其人工单价比照鉴定项目人工单价下浮计算

C. 签证只有材料用量没有价格的，其材料价格按照鉴定项目相应材料价格计算

D. 签证只有总价款而无明细表述的，按总价款计算

E. 签证中零星工程数量与实际完成数量不一致时，按签证的数量计算

【答案】A、C、D

1Z103080　国际工程投标报价

专项突破1　国际工程投标报价的程序

例题：国际工程投标报价程序中，投标人在标前会议及现场勘察之前应进行的工作有（　　）。

A. 组织投标报价班子 　　　　　　　B. 进行各项调查研究

C. 核算工程量 　　　　　　　　　　D. 生产要素询价

E. 分包工程询价 　　　　　　　　　F. 制订进度计划与施工方案

G. 人工、材料、设备基础单价计算　H. 待摊费用计算和各细目单价分析

I. 按工程量清单汇总标价 　　　　　J. 标价分析与投标报价决策

K. 编制正式投标文件 　　　　　　　L. 开具投标保函

【答案】A、B、C

重点难点专项突破

1. 本考点还可以考核的题目有：

国际工程投标报价程序中，标前会议及现场勘察之后应进行的工作有（D、E、F、G、H、I、J、K、L）。

2. 国际工程投标报价的程序中，重点掌握标前会议及工程量复核的内容。2010年、2011年、2019年都考查了工程量复核。2014年考查了标前会议之前的工作。2017年、2020年都考查了标前会议应注意的问题。下面以图的形式来总结国际工程投标报价的程序。

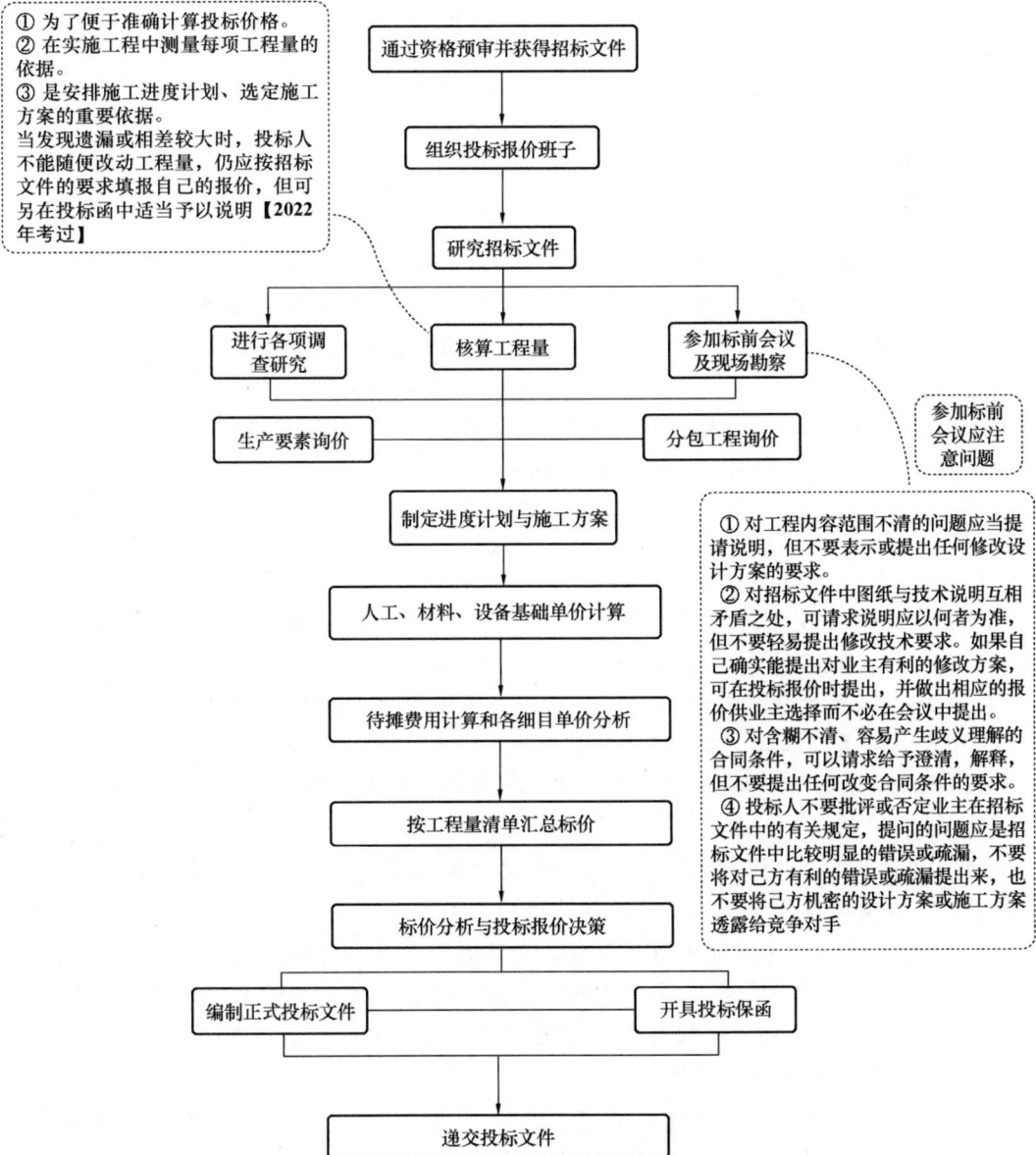

① 为了便于准确计算投标价格。
② 在实施工程中测量每项工程量的依据。
③ 是安排施工进度计划、选定施工方案的重要依据。
当发现遗漏或相差较大时，投标人不能随便改动工程量，仍应按招标文件的要求填报自己的报价，但可另在投标函中适当予以说明【2022年考过】

通过资格预审并获得招标文件
↓
组织投标报价班子
↓
研究招标文件
↓
进行各项调查研究 ← 核算工程量 → 参加标前会议及现场勘察
↓
生产要素询价   分包工程询价
↓
制定进度计划与施工方案
↓
人工、材料、设备基础单价计算
↓
待摊费用计算和各细目单价分析
↓
按工程量清单汇总标价
↓
标价分析与投标报价决策
↓
编制正式投标文件   开具投标保函
↓
递交投标文件

参加标前会议应注意问题

① 对工程内容范围不清的问题应当提请说明，但不要表示或提出任何修改设计方案的要求。
② 对招标文件中图纸与技术说明互相矛盾之处，可请求说明应以何者为准，但不要轻易提出修改技术要求。如果自己确实能提出对业主有利的修改方案，可在投标报价时提出，并做出相应的报价供业主选择而不必在会议中提出。
③ 对含糊不清、容易产生歧义理解的合同条件，可以请求给予澄清，解释，但不要提出任何改变合同条件的要求。
④ 投标人不要批评或否定业主在招标文件中的有关规定，提问的问题应是招标文件中比较明显的错误或疏漏，不要将对己方有利的错误或疏漏提出来，也不要将己方机密的设计方案或施工方案透露给竞争对手

专项突破 2　国际工程投标报价的组成

例题：国际工程投标总报价组成中，应计入开办费的有（　　　）。

A. 人工费　　　　　　　　　　　　　　　B. 材料费

C. 施工机具使用费　　　　　　　　　　　D. 工作人员费

E. 办公费【2020年考过】　　　　　　　　F. 差旅交通费【2014年考过】

G. 文体宣教费　　　　　　　　　　　　　H. 固定资产使用费

I. 国外生活设施使用费　　　　　　　　　J. 工具用具使用费

K. 劳动保护费【2014年考过】　　　　　　L. 检验试验费【2014年、2021年考过】

M. 现场材料保管费　　　　　　　　　　　N. 临时设施工程费【2014年考过】

O. 保险费　　　　　　　　　　　　　　　P. 税金

Q. 保函手续费　　　　　　　　　　　　　R. 经营业务费

S. 工程辅助费【2014年考过】　　　　　　T. 贷款利息

U. 总部管理费　　　　　　　　　　　　　V. 利润

W. 风险费　　　　　　　　　　　　　　　X. 现场勘察费

Y. 现场清理费　　　　　　　　　　　　　Z. 进场临时道路费

A1. 业主代表和现场工程师设施费　　　　B1. 现场试验设施费

C1. 施工用水电费　　　　　　　　　　　D1. 脚手架及小型工具费

E1. 承包商临时设施费　　　　　　　　　F1. 现场保卫设施和安装费用

G1. 职工交通费　　　　　　　　　　　　H1. 暂定金额

【答案】 X、Y、Z、A1、B1、C1、D1、E1、F1、G1

重点难点专项突破

1. 本考点还可以考核的题目有：

（1）国际工程投标总报价组成中，应计入待摊费的有（D、E、F、G、H、I、J、K、L、M、N、O、P、Q、R、S、T、U、V、W）。

（2）国际工程投标总报价组成中，应计入现场管理费的有（D、E、F、G、H、I、J、K、L、M）。【2014年、2021年考过】

（3）国际工程投标总报价组成中，应计入其他待摊费的有（N、O、P、Q、R、S、T、U、V、W）。

（4）业主在招标文件中明确规定了数额的一笔资金，标明用于工程施工，或供应货物与材料，或提供服务，或以应付意外情况的费用是（H1）。

2. 考生应能区分待摊费用与开办费，考试时会相互作为干扰选项。

3. 材料、半成品和设备预算价格的计算应掌握，分为三种情况，如下图所示。

4. 注意：如果招标文件没有规定单列，则所有开办费都应与其他待摊费用一起摊入到工程量表的各计价分项价格中。

5. 关于暂定金额一定要特别关注，在2010年、2012年、2014年、2015年、2016年、2019年、2022年都考查过，主要三个采分点：

```
┌─────────┐      ┌─────────────────────────────────────────────────┐
│当地采购  │─────│预算价格应为施工现场交货价格【2009年考过】。通常按下│
│         │      │式计算：                                         │
└─────────┘      │预算价格＝市场价＋运输费＋采购保管损耗【2018年考过】│
                 └─────────────────────────────────────────────────┘
┌─────────┐      ┌─────────────────────────────────────────────────┐
│国内供应  │─────│材料、设备价格＝到岸价＋海关税＋港口费＋运杂费＋保管│
│         │      │费＋运输保管损耗＋其他费用                       │
└─────────┘      └─────────────────────────────────────────────────┘
┌─────────┐      ┌─────────────────────────────────────────────────┐
│第三国采购│─────│预算价格的计算方法类似于国内供应材料、设备价格的计算。│
│         │      │如果同一种材料、设备来自不同的供应来源，则应按各自所│
└─────────┘      │占比重计算加权平均价格，作为预算价格               │
                 └─────────────────────────────────────────────────┘
```

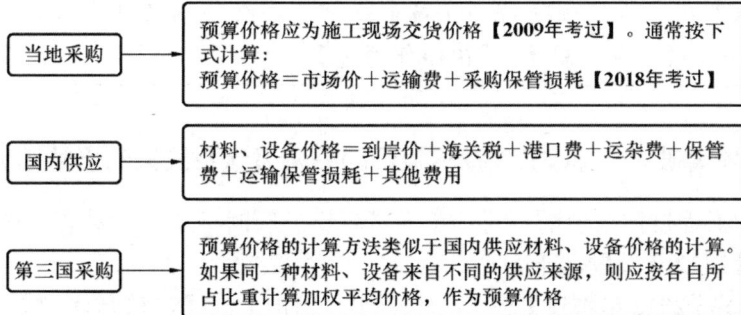

（1）暂定金额是业主在招标文件中明确规定了数额的一笔资金（待定金额或备用金）。

（2）每个承包商在投标报价时均应将此暂定金额数计入工程总报价。

（3）承包商无权做主使用此金额，这些项目的费用将按照业主工程师的指示与决定，全部或部分使用。

专项突破3　分项工程的单价分析

例题： 当机械设备所占比重较大，适用均衡性较差，机械设备搁置时间过长而使其费用增大，这种机械搁置而又无法在定额估价中给予恰当的考虑时，这时就应采用（　　）进行计算分项工程的单位工程量人、料、机费用。【2018年考过】

A．定额估价法　　　　　　　　　　B．作业估价法
C．匡算估价法　　　　　　　　　　D．理论计算法

【答案】B

重点难点专项突破

1．本考点还可以考核的题目有：

（1）拥有较可靠定额标准的企业，在计算分项工程的单位工程量人、料、机费用时不考虑作业的持续时间宜采用（A）。

（2）先估算出总工作量、分项工程的作业时间和正常条件下劳动人员、施工机械的配备，然后计算出各项作业持续时间内人工和机械费用的方法是（B）。

（3）估价师根据以往的实际经验或有关资料，直接估算出分项工程中人工、材料、机具的消耗量，从而估算出分项工程的人、料、机单价的方法是（C）。

（4）对于工程量不大，所占费用比例较小的那部分分项工程，计算人、料、机费用的方法是（C）。

> **重点提示：**
> D选项不属于分项工程人、料、机费用常用的估价方法。

2．本考点需要掌握的内容不多，考生应能区分三种估价方法的适用条件。

专项突破4　国际工程投标报价的分析方法及决策的影响因素

例题：国际工程投标报价前，对估价人员算出的暂时标价进行动态分析时要考虑的因素有（　　　）。【2012年真题题干】

A. 工期延误【2012年考过】　　　　　　B. 物价上涨【2012年考过】

C. 工资上涨【2012年考过】　　　　　　D. 汇率变化【2012年考过】

E. 贷款利率变化【2012年考过】　　　　F. 政策法规变化

G. 成本估算的准确性【2013年考过】　　H. 期望利润

I. 市场条件【2013年考过】　　　　　　J. 竞争程度【2013年考过】

K. 公司的实力与规模　　　　　　　　　L. 风险偏好【2013年考过】

【答案】A、B、C、D、E、F

重点难点专项突破

1. 本考点还可以考核的题目有：

影响国际工程投标报价决策的因素主要有（G、H、I、J、K、L）。【2013年真题题干】

2. 区分动态分析因素与决策影响因素。

3. 国际工程投标报价的分析方法除了动态分析还有对比分析，对比分析是依据在长期的工程实践中积累的大量的经验数据，用类比的方法，从宏观上判断计算标价的合理性，可采用下列宏观指标和评审方法。【2010年考过】

专项突破5　国际工程投标报价的技巧

例题：国际工程投标报价时，考虑工程项目的不同特点、类别、施工条件等情况宜采用低价策略的情形有（　　　）。【2018年、2021年考过】

A. 施工条件差的工程【2011年、2021年考过】

B. 专业要求高的技术密集型工程【2018年考过】

C. 总价低的小型工程以及自己不愿做、又不方便不投标的工程

D. 特殊的工程

E. 工期要求急的工程【2018年、2021年考过】

F. 竞争对手少的工程【2011年、2018年、2021年考过】

G. 支付条件不理想的工程【2011年考过】

H. 施工条件好的工程【2021年考过】

I. 工作简单、工程量大而一般公司都可以做的工程【2011年、2021年考过】

J. 本公司目前急于打入某一市场、某一地区

K. 在该地区面临工程结束，机械设备等无工地转移时

L. 本公司在附近有工程，而本项目又可利用该工地的设备、劳务，或有条件短期内突击完成的工程

M. 竞争对手多，竞争激烈的工程

N. 非急需工程

O. 支付条件好的工程【2018年考过】

【答案】H、I、J、K、L、M、N、O

重点难点专项突破

1. 本考点还可以考核的题目有：

国际工程投标报价时，企业要根据自身的优劣势和招标项目的特点来确定报价策略，通常情况下报价可适当高一些的工程有（A、B、C、D、E、F、G）。【2011年真题题干】

2. 根据招标项目的不同特点采用高价或低价的工程，在考查时会相互作为干扰选项。

3. 国际工程投标报价的方法还包括不平衡报价法、计日工报价、多方案报价、"建议方案"报价、突然降价法、先亏后盈法、暂定工程量的报价、无利润算标法。考生应熟悉各方法的运用。

项目	内容
不平衡报价法	一般可以在以下几个方面考虑采用不平衡报价法。 （1）能够早日结账收款的项目（如开办费、土石方工程、基础工程等）可以报得高一些，以利资金周转，后期工程项目（如机电设备安装工程，装饰工程等）可适当降低。【2019年考过】 （2）经过工程量核算，预计今后工程量会增加的项目，单价适当提高，这样在最终结算时可获得超额利润，而将工程量可能减少的项目单价降低，工程结算时损失不大。【2019年考过】 但是上述（1）（2）两点要统筹考虑，针对工程量有错误的早期工程，如果不可能完成工程量表中的数量，则不能盲目抬高报价，要具体分析后再确定。 （3）设计图纸不明确，估计修改后工程量要增加的，可以提高单价，而工程内容说明不清的，则可降低一些单价【2019年考过】
计日工报价	如果是单纯对计日工报价，可以报高一些，以便在日后业主用工或使用机械时可以多盈利。但如果招标文件中有一个假定的"名义工程量"时，则需要具体分析是否报高价，以免提高总报价【2013年考过】
多方案报价法	对一些招标文件，如果发现工程范围不很明确，条款不清楚或很不公正，或技术规范要求过于苛刻时，可在充分估计投标风险的基础上，按多方案报价法处理。即先按原招标文件报一个价，然后再提出："如某条款作某些变动，报价可降低多少……"，报一个较低的价。这样可以降低总价，吸引业主。或是对某些部分工程提出按"成本补偿合同"方式处理。其余部分报一个总价
"建议方案"报价	增加建议方案时，不要将方案写得太具体，保留方案的技术关键，防止业主将此方案交给其他承包商，同时，要强调的是建议方案一定要比较成熟，或过去有这方面的实践经验。因为投标时间不长，如果仅为中标而匆忙提出一些没有把握的建议方案，可能引起许多后患
突然降价法	采用这种方法时，一定要在准备投标报价的过程中考虑好降价的幅度，在临近投标截止日期前，根据情报信息与分析判断，再作最后决策。另外如果由于采用突然降价法而中标，因为开标只降总价，那么就可以在签订合同后再采用不平衡报价方法调整工程量表内的各项单价或价格，以期取得更好的效益

项目	内容	
先亏后盈法	应用这种方法的承包商必须有较好的资信条件，并且提出的施工方案也先进可行，同时要加强对公司情况的宣传，否则即使标价低，业主也不一定选中	
暂定工程量报价	业主规定了暂定工程量的分项内容和暂定总价款，并规定所有投标人都必须在总报价中加入这笔固定金额，但由于分项工程量不很准确，允许将来按投标人所报单价和实际完成的工程量付款	这种情况，由于暂定总价款是固定的，对各投标人的总报价水平竞争力没有任何影响，因此，投标时应当对暂定工程量的单价适当提高【2013年考过】
	业主列出了暂定工程量的项目和数量，但并没有限制这些工程量的估价总价款，要求投标人既列出单价，也应按暂定项目的数量计算总价，当将来结算付款时可按实际完成的工程量和所报单价支付	这种情况，投标人必须慎重考虑。如果单价定高了，同其他工程量计价一样，将会增大总报价，影响投标报价的竞争力；如果单价定低了，将来这类工程量增大，将会影响收益。一般来说，这类工程量可以采用正常价格。如果承包商估计今后实际工程量肯定会增大，则可适当提高单价，使将来可增加额外收益
	只有暂定工程的一笔固定总金额，将来这笔金额做什么用，由业主确定	这种情况对投标竞争没有实际意义，按招标文件要求将规定的暂定款列入总报价即可
无利润算标法	这种办法一般是处于以下条件时采用： （1）有可能在得标后，将大部分工程分包给索价较低的一些分包商； （2）对于分期建设的项目，先以低价获得首期工程，尔后赢得机会创造第二期工程中的竞争优势，并在以后的实施中赚得利润； （3）虽然本工程无利可图，只要能有一定的管理费维持公司的日常运转，就可设法度过暂时的困难，以图将来东山再起	

4. 本考点可能会这样命题：

（1）招标人在施工招标文件中规定了暂定金额的分项内容和暂定总价款时，投标人可采用的报价策略是（　　　）。

A. 适当提高暂定金额分项内容的单价

B. 适当减少暂定金额中的分项工程量

C. 适当降低暂定金额分项内容的单价

D. 适当增加暂定金额中的分项工程量

【答案】A

（2）在国际工程报价中，投标人为了既不提高总报价，又能在结算中获得更理想的经济效益，运用不平衡报价法时，可以适当偏高报价的有（　　　）。【2019年真题】

A. 能早日结账收款的工程项目

B. 经核算预计今后工程量会增加较多的项目

C. 因设计图纸不明确可能导致工程量增加的项目

D. 预计不可能完全实施的早期工程项目

E. 预计工程量可能减少的后期工程项目

【答案】A、B、C